学者文库

数字法律与
司法人工智能概论

高举成◎著

华龄出版社
HUALING PRESS

责任编辑：董　巍

责任印刷：李未圻

图书在版编目（CIP）数据

数字法律与司法人工智能概论／高举成著．－－北京：华龄出版社，2019.12

ISBN 978－7－5169－1510－3

Ⅰ.①数… Ⅱ.①高… Ⅲ.①数字技术—应用—法律—研究—中国②人工智能—应用—法律—研究—中国

Ⅳ.①D92-39

中国版本图书馆 CIP 数据核字（2019）第 293072 号

书名：数字法律与司法人工智能概论

作者：高举成 著

出 版 人：胡福君

出版发行：华龄出版社

地　　　址：北京市东城区安定门外大街甲 57 号　　邮编：100011

电　　　话：010—58122241　　　　　　　传真：010—84049572

网　　　址：http：//www.hualingpress.com

印　　　刷：三河市华东印刷有限公司

版　　　次：2020 年 7 月第 1 版　　2020 年 7 月第 1 次印刷

开　　　本：710×1000　1/16　　　　　印张：16.5

字　　　数：261 千字

定　　　价：95.00 元

前　言

　　综观目前中国社会的各行各业，会发现一个事实：凡是不能数字化或精细化描述的行业或领域，或者说凡是数据模型或数学模型不能普遍应用的行业或领域，都存在许多问题或都不能有效控制，甚至有的行业或领域比较混乱。

　　我们可以举例来说明。例如目前的经济领域，在市场经济模式下，宏观经济方面似乎没有比较精确的数学模型描述芸芸众生的需求与供给，诸如GDP、CPI等几个有限的指标被人们唠叨来唠叨去，也似乎正因如此，众多经济学者对经济走势的评判有时互相矛盾，有时大相径庭，有时南辕北辙，有时指鹿为马，令普通民众大跌眼镜；又如目前的房地产行业，现今全国有多少个家庭有房、多少个家庭无房、已经建了多少房、还需要建多少房、多少房子闲置等，似乎都没有比较准确详细的数据描述，所以房地产行业混乱是必然的；再如目前的交通领域，似乎也并没有发现存在有关车辆拥有量、交通流量、道路宽度、交通网密度、人口密度、市民出行需求等多方面因素之间的准确量化描述，所以今后很长一段时间内交通拥堵在全国的大中小城市都将成为越来越严重的问题；再如目前的司法领域，正如国外一位著名刑法学家所言，法官的一顿早餐都可能影响到他对案件的判决，就更没有什么数字化或精细化可言了，因而司法领域的重案轻判、轻案重判、估堆量刑、上诉重审等更是乱象环生。

　　面对上述各行各业的乱象现实，我们也注意到另外一个事实：目前凡是实现数字化或精细化或程序化管理的行业或领域，人们都普遍认同或欣然接受，几乎没有什么异议、质疑或纠纷。例如，人们到银行办理存贷业务，几乎没有人质疑利息的计算结果的对错；人们到邮政部门或物流部门办理邮寄业务，几乎没有人质疑邮资算得对不对；人们到超市、商场购物，也很少有人怀疑是否缺斤短两，去核对购物小票的收费累计是否有误。这是为什么呢？因为普通老百姓心里非常清楚，这些都是电脑程序算出来的结果，出错的可能性极小，也没有多少可能出现"猫腻"的环节。

综合上述种种事实可以想见，在科技飞速发展的时代，数字化或精细化在各行各业的应用与普及，将是大势所趋、人心所向。同样可以想见，司法领域自然也不会例外，法学的研究及法律的颁布、实施与执行，也将会向着数字化或精细化方向发展，并进而向着司法人工智能方向发展。而司法领域的数字化或精细化，亦即法律的数字化或精细化，包括司法人工智能审判系统的内核算法，就是本专著所要讨论的主题——数字法律。

纵观人类社会的发展历程，在任何时代，自然资源、社会资源都是有限的，而且，社会越是发展，科技越是进步，有限的自然资源与社会资源将更加有限、更趋紧张。基于这一角度考量人类社会的各行各业，今后大部分都要走数字化、精细化的发展之路。基于这一角度考量人文社会科学领域，今后的人文社会科学研究，除文、史、哲、艺等少数学科专业外①，大部分学科专业或迟或早都要进入"数字"时代，或迟或早都要烙上"科技"的烙印。正因如此，在不远的将来，文科、理科不分家将是大势所趋，自然科学、社会科学相互渗透将是历史必然；也正因如此，在不远的将来，单纯靠人文社会科学所支撑的政法类院校，应该在其社会科学与自然科学相结合上寻出路、谋发展。也许，今后的政法类院校，其实至名归的称谓应该是"××政法科技学院"或"××政法科技大学"。这也与近来我国教育部门在"卓越拔尖计划"中要求的推进"新工科、新医科、新农科、新文科"建设的精神相吻合。

展望人类社会的科技发展趋势，科学技术的进步特别是第四次科技革命

_____

① 实际上，历史研究在某些领域早已出现了数字化或精细化或量化的趋势。据有关资料介绍，1968 年起，密歇根大学的国际政治科学研究联盟开始在其"定量方法培训班"中提供一门"量化历史分析"课程，为期四周，这门课程每年夏天都有，一直持续至今。国内外几位大学教授于 2013 年联合举办了第一届"量化历史讲习班"，之后每年举办一届。目前，已有《量化历史研究》杂志创刊。

的浪潮将对人类社会的未来产生深远的影响，特别是日益成熟的人工智能技术，将在更广泛的领域内影响人们的生活与就业，在政法领域也不例外。在即将到来的人工智能时代，无论是体力工作还是脑力工作，凡是重复性工作，凡是无须创造力和灵活应变的职业，都将被人工智能取代，因为与这些工作或职业相关的思维是最容易被人工智能替代的。因而不远的将来，司机、保安、建筑工人、客服、收银员、记者、医生、律师、教师，其中的大部分职位都将让位于人工智能。那么，在人工智能时代，法官的职业将何去何从呢？这是一个两难选择：如果承认法官承担的是基于经典成文法条的重复性工作，那么很显然，这是最适合被人工智能替代的工作；相反，如果承认法官承担的是灵活应变的工作，司法工作的灵活应变又很容易曲解法义进而影响司法公正，同样很显然，这是最应该被人工智能替代的工作，因为人工智能系统不讲关系、不认六亲。因而无论如何，司法人工智能时代将使人们对司法公正寄予厚望。

早在 2016 年第三届世界互联网大会（乌镇峰会）智慧法院暨网络法治论坛上，最高人民法院就提出了以互联网与信息技术融合为特征的智慧法院建设目标；2017 年 7 月 20 日，国务院发布《新一代人工智能发展规划》，这是国务院首次为一门新技术单独发文，发展规划在推进社会治理智能化方面，提出了智能政务、智慧法庭、智慧城市、智能交通、智能环保等各方面的建设要求。其中在智慧法庭领域，要求"建设集审判、人员、数据应用、司法公开和动态监控于一体的智慧法庭数据平台，促进人工智能在证据收集、案例分析、法律文件阅读与分析中的应用，实现法院审判体系和审判能力智能化"。毫无疑问，这些建设目标或规划要求的提出，特别是法院审判体系和审判能力智能化要求的提出，将把智慧法院的建设推上"快车道"，将为司法人工智能技术的发展注入"强心剂"。

本专著从社会科学与自然科学相结合的角度出发，在列举当前刑法体系法理缺陷的基础上，首次提出了数字法律的概念，并进行了数字法律模式的部分顶层设计，同时给出了部分应用实例，重点构建了数字法律方法应用于部分刑事类案件的数学模型及相应处理流程，也对数字法律方法应用于民事类案件的数学模型及处理流程的构建问题借助应用实例进行了说明。数字法律理念或方法在刑法体系中的应用，又以刑期分割机制为核心、为精髓、为灵魂。利用自然科学的思维、理念与方法解决司法领域的社会科学问题，这是本专著的最大特色。在具体解决思路及办法方面，本专著始终遵循着"提炼实际案例→构建语言模型→提出存在问题→构建数学模型→解决实际问题→应用实例验证"的思维主线。因而，涉及司法问题的语言模型与数学模型的构建，是本专著特色的具体体现。另外，考虑到本专著的读者对象以文科基础者居多，因此，在涉及具体数学模型的构建步骤及实例计算步骤方面，本专著力求具体翔实。

另外，基于数字法律的新理念、新思维、新方法或新模式，本专著在介绍当前人工智能技术发展现状的基础上，大致回顾了我国智慧法院建设的发展历程，并讨论了司法人工智能的技术类别，探讨了司法人工智能算法的选择问题。这对于助推我国智慧法院及司法人工智能的建设与发展，实现法院审判体系和审判能力智能化，进而推进国家治理体系和治理能力现代化，具有一定的现实意义。

期望本专著有关数字法律理念的提出及应用，能够在某些方面及在某种程度上助推智慧法院及司法人工智能的建设与发展，能够在推进我国社会主义特色司法体制改革方面起到抛砖引玉的作用，也期待今后法学的研究及法律的颁布、实施与执行，向着数字化、精细化的方向发展，从而最大限度地实现司法的公平与正义。

高举成　　2018 年 12 月

于山东华宇工学院智广湫畔

符号一览表

$V = \{v_1, v_2, \cdots, v_{14}\}$ ——评判集

$U = \{x_1, x_2, \cdots, x_7\}$ ——基本面因素

$A = [a_1, a_2, \cdots, a_n]$ ——权重分配向量；数罪并罚缩减向量

$R = (r_{ij})_{m \times n}$ ——单因素评判矩阵

$B = (b_i)_{1 \times m}$ ——综合评判向量

b_i ——恶意系数

y ——侵犯财产罪之涉案金额（元）；性侵案涉案男方年龄（岁）

Y ——案发所在地年最低工资标准（元）

β ——服刑收益赔偿率

T_p ——赔偿刑期

$\ln[4 + \ln(8b_j)]$ ——侵犯财产罪之赔偿刑期之赔偿系数

T_{sp} ——剩余赔偿刑期

y' ——犯罪人或其家属对赔偿刑期所涉赔偿金额之赔付或代付部分（元）

T_b ——补偿刑期

λ_i ——司法解释系数

K_{ej} ——职务犯罪加权系数

K_z ——犯罪情节总加权系数；性侵情节总加权系数

$\ln(100b_j)$ ——侵犯财产罪之补偿刑期基准刑或基本刑

x ——犯罪嫌疑人年龄（岁）；性侵案涉案女方年龄（岁）

x_t——案发所在地法定退休年龄（岁）

t——自作案结束后或自采取强制措施后至自首的时间间隔（月）；性侵案相困时间（小时）

y_L——他人所犯罪行之涉案案值（元）

T_{bL}——他人所犯罪行之补偿刑期

$y = [y_1, y_2, \cdots, y_m]$——分赃向量

$z = [z_1, z_2, \cdots, z_m]$——责任权重分配向量

T_x——性侵案量刑刑期

H_y——性侵案涉案男方身高（cm）

H_x——性侵案涉案女方身高（cm）

G_y——性侵案涉案男方体重（kg）

G_x——性侵案涉案女方体重（kg）

z_b——遮蔽率

m——性侵案受害女方受孕月份（月）

n——性侵案加害方总数

$[n]$——数罪并罚合法判决结果数量

q——恋爱阶段标识值

c_i——某一份彩礼给付时的价值或要求返还时的价值

C_i——某一份彩礼 c_i 在要求返还时的返还额度

t_i——收受方对某一份彩礼的占有时长（月）

T_m——各分罪之最高刑期

T_Σ——各分罪之总和刑期

T_e——法定最高刑期

C——量刑阶梯系数

T_z——数罪并罚后的执行刑期

τ_z——数罪并罚之执行率

τ_x——数罪并罚之吸收率

$T = [T_{(1)}, T_{(2)}, T_{(3)}, \cdots, T_{(n)}]$——分罪刑期降序向量

$T_b = [T_{b(1)}, T_{b(2)}, T_{b(3)}, \cdots, T_{b(n)}]$——分罪补偿刑期降序向量

法理一览表

1. 正义对任何人均不拒绝。

2. 一人不公，人人不公；一人公平，人人公平。

3. 天理永远大于公理，公理永远大于法理。

4. 杀人偿命，欠债还钱。

5. 借东西要还，损坏东西要赔。

6. 劳动有酬，按劳分配。

7. 对谁犯罪，向谁负责。

8. 有过错就要承担过错后果的一定责任或损失。

9. 法律只能否定违法行为与后果，而不能连带否定合法行为与后果。

10. 法律应该"以理服人"，而不应该"以牙还牙"。

11. 法律应该尽量"大事化小""息事宁人"，而不应该"惹事生非""节外生枝"。

12. 法律应该"适可而止"，而不应该"没完没了"。

13. 法律不能刻意制造新的矛盾。

14. 法律不能承担过多功能。

15. 有限法律责任原则或阶段式法律责任原则。

16. 法事关系平等化原则。

17. 法事关系各方损益对等化原则。

18. 原本合法的法事关系神圣不可侵犯。

19. 对于任何法律体系或规范，环节越多，漏洞就越多；特例越多，猫赃就越多。

20. 相对不公平的法律规范，一定绝对不公平。

21. 法律扭曲的民族，道德必然扭曲。

22. 具体受害对象的利益具有急迫性，抽象受害对象的利益具有谦抑性。

23. 无辜者的权益保护具有首要性，作祟者的权益保护具有次要性。

24. 对于任何被犯罪行为所破坏了的法事关系，必须通过刑罚的执行得到恢复、修复或复原。

25. 凡是在刑罚执行时或执行期间不便实施的权利，都需要剥夺；凡是在刑罚执行时或执行期间便于实施的权利，都没有必要剥夺。

目　录
CONTENTS

图 次

表 次

第一章

当前刑法体系的法理缺陷

第一节　定罪量刑方面的先天性法律缺陷

我国刑法作为一部成文法，在定罪量刑方面的先天性法律缺陷，主要表现在定罪跳跃性、量刑阶梯性和司法自由性等几个方面。之所以称其为先天性法律缺陷，是因为这些缺陷主要是由于成文法本身的特点造成的。

一、定罪跳跃性

成文法是通过法条的有限罗列来体现立法的具体内容的，这就必然导致其存在定罪跳跃性的先天性法律缺陷。

定罪跳跃性的现象在成文法中十分普遍，如我国刑法中规定，不满 14 周岁为无刑事责任年龄段；不满 18 周岁为从宽责任年龄段；已满 75 周岁的人犯罪，可以或者应当从轻或者减轻处罚；犯罪时不满 18 周岁的人不适用死刑；拐骗不满 14 周岁的未成年人为拐骗儿童罪等等，这些规定都暴露了作为成文法的定罪跳跃性的先天性法律缺陷。而定罪跳跃性与事物发展变化的连续性客观规律是相悖的，因此成文法定罪跳跃性的先天性法律缺陷必然导致司法过程中对涉案个体的定罪量刑的先天性不公。

就犯罪主体或受体的自然人而言，其生理功能、心理素质的发展变化是连续性的，而不是跳跃式或跨越式的，这是最基本的客观规律。正是因为生理功能、心理素质发展变化连续性客观规律的存在，导致作为犯罪主体或受体的自然人的辨认能力、控制能力、抵抗能力、承受能力也是连续变化的。

而我国刑法作为一部成文法，只能通过法条的有限罗列进行犯罪定性的有阶分隔，这就形成了犯罪定性的跳跃性。显而易见，定罪跳跃性的成文法，其有限罗列的法条，无法与犯罪主体或受体的连续变化的自然能力或自然受力相适应，从而导致司法过程中对犯罪的定罪量刑的先天性不公。

举例说明，奸淫一位差 3 个月满 14 周岁的幼女与奸淫一位 14 周岁生日刚过 3 个月的少女，无论是从犯罪主观（如犯罪的故意、动机、目的等）上还是从犯罪客观（如危害行为、危害对象、危害后果等）上来看，都没有什么本质上的差别，但按定罪跳跃性的成文法进行定罪的结果却是天壤之别。同样可以推知，针对同一位受害女性，一个差 3 个月满 18 周岁的男性对其实施强奸与一个 18 周岁生日刚过 3 个月的男性对其实施强奸，从犯罪主、客观上来看也没有什么本质上的差别，有时可能前者对受害女性的伤害比后者更大，但按定罪跳跃性的成文法进行定罪的结果却永远是前者罪轻后者罪重。不仅如此，更有甚者，定罪跳跃性的成文法对某些"分水岭"式的极端案件的判决往往显得无能为力。

二、量刑阶梯性

量刑的阶梯性是成文法的另一先天性法律缺陷，这也是成文法通过法条的有限罗列对犯罪主、客观进行有阶分隔造成的。如刑法中对贪污罪的量刑规定，贪污数额在 5000 元以上不满 5 万元的，处 1 年以上 7 年以下有期徒刑；贪污数额在 5 万元以上不满 10 万元的，处 5 年以上有期徒刑；贪污数额在 10 万元以上的，处 10 年以上有期徒刑或者无期徒刑；等等，这些规定都暴露了作为成文法的量刑阶梯性的先天性法律缺陷。

量刑阶梯性的先天性法律缺陷也必然导致司法过程中对犯罪的定罪量刑的先天性不公。以贪污罪为例，一个贪污 99000 元的贪官和一个贪污 101000 元的贪官，贪污数额仅差 2000 元，其主观恶意和受害方客观损失可能没有多大的差别，但按量刑阶梯性的成文法进行量刑，再加之不同的判案法官的自由裁量权，前者被判刑 5 年或 8 年，后者被判刑 10 年或 16 年，都可以看成是依法判决，但却明显存在判决不公。再如，同样是 10 万元的贪污数额，相对于经济发达地区、利益丰厚部门、位高权重职务人、一般用途资金等方面而言，根本是"小菜一碟""小事一桩"；但相对于经济欠发达地区、利益寡淡部门、位低权轻职务人、特殊用途专项基金等方面而言，10万元的贪污数额可能已经近乎"天文数字"了。因此同样是10万元的贪污数额，其所体现的加害方的主观恶意或受害方的客观损失往往存在很大的差别。

与定罪跳跃性不同，成文法的量刑阶梯性的先天性法律缺陷，可以在立法过程中通过增加法条的有限罗列来进行一定程度的弥补，但这样做无疑使成文法文本更加繁杂冗长。

三、法益保护片面性

目前我国的刑法，从其法益保护的整体结构来看，优先保护的是国家法益和社会法益，而在个人法益的保护上，特别是刑事犯罪行为之具体受害对象的法益保护，则在具体的刑法条文中没有得到具体体现，从而暴露了目前我国刑法的法益保护片面性的缺陷。

例如，对于重大安全事故类犯罪，造成重大伤亡或者造成其他严重后果的，对主管人或责任人处×年有期徒刑。而那些重大伤亡者的权益如何保护没有得到具体体现。

对于生产、销售假劣产品、假劣药品、有害食品类犯罪人，销售金额、危害人体健康达到一定程度的，处×年有期徒刑。而那些深受健康危害的消费者的权益如何保护没有得到具体体现。

对于集资、信用卡、有价证券、保险等诈骗犯罪，诈骗数额达到一定程度的，处×年有期徒刑。而那些深受诈骗之害的单位、组织或个人的权益如何保护没有得到具体体现。

对于侵犯知识产权类犯罪，那些被侵犯的知识产权人的权益如何保护没有得到具体体现。

对于侵犯财产类犯罪，那些被抢、被盗、被骗、被诈、被夺、被占、被毁财产之受害者的权益如何保护没有得到具体体现。

对于侵犯公民人身权利、民主权利罪，那些被杀、被伤、被奸、被侮、被拐、被卖、被虐、被诬之受害者的权益如何保护没有得到具体体现。

凡此种种，充分暴露了目前我国刑法体系法益保护片面性的缺陷。

四、司法自由性

从狭义上讲，司法自由性也就是通常所说的判案法官的自由裁量权。司法自由性贯穿于司法审判的全过程，如犯罪事实的认定、犯罪的定性及犯罪的量刑，但其最终的主要体现还是在量刑刑期及附加刑的裁决上。

例如，根据前述有关贪污罪刑期的法条规定，在不考虑具体犯罪情节的情况下，贪污4万元的判刑6年，贪污8万元的判刑5年，贪污10万元的判刑10年，贪污20万元的判刑12年，都可以看成是依法判决。对受贿罪的判决，也有类似的情形。①

再如，针对罚金、没收财产等附加刑的裁定，表现出了更大的自由性。对于罚金附加刑，有的可以选处罚金，有的可以单处罚金，有的可以并处罚金；对于没收财产附加刑，既可以判处没收犯罪人所有的全部财产，也可以判处没收犯罪人所有的部分财产，没收全部财产的，还要考虑对犯罪人及其抚养的家属保留必要的生活费用，没收财产以前犯罪人有正当债务的，还要考虑债务偿还。**对于任何法律体系或规范，环节越多，漏洞就越多；特例越**

---

① 仅举两个例子对比：

某自治区党委原常委、统战部原部长王某某，2013年6月30日被调查，2013年9月4日被双开，2014年7月17日因受贿罪被判处无期徒刑，剥夺政治权利终身，并处没收个人全部财产。案由：为9个单位或个人在企业经营、职务升迁等事项上谋取利益，先后多次收受相关人员财物折合人民币1073万元。

某自治区政协原副主席李某某，2013年7月6日被调查，2013年9月4日被双开，2014年10月13日因受贿罪被判处有期徒刑15年，剥夺政治权利4年，并处没收个人财产人民币200万元。案由：为17个单位或个人在企业经营、职务升迁等事项上谋取利益，先后多次收受相关人员财物折合人民币1095万元。

粗略对比可以看出，两犯罪人职务相当（参考第三章第一节第四小节表3-16），接受调查日期相近，双开日期相同，判决日期前后相距仅不到3个月，案由相似。但是，受贿1073万元的王某某被判处无期徒刑，剥夺政治权利终身，并处没收个人全部财产；而受贿1095万元（比王某某还多受贿22万元）的李某某却仅被判处有期徒刑15年，剥夺政治权利4年，并处没收个人财产人民币200万元。两相比较，司法自由性问题突出，显然存在明显的相对不公平。由此可以引出一条法理：**相对不公平的法律规范，一定绝对不公平。**

推进国家治理体系和治理能力现代化，有助于"把权力关进制度的笼子"；同样，实现法院审判体系和审判能力智能化，也有助于把司法权力关进司法制度的笼子。因而，基于数字法律模式的司法制度建设，有益于在更广阔的视角下解决司法自由性问题。

多，**猫腻就越多**。诸如此类的司法环节，都为司法者留下了巨大的自由空间，也为某些人钻营法律空子留下了诸多借口。

由此可见，司法自由性有的在很大程度上是由于成文法的量刑阶梯性而造成的，有的是由于刑法法条本身存在着与罪责刑相适应原则相矛盾的瑕疵而造成的，因而其存在定罪量刑的先天性不公也是显而易见的和必不可免的。

上述成文法的各种先天性法律缺陷，在数字法律模式下可以得到比较彻底的解决。

第二节　刑罚的属性与刑罚的目的性相互背离错乱

仔细推敲我国当前的刑法体系，发现在刑罚的属性与刑罚的目的性之间，存在着一定的背离、错乱现象。

《刑法》总则第一章第一条规定：为了惩罚犯罪，保护人民，根据宪法，结合我国同犯罪作斗争的具体经验及实际情况，制定本法。可以看出，在我国当前的刑法体系中，刑罚的属性主要体现于刑罚的惩罚性。司法人员、社会公众甚至涉案受害人都普遍认为，只要对犯罪分子判了刑并执行完毕，就认为犯罪分子受到了惩罚，社会公平得到了体现，人间正义得到了伸张，好人受到了教育，坏人受到了警示。说得俗一点，这有点像阿Q的精神胜利法。

在我国当前的刑法体系中，刑罚的目的性主要体现于抽象层面的预防犯罪，因为"刑罚是'因为有犯罪并且为了没有犯罪'"[①]；而在具体层面上，特别是对于具体受害对象及其家人而言，除了"善恶有报"的因果报应外，刑罚似乎并没有达到什么实质性的目的。

下面举一个案例[②]：三亚四男兰甲、苏甲、付某、高某路遇二女周某、

---

① 曲新久．刑法学［M］．北京：中国政法大学出版社，2011：198．
② 中国法制出版社．刑事法律司法解释判例小全书［M］．北京：中国法制出版社，2010：738．

苏乙并上前搭话，高某悄悄提议设法将二女骗至田间地里强奸。于是苏甲、付某驾摩托车将周某、苏乙骗到一豆角地附近，又电话通知兰甲、高某前来会合。之后四男将两女分开，付某带苏乙去别处，兰甲、苏甲、高某拉周某至豆角地一竹棚内相继强奸了周某，其后另两男董某、兰乙来到现场，也相继强奸了周某；带苏乙到别处的付某欲强奸苏乙时，因听苏乙说她表哥认识自己而放弃。

判决结果如下。兰甲：有期徒刑 13 年，剥夺政治权利 3 年；苏甲：有期徒刑 13 年，剥夺政治权利 3 年；高某、董某、兰乙：另案处理；付某：不起诉处理。

不妨想象一下，针对上述某一犯罪人所涉案件执行完毕之后，是一个怎样的社会效果？可以从三方面来对比分析：第一方面，犯罪人寻欢作乐一时，被判刑收监后进行劳动改造，受到了 13 年的劳役惩罚，并付出了 13 年的绝大部分劳动收益（有一小部分劳动收益用于抵销犯罪人劳动改造过程中的日常生活开销）；第二方面，国家利益体（以监狱管理系统为代表）收获了犯罪人 13 年的绝大部分劳动收益；第三方面，具体受害对象及其家人因强奸案而承受了巨大的身心伤害，不得不在漫长的岁月中慢慢疗伤，但在赔偿或补偿方面没有什么法定性的保障或收益。

总而言之，当前刑罚的属性，体现于刑罚的惩罚性，即通过剥夺犯罪人享有的某些权益使之感受到一定的痛苦，亦即"刑罚是用来制造痛苦的"[1]；而刑罚的目的性，却在于预防犯罪。也就是说，在刑罚的本质属性方面，其只与犯罪施体有关，而与犯罪受体之具体受害对象关系不大，其只惩罚了犯罪施体，而深受犯罪施体之害的犯罪受体之具体受害对象，却没有得到应有的实质性关怀；在刑罚的目的性方面，其与未来关系密切，而与当下关系不大，其只着眼于犯罪人或他人未来少犯罪或不犯罪，而当下被犯罪施体破坏了的法事关系如何恢复、修复或复原，特别是犯罪施体与具体受害对象之间的显式法事关系的恢复、修复或复原，却没有得到应有的考虑。

这种奇怪现象的本质，就是刑罚的属性与刑罚的目的性之间的相互背离与错乱。

---

[1] 曲新久. 刑法学［M］. 北京：中国政法大学出版社，2011：196.

第三节 罪责对象不对等

我国刑法的罪责刑相适应原则，是对一切犯罪行为进行定罪量刑的基础。然而，当前我国刑法体系中的罪责刑相适应原则，却存在着罪责对象不对等的法律缺陷。这一法律缺陷是上述刑罚的属性与刑罚的目的性相互背离错乱的直接后果和具体体现。

罪责刑相适应原则，又称为罪刑均衡原则、罪刑相当原则，刑法总则中对罪责刑相适应原则是这样表述的："刑罚的轻重，应当与犯罪分子所犯罪行和承担的刑事责任相适应。"其简单的经典表述即是重罪重罚、轻罪轻罚、罚当其罪、罪刑相称。

对上述表述仔细分析不难发现，这一罪责刑相适应原则，至少有两方面的问题不十分明确：一是"对谁犯罪"不明确，二是"向谁负责"不明确。这两个至关重要的问题不明确，就容易出现罪、责对象不对等的问题，自然更谈不上刑罚的公正性。

为了方便说明问题，简单虚构一个案例：无业村民甲家徒四壁，偷盗张老汉家的一头价值 5000 元的耕牛后当夜宰杀，次日赶集变卖为现金并挥霍一空。

可以想见到案后对无业村民甲的判决结果可能如下：法院依法判处其有期徒刑 3 年，无业村民甲表示服从判决；法院同时判决其赔偿张老汉家经济损失 5000 元，无业村民甲表示无力赔偿，2000 元也不值的家徒四壁的房子随意处置。

也可以想见无业村民甲服刑 3 年期满后的情形：无业村民甲刑满释放后还是处于无业状态，张老汉家损失的价值 5000 元的耕牛还是没有得到赔偿或补偿，也就是说"无业村民甲犯罪之前张老汉家拥有价值 5000 元的耕牛"这一法事关系，在对犯罪分子实施了"侦查→逮捕→公诉→审判→收监→劳教"这一系列的司法程序之后，依然没有得到恢复、修复或复原，也就是说刑法的"保护法益"① 的目的或功能没有全部实现。

之所以出现这种结果，如前所述，是因为目前我国刑法的罪责刑相适应原则中的两个至关重要的问题即"对谁犯罪""向谁负责"不明确。无业村民甲首先是对具体受害对象即张老汉家犯罪（当然也同时对抽象受害对象即国家利益体犯罪），导致张老汉家损失了价值 5000 元的耕牛；但刑罚的执行结果却是犯罪人主要向抽象受害对象即国家利益体负责，犯罪人无业村民甲服刑期间的劳动收益大部分归国家利益体所有，因犯罪人罪行而遭受损失的具体受害对象被无视化。罪、责对象不对等，何谈刑罚的公正与公平？

不妨再进一步想象无业村民甲服刑 3 年期满释放后可能出现的情形。张老汉找到刚出狱的无业村民甲说，3 年前因被你偷了我家唯一的一头耕牛，3 年来我家的农业生产受到严重影响，粮食产量严重下滑，现在生活朝不保夕，你要赔偿我家的耕牛；无业村民甲说，我已为此事劳动改造了 3 年，接受了惩罚，不能再赔偿你家的耕牛了，若再赔偿你家耕牛，那我这 3 年的劳动改造算什么？我这 3 年的劳动付出哪儿去了？张老汉执意要求赔牛，无业村民甲反复强调已劳动改造 3 年，不可能再赔牛。张老汉还是要求赔牛，无业村民甲还是坚持不能赔牛……

可见，罪、责对象不对等，尽管刑罚机关对犯罪人实施了惩罚，体现了刑罚的属性，也实现了刑罚的目的性，但被犯罪行为破坏了的法事关系，并没有得到全部恢复、修复或复原；罪、责对象不对等，不但刑罚没有公正与公平可言，而且还有可能旧的矛盾没有解决，又产生了新的矛盾。作为调整社会关系的行为规范，**法律不能刻意制造新的矛盾**。

由此可见，罪责刑相适应原则，至少应该包括两层含义：第一层是定性适应，即对谁犯罪、向谁负责，罪责对象应对等；第二层是定量适应，即犯罪行为造成了多大的危害后果，据此危害后果犯罪人应该向受害对象做出多大的赔偿和补偿，此赔偿和补偿应该如何通过量刑刑期具体体现并最终通过司法程序执行和完成。因此，罪责刑相适应原则的法律适用，是一个从定性适应到定量适应的过程，如果在定性层面上就不相适应，即罪、责对象不对等，则定量层面上的公平与公正将无从谈起。

---

① 曲新久．刑法学［M］．北京：中国政法大学出版社，2011：13.

第四节　科学性的缺失与技术含量低

科学性的缺失与技术含量低，不单单是对我国刑法体系的评价，也是对所有作为成文法的法律规范的总体评价。

打开刑法文本，这样的刑法条文比比皆是：有某某行为的，处三年以上七年以下有期徒刑；有某某行为的，处三年以上十年以下有期徒刑；有某某行为的，处五年以下有期徒刑；有某某行为的，处十年以上有期徒刑⋯⋯

那么，一个很简单、很朴素、很自然的问题就来了：这些法律条文中的三年、五年、七年、十年等时间节点是怎么确定的？为什么不是二年或是四年？不是四年或是六年？不是六年或是八年？不是九年或是十年？究竟为什么呢？

翻阅《刑法学》教科书查阅不到相关理论依据，打开《法理学》教科书查阅，立法的基本原则有宪法原则、法治原则、民主原则、科学原则[①]；在立法的特征中也提到"立法是运用一定技术进行的活动"[②]，但是，究竟怎么个"科学"法？究竟运用了什么"技术"手段？进行了什么统计分析？使用了什么数理推导？运用了什么量化方法？这些都只字未提，更不要说这三年、五年、七年、十年等时间节点是怎么来的了，也遑论这三年、五年、七年、十年等时间节点是否准确了。因此，针对这三年、五年、七年、十年等时间节点的确定，若有人认为纯粹是上嘴唇碰下嘴唇碰出来的，或有人认为纯粹是拍脑袋拍出来的，恐怕也并不为过。科学性的缺失与技术含量低，是成文法法律规范常常被人们大加诟病的原因之一。

法律科学属于社会科学，社会科学并不是必然排斥数理统计、公式推导、数据量化等数理科学方面的技术与方法，否则其"科学"的帽子就变成了"科学"的幌子。

20世纪末，英国剑桥大学、英国广播公司、路透社等组织评选"千年第

---

① 张文显. 法理学［M］. 北京：高等教育出版社，2011：199.
② 张文显. 法理学［M］. 北京：高等教育出版社，2011：191.

一伟人"活动，结果社会科学领域的马克思和自然科学领域的爱因斯坦并列成为"千年第一伟人"。恩格斯称马克思为"科学巨匠"，他说马克思的科学研究领域是很多的，而且对任何一个领域都不是肤浅地研究的，甚至在数学领域也有独到的发现。为了把数学运用于《资本论》的经济学研究中，马克思对数学产生了浓厚的兴趣，对数学的研究成果也记载于后来整理出版的《数学手稿》中。据法国工人运动和国际工人运动活动家、马克思主义理论宣传家拉法格回忆，马克思曾经强调说：一门科学只有当它达到了能够成功地运用数学时，才算真正发展了。

回顾这些有关"科学巨匠"马克思及马克思主义的片段记忆与零星信息，或许有利于我们重新审视当今的社会科学及其研究，也有利于我们重新审视当今的法律科学与法学研究。让我们扪心自问：目前的"法律科学"，成功地运用数学了吗？目前的"法律科学"，里边有多少"科学"的因素与成分？

在回顾这些有关"科学巨匠"马克思及马克思主义的片段记忆与零星信息的同时，不禁想到了以前有些文学艺术作品描述有些人在夕阳晚年时的调侃片段："不久我就要去见马克思了！"不妨联想一下，假若我们的某些社会科学工作者包括某些法律科学工作者百年作古之后真的去拜见马克思，马克思对他们会说什么呢？不难想象，手握《数学手稿》的马克思最可能说的一句话应该是："对不起，谢客！"

本专著前言中曾提及，在任何时代，自然资源、社会资源都是有限的，而且，社会越是发展，科技越是进步，有限的自然资源与社会资源将更加有限、更趋紧张。基于这一角度考量人类社会的各行各业，今后大部分都要走数字化、精细化的发展之路。基于这一角度考量人文社会科学领域，今后的人文社会科学研究，除文、史、哲、艺等少数学科专业外，大部分学科专业或迟或早都要进入"数字"时代，或迟或早都要烙上"科技"的烙印。正因如此，在不远的将来，文科、理科不分家将是大势所趋，自然科学、社会科学相互渗透将是历史必然。也正因如此，目前法律科学之科学性缺失与技术含量低的现状，应该也必须得到改善，相信这是历史发展的必然。

第五节 罚金与没收财产制度之法理缺陷

罚金是人民法院判处犯罪分子向国家缴纳一定数额金钱的刑罚方法；没收财产是将犯罪人所有的合法财产的一部分或者全部强制无偿地收归国有的刑罚方法，它们都属于附加刑。罚金或没收财产附加刑，事实上是判罚或没收犯罪人合法拥有并且没有用于犯罪的财产。

不难想象，罚金或没收财产附加刑的实施，在许多情况下违背了罪责刑相适应的刑法基本原则。举例来说，犯罪人甲拿出自己的全部积蓄买了100克鸦片，到案后被判处有期徒刑3年，欲判处罚金，但没有财产可供执行，只好作罢；犯罪人乙拿出自己的部分积蓄也从同一毒源处买了100克鸦片，到案后也被判处有期徒刑3年，并处罚金3000元。可见，两宗涉案金额、犯罪情节、危害后果都相当的犯罪，一宗判刑3年，一宗判刑3年外加罚金3000元，究竟哪一宗案的判决满足罪责刑相适应原则呢？可以肯定的是，其中必有且至少有一宗案的判决违背了罪责刑相适应原则。

既然罚金或被没收的财产是犯罪人的合法拥有财产，且没有用于犯罪，在这种情形下实施罚金或没收财产附加刑，不但没有什么法理依据，甚至也不符合一般的社会公理。这是因为，罚金或没收财产附加刑的实施，首先是对犯罪人合法劳动收入的部分或全盘否定，其次是对犯罪行为危害后果的随意扩大，再次，在判处罚金或没收财产的过程中不可避免地会引起其他法事关系纠纷，有"惹是生非""节外生枝"之嫌，譬如是没收一部分还是没收全部，被没收财产的属性如何鉴别，比例如何分割，对犯罪人之抚养对象保留必要的生活费用如何界定，等等，都将产生许多节外纠纷。又如，单就为犯罪人之抚养对象保留必要的生活费用而言，有的犯罪人之抚养对象日均消费10元，有的犯罪人之抚养对象日均消费1000元；有的犯罪人只有一个抚养对象，有的犯罪人有数个抚养对象，如何确定保留必要生活费的数额呢？须知，作为调整社会关系的行为规范，**法律只能否定违法行为与后果，而不能连带否定合法行为与后果。**同时，**法律应该尽量"大事化小""息事宁人"，而不应该"惹事生非""节外生枝"。**

罚金与没收财产制度既然缺乏法理依据，罚多少或没收多少又具有很大的随意性，则其正当性就应该受到质疑。

更为甚者，通过后续章节有关数字法律模式的顶层设计思路还会发现，罚金与没收财产之类的附加刑，还与数字法律之法事关系各方损益对等化的司法理念背道而驰。这方面的内容将在后续章节中进行具体介绍。

第六节　缓刑、减刑、假释等制度之法理缺陷

缓刑、减刑、假释等制度，仔细推敲起来，也找不到令人信服的法理依据。

缓刑：对于被判处拘役、三年以下有期徒刑的犯罪分子，根据犯罪分子的犯罪情节和悔罪表现，适用缓刑确实不致再危害社会的，可以宣告缓刑。

减刑：被判处管制、拘役、有期徒刑、无期徒刑的犯罪分子，在执行期间，如果认真遵守监规，接受教育改造，确有悔改表现的，或者有立功表现的，可以减刑。有重大立功表现的，应当减刑。

假释：被判处有期徒刑的犯罪分子，执行原判刑期二分之一以上，被判处无期徒刑的犯罪分子，实际执行十年以上，如果认真遵守监规，接受教育改造，确有悔改表现，假释后不致再危害社会的，可以假释。如果有特殊情况，经最高人民法院核准，可以不受上述执行刑期的限制。

上述有关缓刑、减刑、假释的法律规定存在的问题，归纳起来，集中表现于两个方面。

一方面，对于减刑，如何断定"确有悔改表现"？对于缓刑与假释，又如何断定缓刑或假释后"不致再危害社会"？若万一再危害社会，责任由谁分担？这种先知先觉式的武断有悖常理；同时，有决策就应该有追责，任何人都应该为自己的判断失误分担一定的责任，无责任武断将导致更多、更滥的武断。

另一方面，对于犯罪人既成事实的犯罪，其"罪行"是既定的，按照罪责刑相适应原则，其承担的"责任"也应该是一定的，而缓刑、减刑、假释后，相当于其承担的"责任"减轻了，自然其罪责不再相适应了，那么，这

部分减轻的"责任"又该由谁来分担或消解呢？更为甚者，大部分犯罪人的缓刑、减刑、假释，居然与具体受害对象所遭受损失以及损害的赔偿或补偿，没有一点关系。这既是罪责刑相适应原则的自相矛盾，也使罪责刑相适应原则不攻自破。

第七节　犯罪前科说之法理缺陷

对作为成文法的刑法文本而言，犯罪前科说一直是其罗列法条中不太"光彩"但又比较浓重的一笔；对于刑事案件办案过程中的司法人员而言，犯罪前科说常常是其纲举目张的鸡毛令箭；而对于因故受到过刑事处罚的人而言，犯罪前科说一直是其心中挥之不去的阴影与魔咒。

犯罪前科说之法理缺陷，首先表现在其有"有罪推定"之嫌①。自然，在"疑罪从无"的法治时代，"有罪推定"已经没有生存的土壤。

犯罪前科说之法理缺陷，还表现在其是对当前刑罚制度的自我否定。当前刑罚制度的追求目标是致力于犯罪人的"改过自新、重新做人"，因此，如果始终耿耿于怀于"犯罪前科"，那么，刑罚活动的"改过自新"功能究竟是完成了还是未完成呢？

故而，在当今法治时代，基于"罚后从新"理念，针对某一犯罪，刑罚活动不能没完没了地无限延伸。须知，**法律应该"适可而止"，而不应该"没完没了"**。

当然，犯罪前科说，在早期办案信息不充分的时代，也有其积极意义。但是，通过本书后续论述将会看到，在今后科技飞速发展的时代，随着无密可保时代的到来，从协助办案的角度考虑，犯罪前科说也将没有存在的必要。

----

① 彭新林. 应构建中国特色前科消灭制度［N］. 检察日报, 2008 - 06 - 09.

第八节 没有数理理念的刑法之刑罚结果

科学性的缺失与技术含量低，导致当前我国的刑法体系本质上是一部没有数理理念的法律规范。而没有数理理念的法律规范，其刑罚结果往往意味着公平正义的缺失。下面通过一个实际案例佐证在没有数理理念的刑法体系下，最终的刑罚结果往往混乱不堪，公平正义严重缺失。

案例：2010 年 8 月至 9 月，被告人张某某在西安市长安区收购旧瓷器时，以 4000 元在长安区大兆街办西曹村"友友"家购得石雕天禄一个，并雇车运回山西省襄汾县南贾镇东牛村自己家中。

2011 年 4 月至 5 月，被告人张某某又把买回的石雕天禄以 8000 元卖给同村的被告人刘某某，刘某某把石雕天禄拉回自己家中。

2011 年 9 月左右，经被告人张某甲、张某乙、刘某乙帮助和介绍，被告人张某从山西省襄汾县南贾镇东牛村刘某某家中以 40000 元把石雕天禄买下，运回陕西省咸阳市三原县城关镇自己家中，张某付给张某甲、张某乙好处费各 1000 元，付给刘某乙好处费 3000 元。

2013 年 4 月至 5 月，被告人武某某转到陕西省咸阳市三原县城关镇张某家中见到石雕天禄以后，便以 95000 元买下，用自己的五菱面包车运回陕西省蒲城县三合乡武家村自己家中，武某某多次让买家来看石雕天禄，想卖出牟利，因要价过高，未能成交。

石雕天禄被盗后，警方一直在追查它的下落，最终在武某某家中找到。破案后被倒卖的石雕天禄已追回，经陕西省文物鉴定委员会鉴定，追回的石雕天禄为二级文物，原系西安市长安区大兆街办庞留井村，东明代秦惠王朱公锡墓于 2010 年被盗的石望柱柱顶。

最终，被告人张某某犯倒卖文物罪，判处有期徒刑 5 年并处罚金 60000 元。被告人刘某某犯倒卖文物罪，判处有期徒刑 5 年并处罚金 60000 元。被告人张某犯倒卖文物罪，判处有期徒刑 3 年又 5 个月并处罚金 60000 元。被告人武某某犯倒卖文物罪，判处有期徒刑 3 年并处罚金 60000 元。被告人张某甲犯倒卖文物罪，判处有期徒刑 3 年缓刑 4 年并处罚金 50000 元。被告人张某乙犯倒卖文物罪,判处有期徒刑2年又3个月缓刑3年并处罚金50000元。被告人刘某乙犯倒卖文物罪,判处有期徒刑3年缓刑4年并处罚金50000元。

另外,对于被告人张某某违法所得8000元、被告人刘某某违法所得40000元、被告人张某违法所得95000元、被告人张某甲违法所得1000元、被告人张某乙违法所得1000元、被告人刘某乙违法所得3000元予以没收,上缴国库。

石雕天禄的整个倒卖过程及各个被告人的总体刑罚及损失结果汇总于表1-1。

表1-1 石雕天禄的整个倒卖过程及各个被告人的总体刑罚与损失结果汇总

被告人	买入(元)	卖出(元)	获利(元)	量刑	没收/获益(元)	总体刑罚及损失/总体获利(被告人/国家利益体)
张某某	4000	8000	4000	5年+60000元	-8000	5年刑期+64000元
刘某某	8000	40000	32000	5年+60000元	-40000	5年刑期+68000元
张某	45000	95000	50000	3年5个月+60000元	-95000	3年5个月刑期+105000元
武某某	95000			3年+60000元	-石雕天禄	3年刑期+155000元
张某甲			1000	3年缓4年+50000元	-1000	3年刑期缓4年+50000元
张某乙			1000	2年3个月缓3年+50000元	-1000	2年3个月刑期缓3年+50000元
刘某乙			3000	3年缓4年+50000元	-3000	3年刑期缓4年+50000元
合计	个人					16年5个月+542000元
	国家利益体			16年5个月+390000元	+148000+石雕天禄	16年5个月+538000元+石雕天禄

由表1-1可以看出,张某某、刘某某、张某(伙同张某甲、张某乙、刘某乙)、武某某四名或四组被告倒卖了同一个文物石雕天禄,其获得的总体刑罚及损失结果或者他们的最终付出代价却大相径庭:张某某、刘某某两被告的最终付出代价分别是5年刑期外加64000元、5年刑期外加68000元,基本上大体相当;被告人张某(伙同张某甲、张某乙、刘某乙)的最终付出代价总和是3年5个月刑期外加255000元,还有张某甲、张某乙、刘某乙三被告的诸多缓刑;被告人武某某的最终付出代价是3年刑期外加155000元。

　　由此可见，在没有数理理念的刑法体系下，由于法事关系各方损益对等化理念的缺失，针对犯罪情节大致相当的刑事案件，其最终的刑罚结果混乱不堪，公平正义严重缺失。

　　此外，数罪并罚制度作为我国刑法的一项基本制度，同样存在着说不清道不明的法理缺陷。对于数罪并罚制度所存在的法理缺陷，将在后续第四章中进行专门的具体分析。

第二章

数字法律概要

第一节　科学技术进步对司法活动的影响

自 18 世纪中叶瓦特发明蒸汽机后开展第一次科技革命开始，人类又于 19 世纪末开展了以电气化革命为标志的第二次科技革命，以及于 20 世纪中叶开展了以计算机革命为标志的第三次科技革命，而目前正在进行一场以传感技术、纳米技术、3D 打印技术、信息处理技术、人工智能技术为主，涉及领域更为广泛的第四次科技革命。

对于人类科技革命的划分，有的文献简单归纳为：第一次科技革命为工业革命，第二次科技革命为电气革命，第三次科技革命为信息革命，第四次科技革命为人工智能革命。

前三次科技革命的影响范围，主要集中在工农业生产、第三产业等有形实体行业或领域，但对于诸如政治、法律、文化等无形虚体行业或领域，则没有产生很大的或颠覆性的影响。例如，针对法律领域而言，无论是蒸汽机的出现，还是电气化的实现，甚至是计算机的普及，除了对相对技术性的经济法、知识产权法等有一定的促进或影响之外，其他法律分支的基本构架与内容，没有因为科技革命的升级而发生很大的变化。

翻阅法制史会发现，法律的变革对历次科技革命或科技进步，似乎具有天然的惰性。甚至是否发生科技革命，对法律的变革也没有什么影响。如就刑法原则与制度而言，累犯加重处罚、自首减轻处罚、区分故意和过失、共犯者重惩首犯……这些当代刑法所具备的所有原则和制度，早在距西方第一次科技革命1000多年前的我国的唐律中，就已经几乎完全包括了，有些甚至在距今4000多年的夏商时代就已经存在了①。

但是，第四次科技革命特别是人工智能技术的出现，其影响将不再局限于某一个或某几个特定的行业或领域，它的出现，将会对经济、政治、法律、文化等行业或领域产生颠覆性影响。就政法领域的司法活动而言，第四次科技革命的影响可从如下几个方面进行解读。

一、不远的将来，人类将无密可保

保密，从本质上讲，是基于信息不对称才可以实施或完成的一项工作。而第四次科技革命时代，全球卫星定位系统、微型摄像技术、信息处理技术、移动互联网技术等将十分发达与普及，信息不对称的现象将逐步弱化或消失，如此一来，在大数据、云计算时代，保密将逐步失去意义。因此，早在20世纪，就有人预测，到21世纪的某个年代，人类将无密可保！

仔细想想也确实如此，目前，美国的全球卫星定位系统（GPS）定位精度已经达到了1米以内，随着科学技术的进步，其定位精度还会进一步提高；我国的北斗卫星导航系统（BDS），将实现从米级至亚米级甚至厘米级定位精度的跨越发展。另外，微型摄像技术与纳米技术的结合，亦将会使人类的更多隐私活动暴露无遗。

据预测，不久的将来，智能手机与生物传感器相结合，可以实时监测人的心率、血压、脑活动，可以检测早期癌症等疾病。到2100年之前，人类与机器将完全融合，人类离开网络将无法生存。而从理论上讲，只要有网络、机器的存在或参与，就可以顺利实现查询、拷贝、下载、解读、取证等操作，自然，届时人类的任何秘密都将不复存在。

基于此，不远将来的司法活动，特别是公安机关的刑侦活动，传统的侦查、审讯手段将逐渐失去意义或逐步退出历史舞台。通俗地讲，通过技术手段就能够获得有图像、有内容、有故事、有真相的证据，还需要再去查手印、追脚印、辨气味吗？还需要文学作品里描述的老虎凳、辣椒水、竹签子

---

① 范忠信，陈景良．中国法制史［M］．北京：北京大学出版社，2010：28，237.

吗？甚至有可能再也不需要派送间谍了，再也不需要安排卧底了，再也不需要使用狱侦耳目了，再也不需要犯罪前科人员协助了，再也不需要……

显然，不远的将来，当人类进入无密可保的时代，刑事犯罪的破案率将会大大提高，届时，以前及当前普遍使用的大部分与提高破案率相关的传统刑侦手段将不再流行，或逐渐失去意义或逐步退出历史舞台。

下面再通过网络上流传的一个段子，诠释在大数据、云计算背景下，任何人都将相当于一丝不挂，人类将进入无密可保的时代。

必胜客店的电话铃响了。

客服（拿起电话）：必胜客。您好！请问有什么需要我为您服务？

顾客：你好！我想要一份……

客服：先生，请先把您的会员卡号告诉我，好吗？

顾客：16846146＊＊＊。

客服：陈先生，您好！您是住在泉州路一号 12 楼 1205 室。您家电话是 2646＊＊＊＊，您公司电话是 4666＊＊＊＊，您的手机是 1391234＊＊＊＊。请问您想用哪一个电话付费？

顾客：你为什么知道我所有的电话号码？

客服：陈先生，因为我们有联机 CRM 系统（注：CRM：Customer Relationship Management，客户关系管理系统）。

顾客：我想要一个海鲜比萨……

客服：陈先生，海鲜比萨不适合您。

顾客：为什么？

客服：根据您的医疗记录，您的血压和胆固醇都偏高。

顾客：那你有什么可以推荐的？

客服：您可以试试我们的低脂健康比萨。

顾客：你怎么知道我会喜欢这种的？

客服：您上星期一在国家图书馆借了一本《低脂健康食谱》。

顾客：好。那我要一个家庭大号比萨。

客服：陈先生，大号的不够吃。

顾客：为什么？

客服：因为您一家共有六口人。来个特大号的，怎样？

顾客：要付多少钱？

客服：99元。这个足够您一家六口吃了。但您母亲应该少吃，她上个月刚刚做了心脏搭桥手术，还处在恢复期。

顾客：那可以刷卡吗？

客服：陈先生，对不起，请您付现款。

顾客：你们不是可以刷卡的吗？

客服：一般是可以的。但是您的信用卡已经刷爆了，您现在还欠银行4807元，而且还不包括您的房贷利息。

顾客：那我先去附近的提款机提款。

客服：陈先生，根据您的记录，您已经超过今日提款限额了。

顾客：算了，你们直接把比萨送我家吧，家里有现金。你们多久会送到？

客服：大约30分钟。如果您不想等，可以自己骑摩托车来取。

顾客：为什么？

客服：根据我们CRM全球定位系统车辆行驶自动跟踪记录显示，您登记的一辆车号为SB-748的摩托车，目前正在解放路东段华联商场右侧行驶，离我们店只有50米。

顾客（头开始晕）：好吧。

客服：陈先生，建议您再带一小份海鲜比萨。

顾客：为什么？你不是说我不能吃吗？

客服：根据我们CRM通讯系统分析，今天您与一位女性通话频率高、时间长，今天又是2月14日，我们分析应该是您的情人，而这位手机用户近来一直买的是海鲜比萨，她应该喜欢这种口味。

顾客：……

客服：您最好现在就送回家，否则您就不方便出来了。

顾客：为什么？

客服：根据我们CRM全球定位系统，您的爱人大约30分钟后到家。

顾客：我为什么要出来？

客服：您已在汇峰酒店定了今晚的房间，估计您是与情人约会吧？

顾客：……（当即晕倒）

二、不远的将来，司法人工智能将成为现实

基于第四次科技革命，人工智能已经得到长足发展并将进一步得到持续发展。

人工智能的发展对司法活动的影响，主要在于人工智能的准确性、高效率和巨大替代性。举例来说，图像识别技术的发展与应用，可以在浩瀚的车辆牌照或人影头像的影像资料中寻找犯罪作案工具或犯罪嫌疑人，分分钟内完成原来数十上百人奋战几天几夜也完不成的任务。

随着人工智能技术在各个领域持续、广泛、深入地发展与应用，越来越多的行业或工作岗位逐渐被人工智能所取代。有人预测10年内会有大约50%的工作被人工智能取代，20年内会有大约80%的工作被人工智能取代，如司机、保安、客服、收银员等，再进一步，记者、会计、医生、教师等都可能成为被人工智能所淘汰的对象。

那么，再下一步呢？自然可以想见，人工智能在司法领域的普遍应用，那就形成了司法人工智能，届时，律师、法官等司法人员的大部分工作将被司法人工智能逐步取代，相信这是大概率事件，目前已经崭露头角的法律机器人、机器人律师等就是明证。

关于司法人工智能及其发展，更详尽的内容可见第六章智慧法院与司法人工智能概论。

三、未来的世界是一个量化的世界

如前所述，正在持续、大力发展的人工智能，本质上可能是深度学习，是大数据算法，但更本质的内容是建立数据模型或数学模型，因而更本质的核心内容可能依赖于人们对主、客观世界的数字化、精细化，或者简单地叫作"量化"。

"量化"的概念在自然科学领域相当熟悉和普遍，可以说，在某种意义上，没有"量化"的概念，就没有自然科学。

相反，"量化"的概念在社会科学领域却比较陌生，在司法领域更是少

有所闻。这也是为什么在社会科学领域特别是司法领域，有时候针对同一件事情会出现"公说公有理，婆说婆有理"的匪夷所思的乱象，其根本的原因在于没有"量化"。在很多情况下，没有"量化"，就没有评判是非的标准和尺度。例如，刑法中的显著轻微、罪行重大、情节较轻、情节严重（恶劣）、情节特别严重（恶劣）、数额（量）较大、数额（量）巨大、数额（量）特别巨大、重大损失、特别重大损失、后果严重、后果特别严重、危害不大、严重危害、特别严重危害、从重处罚、从轻处罚、减轻处罚等评判术语，不同地区、不同部门、不同背景下的司法人员，对同一术语的理解可能相去甚远。

也许有人会说，社会科学领域相比于自然科学领域，涉及因素多，量化比较困难，有些因素甚至没有办法量化，这种观念是站不住脚的。试想一下，我们日常生活中一辆普通的汽车，有上万个零件，每个零件至少有十几个甚至几十个参数，这些参数都是通过精确量化才能确定的，那么可以粗略统计，设计制造如此一辆汽车最终需要具体量化十几万甚至几十万个参数，也就是说需要考虑十几万甚至几十万个因素。至于火车、飞机、航空母舰、宇宙飞船、制导导弹、人造卫星等，其设计制造过程中需要考虑的因素与涉及的零件数量更要多得多（据报道类似 C919 的大飞机通常需要 300 万 ~ 500 万个零部件），需要精确量化的参数更是天文数字。

那么，社会科学领域的某一事项，涉及因素再多，至多与自然科学领域抑或工程技术领域事项同样复杂，不可能超出自然科学领域抑或工程技术领域事项的复杂量级。因此，从广义上来说，任何社会科学事项都有量化的可能性，没有不能量化的社会科学事项，只是没有找到量化的具体途径或方法而已。

如前所述，在任何时代，自然资源、社会资源都是有限的，而且，社会越是发展，科技越是进步，有限的自然资源与社会资源将更加有限、更趋紧张。既然资源更加有限与更趋紧张，就有量化的必要性，因为只有量化，才便于各种自然资源与社会资源的合理配置。

因此，未来的世界，是一个量化的世界，人类的几乎所有活动都将量化，也必须量化。

第二节　什么是数字法律

如前所述，人类已经进入第四次科技革命时代。在科技时代人们对客观事物的描述可以数字化或精细化。实际上，数字化或精细化技术在现实生活中已经相当普遍，如数字电视、数字地图、数字社区、数字政府、精细农业、精细化工等。显而易见，在当今的科技时代，针对犯罪这一客观存在的社会现象，在对犯罪情节侦查核定确凿的基础上，也可以实现对罪犯或当事人定罪、量刑、判决的数字化或精细化，这就是数字法律。

数字法律也可以称之为精细法律，其基本精神是把涉及刑事犯罪的主、客观情节或涉及民事纠纷当事人的权利义务关系，通过一定的技术手段进行数字量化，并依据量化情节通过某种算法获得一个刑罚参考结果，或获得一个民事判决参考结果，再根据立法规定或司法解释最终确定一个刑罚判决结果或民事判决结果。

可见，数字法律既可应用于刑法部门，也可应用于非刑法部门，如民法、行政法、婚姻法等部门法。本专著主要针对刑法的定罪量刑展开数字法律的讨论，其应用范例也多以刑事法律案例为主，同时也涉及部分民事法律案例。

第三节　数字法律的基本特征

数字法律不是一种新的法律体系或法律规范，也不是一部新的部门法，而是一种处理法律事务或法事关系的新理念、新思维、新方法或新模式。当然，从顶层设计的角度考虑，数字法律理念也可以而且应该在立法阶段、执法阶段、司法阶段得到全面贯彻与应用。

应用数字法律理念对法律事务或法事关系实现数字化或精细化，自然要求数字法律方法或模式应该具备一定的基本特征。下面几个方面是在应用数字法律方法或模式时，应该遵循或倡导或保持的司法理念的基本特征。

一、中立性与局外性

在应用数字法律方法或模式处理法律事务或法事关系时，应遵循的首要司法理念就是中立性与局外性，这一司法理念应贯穿于立法环节、执法环节、司法环节之法的实施全过程。

从法律的基本价值角度考虑，法律规范具有正义性，法律规范是实现正义的手段，法律规范"最重要的价值在于实现正义"①，而**正义对任何人均不拒绝**。法律规范正义性要求其在处理相关法事关系时，要实现涉事双方或各方待遇平等、损益对等、利害相当，自然要求其在实施全过程中要保持中立性与局外性，不能偏袒法事关系的某一方或某几方。

然而，综观当前的司法理论界与实务界，中立性与局外性的司法理念缺失，从而在立法环节导致法律规范的制定存在一定的阶级斗争意识或封建遗风，在执法环节导致执法者与法事关系涉事方同生共存、利益勾连，在司法环节不能正确地进行刑罚裁量或民事判决，甚至还留下了一些与法治社会格格不入的历史笑柄。

例如，在立法环节，以刑法为例，其立法宗旨及刑法任务首先申明要"惩罚犯罪，保护人民……同一切犯罪行为作斗争……"，显示了其阶级斗争意识之遗风，甚至有些刑事法律材料或讲稿言称要"消灭犯罪"，这都隐约体现了立法者心中之中立性与局外性司法理念之缺失。

为了保护法事关系涉事某一方利益，而特意地去惩罚另一方，特意地去同另一方"作斗争"，这就是中立性与局外性司法理念缺失的表现。

首先，犯罪是一种客观存在的社会现象或社会现实，在阶级与国家消亡之前，它是客观存在的，是不能被消灭的，这是不以人的意志为转移的客观规律。因此，在有国家存在的阶级社会，若要"消灭犯罪"，就等同于要

---

① 张文显. 法理学 [M]. 4版. 北京：高等教育出版社，2011：273.

"消灭阶级"甚至"消灭国家"一样不可能。①

其次，从朴素的辩证唯物主义理念出发，也会发现"消灭犯罪"观念的非理性。世间万事万物相互之间形成了对立统一体，对立统一体所涉万事万物具有共生共死、共存共亡、共荣共辱、共盛共衰的特点，对立统一体组合中一方的消灭之日，也是另一方的消亡之时。老鼠死光了，猫离消亡也就不远了；男人死光了，女人离消亡也就不远了；"消灭"了学生，教师就会失业了；"消灭"了病人，医生就会下岗了。同样道理，若真"消灭犯罪"了，全国相关法学专业的教、研、学人员以及几百万公检法司人员还有众多的执业律师，将出现严重的生存危机，直至相应职业最终消亡。

长期以来，在司法理论界与实务界，由于中立性与局外性的司法理念没有深入人心，导致许多公检法司人员自觉不自觉地以"法律的化身"自诩，从而产生了诸多的负面影响与负能量，甚至有些执法人员在执法过程中"非常投入"地声称"我就是法律"。由此可见，不承认或不遵循中立性与局外性的司法理念，很容易使整个社会陷入"执法者法盲"的泥潭。

下面再通过一个简单的寓言故事深入浅出地说明中立性与局外性的司法理念。猫哥哥与猫弟弟在河边只钓到了一条鲤鱼，因分鱼而产生争执，于是请狐狸来分鱼。狡猾的狐狸带着刀来了，把鱼砍成了三段，让猫哥哥拿鱼头，让猫弟弟拿鱼尾，自己拿着鱼身跑了。在这一简单通俗的寓言故事中，如果猫哥哥与猫弟弟分别拿到的鱼段的重量或价值相差悬殊，就说明狐狸缺乏中立性；狐狸还拿着鱼身跑了，就说明狐狸缺乏局外性。

通过后续分析还会体会到，在应用数字法律方法处理法律事务或法事关

---

① 某些犯罪形式的消失，可能不是人们"同犯罪行为作斗争"的结果，而是科技进步的结果。走在大街上，看着川流不息的人群，小偷们"哭了"！在即将来临的无现金时代，几乎人人出门将不带现金，靠手机或靠"刷脸"支付，连买菜都可以不用现金了。有人调侃，小偷，这一存在了几千年的行业，一代又一代的公安、警察都没能将其"消灭"，而在科技进步的大潮中"毁了"！与此类似的还有卖淫嫖娼活动，扫黄打非措施年年有，也未见其被"消灭"。但是可以预见，当科技进步到一定程度，如基于人工智能的服务机器人技术发展到一定程度，其将逐步趋于消亡。据英国著名媒体《镜报》报道，伴侣机器人将会越来越流行，在2050年左右还可能取代人类，能怀孕生子的机器人也正急速奔来。据最新报道，计算机科学家、谷歌首席未来学家雷·库兹韦尔预言，基于虚拟现实的发展，将来人们甚至可以在不同的地方进行远程性爱与变身份性爱。

系时，之所以首先要树立中立性与局外性的司法理念，是因为唯有如此，才能在对涉案双方或多方的主、客观情节进行数字化或精细化处理时，保证基本的公平正义。

二、法事关系平等化

下面举例说明什么是法事关系的平等化。

某人欠三位债权人外债分别为 10 万元、15 万元、20 万元共计 45 万元无法偿还，遂抢劫银行 60 万元，利用抢来的钱归还了 45 万元外债，又携带剩余的 15 万元外逃。抢劫犯被抓后，不但归还给债权人的 45 万元外债得到追回，剩余的 15 万元也被顺利追回，一并归还给了银行。

此牵连案例的处理方法的根本错误，在于违背了法事关系平等化的司法理念，也违背了**原本合法的法事关系神圣不可侵犯**的司法理念。在此牵连案例中，总共涉及两个刑事法事关系与三个民事法事关系，或者是四个显式法事关系与一个隐式法事关系：

（1）抢劫犯与被抢劫银行之间的一个刑事法事关系（显式）；

（2）抢劫犯与国家利益体之间的一个刑事法事关系（隐式）；

（3）抢劫犯与三位债权人之间的三个民事法事关系（显式）。

所谓法事关系的平等化，是指这一牵连案例中的四个显式法事关系，相互之间是平等的，没有孰重孰轻、谁主谁次之分。但是，案件的前期处理结果，却通过对抢劫银行款的悉数追回，使抢劫犯与被抢劫银行之间的显式法事关系，优先得到了恢复、修复或复原，追回已归还的 45 万元抢劫银行款的同时，破坏了其他三个显式民事法事关系的恢复、修复或复原，且这三个显式民事法事关系的恢复、修复或复原过程都是合法的，而合法的法事关系神圣不可侵犯。

在应用数字法律方法处理具有复杂法事关系案件或牵连案件时，只有遵循法事关系平等化的司法理念，才能便于应用数字法律方法进行下一步的数字化或精细化处理。

三、法事关系各方损益对等化

为了说明法事关系各方损益对等化，还是用第一章第三节无业村民甲的偷牛案进行解释。无业村民甲盗窃张老汉家的一头价值 5000 元的耕牛，则张老汉损失 5000 元，无业村民甲收益 5000 元（尽管被其挥霍，也算其收益）；司法机关为了处理此案，经过"侦查→逮捕→公诉→审判→收监→劳教"等一系列司法程序，假定其司法资源消耗量货币化后为 x 元（可取全国或某地区平均司法资源消耗量）；无业村民甲被判处有期徒刑 3 年，则在其 3 年的劳动改造过程中，其劳动收益除小部分用于其日常生活开销外，绝大部分成为国家利益体收益。此偷牛案所涉及的法事关系如下：

（1）无业村民甲与张老汉之间的一个刑事法事关系（显式）；

（2）无业村民甲与国家利益体之间的一个刑事法事关系（隐式）。

由此可见，此案所涉及的法事关系各方在刑罚实施并完成后，没有实现损益对等化，如图 2-1 所示，盗窃案受害人张老汉永远损失了 5000 元，无业村民甲收益 5000 元并消耗司法资源 x 元，国家利益体损失司法资源 x 元，最终获得无业村民甲 3 年的服刑劳动收益 y 元（扣除日常生活开销部分）。图 2-2 所示为偷牛案法事关系各方损益流向图，图中点画线上方代表损失，点画线下方代表收益，箭头方向代表损益流向。由此可见，在现有的刑法体系下，对于类似偷牛案的刑事案件的刑罚结果，不可能实现法事关系各方损益对等化。

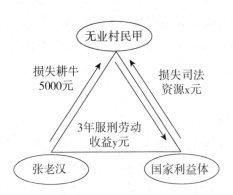

图 2-1 偷牛案的法事关系各方损益

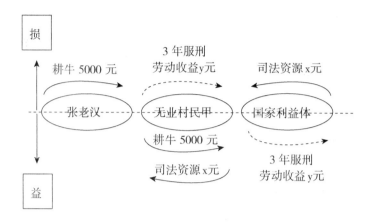

图 2-2 偷牛案的法事关系各方损益流向

再举一案例解释法事关系各方损益对等化。罗某某因受贿 2000 余万元以及 5000 余万元财产来源不明，最终被判处死缓。在监狱服刑期间，被安排在彩灯制造流水线上每天加工 4000 个灯泡（往小灯泡里安装灯丝）。

在这一案例中，此案所涉及的法事关系各方损益更是一笔糊涂账：定罪量刑前，对犯罪人罗某某而言，受贿 2000 余万元及 5000 余万元财产来源不明，给国家利益体或其他单位、组织、个人造成了多大的经济损失？目前没有具体的估量方法；劳动改造后，对国家利益体（以监狱管理系统为代表）而言，假定每个灯泡加工过程中安装灯丝工序创造价值 0.25 元，则每天加工 4000 个灯泡的劳动收益就有 1000 元，则罗某某每年为监狱带来多大的经济收益（扣除每月 500 元的零花钱及其他日常生活开销）？这些目前似乎都没有具体的公开统计。

从此案可以看出，如果其所涉及的法事关系各方损益说不清楚，则犯罪人罗某某的个人贪婪行为与国家利益体的行为，在本质上是一样的：犯罪人罗某某是把国家利益体或其他单位、组织、个人的财富随意据为己有；国家利益体则是把犯罪人的劳动收益随意据为己有。

法事关系各方损益对等化，同前述第一章中的罪责刑相适应原则下的定性适应与定量适应类似，也应包括定性对等与定量对等两个层面，定性对等即指损益对象对等，定量对等则指损益数量对等。有所不同的是，罪责刑相适应原则主要是在案件定罪量刑时适用，损益对等化原则则在刑罚的裁量、执行全过程适用。由此可见，每一刑事案件最终的处理结果是否客观公正，是否最大限度地体现了公平正义，在数字法律模式下，通过对法事关系各方进行损益对等化分析，便可一目了然。

法事关系各方损益对等化，有点类似于财会专业当中的"平账"，只有做到"平账"，才能保证"账账相符，收支平衡"。

四、精细化与程序化

从技术层面考虑，在应用数字法律方法处理法事关系时，其基本技术手段就是对犯罪的主、客观情节或涉及纠纷当事人的权利义务关系的数字化或精细化，以及数字化或精细化过程的程序化。

如前所述，所谓精细化亦即数字化，对刑事案件而言，是把涉及犯罪的各种主、客观情节进行一定的量化处理，这是应用数字法律方法的最基本也是最重要的步骤之一。

对于刑事犯罪而言，通过特定的数学手段对涉及犯罪行为、受害对象、危害后果的各种主、客观情节进行具体量化，从而可以得到犯罪人客观罪行的一个总体量化结果，再把这个总体量化结果与刑罚裁量结合起来，从而得到一个刑罚执行结果。特定的数学手段主要包括涉案情节参数化、危害结果数学模型化等。

所谓程序化，是指上述基于特定的数学手段的数字化或精细化过程，可以编制成特定的计算机程序或电脑程序，从而实现基于计算机技术的计算机辅助量刑。

程序化的好处，首先在于能够提高刑事案件定罪量刑的工作效率以及民事案件的裁定效率，降低办案人员的工作负担；其次，更重要的是，针对同一司法案件，不同的办案人员应用程序化的数字法律手段时，在不考虑自由裁量权的情况下，可以得到相同的刑罚裁量结果或民事裁定结果。在考虑自由裁量权的情况下，由于自由裁量权大小可以在刑罚裁量程序中或民事裁定程序中进行限定设置，不同的办案人员得到的刑罚裁量结果或民事裁定结果将处于一个合理的置信区间内，不会相差太大。如此一来，就可以最大限度地体现司法过程的公平正义。

曾有报道显示，山东淄川区法院应用计算机辅助量刑系统处理的1500多起刑事案件当中，没有一起案件因为量刑失衡而出现上诉。这充分说明，基于精细化与程序化的法事关系处理方法，不但可以保证司法过程的客观公正，而且因为可以大大降低上诉率，继而可以大大节约司法资源。

第四节　数字法律方法的基本要点

应用数字法律方法或模式处理不同性质的司法案件时，其基本步骤可能不尽相同，有时可能差别很大。总体而言，处理刑事案件的数字法律方法或模式可能相对规范一些，而处理民事案件的数字法律方法或模式则可能比较宽泛多样。本节主要基于刑事案件讨论数字法律方法的基本步骤，至于处理民事案件的数字法律方法的基本步骤，将在第三章数字法律应用范例的相关章节中单独介绍。

一、确定受害对象与危害后果

广义上讲，针对刑事犯罪而言，无论犯罪施体即犯罪人实施什么样的犯罪活动，从犯罪受体方面来讲，必然涉及一定的受害对象，也必然造成一定的危害后果。因此，在应用数字法律方法时，从定性适应层面的罪责刑相适应原则出发，针对每一犯罪事实，应首先确定犯罪的受害对象（不同于刑法理论中的行为对象或犯罪对象①），并针对不同的受害对象确定其相应的危害后果。

1. 受害对象

在刑事犯罪的受害对象方面，一般包括具体受害对象和抽象受害对象两个方面。具体受害对象一般包括个人、单位或组织，抽象受害对象一般以国家利益体代表。

就刑法分则规定的各类犯罪而言，一部分犯罪同时包含具体受害对象与抽象受害对象，另一部分犯罪仅包含抽象受害对象而没有具体受害对象。也就是说，所有类型的犯罪必然涉及抽象受害对象，即国家利益体，其中一部

---

① 曲新久，陈兴良，张明楷，等. 刑法学［M］. 北京：中国政法大学出版社，2008：29.

分犯罪还同时涉及具体受害对象。

举例来说，侵犯财产罪、侵犯公民人身权利和民主权利罪、大部分的危害公共安全罪、大部分的破坏社会主义市场经济秩序罪、大部分贪污贿赂罪、大部分渎职罪，就同时包含具体受害对象与抽象受害对象；而像危害国家安全罪、危害国防利益罪、一部分危害公共安全罪、一部分破坏社会主义市场经济秩序罪、大部分妨害社会管理秩序罪、一部分贪污贿赂罪、一部分渎职罪，就仅包含抽象受害对象而没有具体受害对象。如危害国家安全罪之分裂国家罪、叛逃罪等，没有具体受害对象，其抽象受害对象就是国家利益体；危害公共安全罪之违规制造销售枪支罪、非法持有私藏枪支弹药罪，也仅有以国家利益体为标志的抽象受害对象；妨害社会管理秩序罪之非法生产买卖警用装备罪、非法集会游行示威罪、侮辱国旗国徽罪等，也没有具体受害对象，但必有抽象受害对象即国家利益体。

2. 危害后果

在刑事犯罪的危害后果方面，对具体受害对象而言一般包括经济损失、精神损害和生理伤害，对抽象受害对象即国家利益体而言一般包括破坏国家制度、破坏社会稳定、破坏公序良俗等。

以侵犯财产类犯罪为例，针对具体受害对象所遭受的经济损失、精神损害和生理伤害三方面的危害后果而言，其中经济损失一般是必然存在的且是可以量化的；精神损害也是必然存在的且是随着财产损失数额及方式的不同而不同的，但精神损害是不便量化的，通常根据经济损失情况通过一定数学手段进行附带量化；生理伤害对有些侵犯财产类案件如侵占、贪污、偷盗、诈骗等是不存在的，而对另一些侵犯财产类案件如抢夺、抢劫等是有可能发生的。

又以侵犯公民人身权利、民主权利罪为例，针对具体受害对象的危害后果主要以生理伤害、精神损害为主，生理伤害可以根据伤残等级状况、医疗救治情况等进行具体量化并最终转化为经济损失；精神损害同样也是不便量化的，通常根据生理伤害情况通过一定数学手段进行附带量化。

还是以侵犯财产类犯罪为例，针对抽象受害对象即国家利益体所遭受的破坏国家制度、破坏社会稳定、破坏公序良俗等方面的危害后果而言，其特点一是不同类别的侵犯财产案其危害侧重点不同，二是无论属于哪方面的危害都是不便量化的。如对于挪用资金罪、挪用公款罪、贪污罪等侵犯财产类案件，针对国家利益体方面的危害主要侧重于破坏国家制度（如财经管理制度、民政事业制度、国家机关威信等）；对于破坏生产经营罪、抢夺罪、抢劫罪等侵犯财产类案件，针对国家利益体方面的危害主要侧重于破坏社会稳定；对于盗窃罪、诈骗罪等侵犯财产类案件，针对国家利益体方面的危害主要侧重于破坏公序良俗。

因此，针对抽象受害对象的危害后果的量化而言，通常从两方面考虑其量化途径：一是根据针对具体受害对象的危害后果类推针对抽象受害对象的危害后果；二是从另一角度考虑，既然抽象受害对象遭受了破坏国家制度、破坏社会稳定、破坏公序良俗等方面的危害，而国家利益体为了维护国家制度、维护社会稳定、维护公序良俗，必然会有相应的公检法司队伍建设及相应的设施设备配备等方面的经济投入，如公安队伍建设、法官队伍建设、检察官队伍建设、律师队伍建设，以及相应的刑侦设备配备、司法鉴定设备配备等。如此一来，针对抽象受害对象的危害后果的量化，就可以通过公检法司体制建设的经济投入状况，进行分级别、分地域、均衡化处理，并最终得到基数化量化结果。

在本专著的有关刑事案件数字法律方法的应用范例中，针对抽象受害对象的危害后果的量化，目前主要采用上述第一途径进行考虑，即主要根据针对具体受害对象的危害后果类推针对抽象受害对象的危害后果。

无论是针对具体受害对象还是抽象受害对象，其危害后果方面的量化，通常与下面的刑期分割机制一并考虑，并最终确定犯罪人的刑罚执行刑期。

二、定罪量刑的刑期分割机制

如上所述，既然刑事犯罪行为有的同时涉及具体受害对象与抽象受害对象，有的仅涉及抽象受害对象，那么，根据刑法之罪责刑相适应原则之本意，**"对谁犯罪，向谁负责"**，当犯罪行为同时涉及具体受害对象与抽象受害对象时，则针对犯罪人的量刑刑期应该分为两部分，即分别为针对具体受害对象的量刑刑期与针对抽象受害对象的量刑刑期；当犯罪行为仅涉及抽象受害对象时，则针对犯罪人的量刑刑期仅有针对抽象受害对象的量刑刑期。

针对具体受害对象的量刑刑期，主要以赔偿具体受害对象即个人、单位或组织所遭受的经济损失、精神损害和生理伤害为目的，则这一部分刑期称之为赔偿刑期。

针对抽象受害对象的量刑刑期，主要以补偿抽象受害对象即国家利益体在国家制度建设、社会稳定维护、公序良俗养成等方面的经济投入为目的，同时补偿因具体犯罪情节而导致的额外司法资源的损失，则这一部分刑期称为补偿刑期。

可见，所谓刑期分割机制，就是针对某一项犯罪行为，以罪责刑相适应原则为基准，在明确受害对象的基础上，评估其相应的危害后果，并做出与相应受害对象的相应危害后果相对应的量刑刑期的结构划分，从而进行相应的定量刑。量刑刑期的结构划分，体现了罪责刑相适应原则的定性适应；各部分量刑刑期的最终确定，则体现了罪责刑相适应原则的定量适应。显然，刑期分割机制的确立，不但使罪责刑相适应原则实至名归，也反映了犯罪施体对犯罪受体的责任担当，亦即犯罪人对不同受害对象的责任担当。

对于既有具体受害对象又有抽象受害对象的刑事犯罪，其犯罪人赔偿刑期与补偿刑期的确定方法可以从两个方面考虑。一方面，针对具体受害对象的赔偿刑期与针对抽象受害对象的补偿刑期可以分别确定，两部分刑期累加后就是犯罪人的总刑期；另一方面，有一部分案件，特别是对具体受害对象仅涉及精神损害和生理伤害的案件，可以首先确定犯罪人的总刑期，然后再通过一定的分割机制，将总刑期划分为针对具体受害对象的赔偿刑期与针对抽象受害对象的补偿刑期。由此可见，受害对象、危害后果、刑期分割机制之间，具有很强的针对性。

因此，刑期分割机制的关键，在于对犯罪施体的犯罪情节以及犯罪受体所遭受的危害后果进行合理的量化处理。

如前所述，犯罪施体的犯罪情节以及犯罪受体所遭受的危害后果，有些是可以量化的，有些是不便量化的。但是不便量化不等于不能量化，只能说在某种意义和程度上量化处理比较困难，但是总能找到合理的量化方法，总能得到可接受的量化结果。因此，从广义上讲，任何犯罪施体的犯罪情节以及任何犯罪受体所遭受的危害后果，都是能够量化的，即都具有数字法律意义上的量化可能性。今后一段时间，数字法律研究的主要任务，应该集中在对各类具体犯罪之犯罪施体的犯罪情节，以及犯罪受体所遭受的危害后果的量化处理上。

另外，从广义上讲，任何犯罪施体的犯罪情节以及任何犯罪受体所遭受的危害后果，都是必须量化的，即都具有数字法律意义上的量化必要性。否则，作为刑法基本原则的罪责刑相适应原则，就失去了意义。试想一下，如果犯罪施体的犯罪情节以及犯罪受体所遭受的危害后果没有量化，也就是说犯罪施体的"罪责"是一个"非数据量"，但犯罪施体经刑事审判后最终受到的惩罚即得到的"刑"，在有期自由刑的情况下却是一个"数据量"（如有期徒刑三年、五年、八年、十年就是一个"数据量"），显然，"非数据量"与"数据量"不可能等量齐观。将一个"非数据量"硬拿去与一个"数据量"进行对等比较，进行判断，最后还要断定两者相适应，这既有违基本的自然法则，也有违基本的人文准则，而且还使审判机关的刑事审判活动变得非常滑稽可笑。从这一角度出发，可以认为，任何犯罪施体的犯罪情节以及任何犯罪受体所遭受的危害后果，都是必须量化的。

由此可见，根据刑期分割机制，审判机关对犯罪人的刑事审判活动或过程，本质上应该是一种对犯罪施体的犯罪情节，以及对犯罪受体所遭受的危害后果，进行量化处理的活动或过程。

三、赔偿性、补偿性与惩罚性——刑罚的本质属性

从上述基于罪责刑相适应原则的刑期分割机制不难看出，刑期分割机制不但为数字法律模式下各类案件的定罪量刑提供了方便，同时对服刑人员而言也消除了服刑的盲目性，增加了服刑的针对性。具体来讲，在赔偿刑期的执行期内罪犯是为具体受害对象，即遭受侵害的个人、单位或组织服刑，而在补偿刑期的执行期内罪犯是为抽象受害对象，即国家利益体服刑。在刑期分割机制下，可以清楚地了解刑罚的本质属性，它实质上是一种刑罚的赔偿性、补偿性与惩罚性的结合，也是一种民事责任与刑事责任的统一。

顺便指出，从刑期分割机制的建立以及上述刑罚的本质属性的规定可以体会到，是否有抽象受害对象，亦即国家利益体是否受到侵害，这可以看成是区分刑事案件与民事案件的一条大致的分界线。

四、赔偿刑期的可执行性与补偿刑期的必执行性

1. 赔偿刑期的可执行性

所谓赔偿刑期的可执行性，是指犯罪人获得的针对具体受害对象的赔偿刑期，可以具体执行，也可以不具体执行，甚至可以一部分具体执行，另一部分不再具体执行，这要看犯罪人及其家属在案件发生及庭审判决后，根据犯罪行为对受害对象所遭受的经济损失、精神损害、生理伤害的赔偿情况而定。

还是以前述第一章第三节无业村民甲的偷牛案为例进行说明。假定无业村民甲之偷牛案通过基于数字法律模式的庭审判决后，其赔偿刑期判定为 1 年，其补偿刑期判定为 2 年，如图 2 - 3 所示。那么，所谓赔偿刑期的可执行性，是指对于 1 年赔偿刑期的执行情况，要看无业村民甲在案件发生及庭审判刑后，其本人及其家属对张老汉家所损失的耕牛的赔偿情况而定：

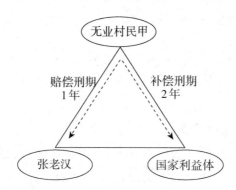

图 2 - 3　偷牛案的赔偿刑期与补偿刑期

（1）若无业村民甲及其家属对张老汉家所损失的价值 5000 元的耕牛进行了赔偿（在第三章相应应用范例的实际量化处理过程中，因考虑精神损害，实际的赔偿金额略多于 5000 元），则 1 年的赔偿刑期不再执行；

（2）若无业村民甲及其家属对张老汉家损失的价值 5000 元的耕牛没有赔偿，则 1 年的赔偿刑期必须足额执行，执行期间的劳动收益（扣除服刑期间的日常生活开销）通过某种方式和途径返还张老汉及其亲属；

（3）若由于经济困难等原因，无业村民甲及其家属对张老汉家损失的价

值 5000 元的耕牛仅赔偿了 3000 元，则相应的大约 0.6 年的赔偿刑期不再执行，赔偿刑期仅需要再执行剩下的 0.4 年，执行期间的劳动收益（扣除服刑期间的日常生活开销）通过某种方式和途径返还张老汉及其亲属，如图 2 - 4 所示。

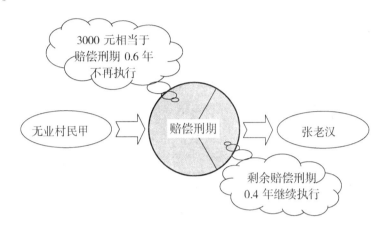

图 2 - 4　偷牛案 1 年赔偿刑期的一种执行方案

对于赔偿刑期的可执行性，还有一点要注意，财产损失类案件，在用经济赔偿方式冲抵赔偿刑期时，若犯罪人所获得的原物还在，则应遵循原物优先的原则进行赔偿。

2. 补偿刑期的必执行性

所谓补偿刑期的必执行性，是指犯罪人获得的针对抽象受害对象即国家利益体的补偿刑期，一般情况下必须具体、在监执行；特殊情况下，当犯罪人之补偿刑期中有与其非法经济收入①相对应的部分时，则与其非法经济收入相对应的那部分补偿刑期，可以根据犯罪人及其家属对非法经济收入的退赔情况，具体确定补偿刑期的执行期限，这种情形一般仅在部分只有抽象受害对象的犯罪中才可能出现；更特殊情况下，如缓刑、减刑、假释、赦免等诸如此类的刑罚执行或刑罚消灭方式，也只能在补偿刑期内实施，而一般不得在赔偿刑期内实施。

---

① 可根据不同犯罪情形理解为非法所得、非法经营额或涉案金额等。如某人投入 10000 元违法制造 100 支枪支，每支售价 1000 元，则其涉案金额可定为 100000 元；某人投入 200000 元违法造出 170000 元假币，则其涉案金额可定为 170000 元。

例如，对于侵犯财产罪、侵犯公民人身权利民主权利罪等犯罪，其犯罪人量刑刑期中的补偿刑期必须具体、在监执行；对于非法集会游行示威罪、侮辱国旗国徽罪等犯罪，其犯罪行为仅有抽象受害对象，其犯罪人量刑刑期中仅有补偿刑期，且其补偿刑期中不涉及与非法经济收入相对应部分，则其补偿刑期也必须具体、在监执行；对于非法生产买卖警用装备罪、违规制造销售枪支罪等犯罪，其犯罪行为也仅有抽象受害对象，其犯罪人量刑刑期中也仅有补偿刑期，但其补偿刑期中常常涉及与非法经济收入相对应部分（有买卖、销售就有非法经济收入，量刑刑期中就会涉及与非法经济收入相对应的部分），如果犯罪人及其家属对与非法经济收入相对应的那部分补偿刑期有退赔情况（退赔数额最大不能超过非法经济收入数额），则其总体补偿刑期可以一部分具体执行，另一部分不再具体执行，即与退赔数额相对应的那部分补偿刑期，不再具体执行。

3. 司法理念依据

先来讨论赔偿刑期（包括部分犯罪行为的补偿刑期）的可执行性的司法理念依据。

所谓赔偿刑期的可执行性，本质上是针对具体受害对象的那部分刑期，可以由犯罪人及其家属通过相应的经济赔偿进行冲抵，如此规定的司法理念依据在于如下两个方面：一方面，刑期分割机制下的赔偿刑期的本意，就是为赔偿具体受害对象所遭受的经济损失、精神损害和生理伤害而设定的，这部分赔偿刑期如果通过具体服刑劳动体现，最终也是把犯罪人的扣除日常生活开销后的服刑劳动收益，通过适当的方式和途径转交给具体受害对象；另一方面，基于数字法律模式考虑刑罚的目的，现代社会刑罚的最根本目的，是为了对被犯罪行为破坏了的法事关系进行恢复、修复或复原，这种恢复、修复或复原，特别是犯罪人与具体受害对象之间的显式法事关系的恢复、修复或复原，自然是越快越好，而由犯罪人及其家属通过相应的经济赔偿来冲抵赔偿刑期，自然是对犯罪人与具体受害对象之间的法事关系的恢复、修复或复原的一种最直接、最便捷、最迅速的方式。

还是拿前面的偷牛案来举例说明。无业村民甲偷窃了张老汉家一头价值5000元的耕牛，案件成功告破并开庭审判后，对于张老汉一家来说，他们最迫切关注的事情是什么呢？自然是无业村民甲能否尽快对价值5000元的耕牛进行赔偿，亦即无业村民甲与张老汉家之间的法事关系能否尽快得到恢复、修复或复原。因为只有价值5000元的耕牛得到尽快赔偿，张老汉家的春耕春播生产或秋收秋种生产才能顺利进行，张老汉家的生活才不至于因耕牛被盗而遭受太大的影响；至于法院对无业村民甲的判刑是否公正，无业村民甲是否服从法院判决，是否上诉，是否被顺利收监，在监狱是否愿意劳动改造，劳改过程中是否有悔改表现，是否立功受奖，是否被减刑，劳改释放后是否重新做人，是否浪子回头金不换，等等，这些都不是张老汉家最迫切关注的事情。

故而，针对赔偿刑期而言，执行方式不重要，尽快执行完毕进而尽快恢复、修复或复原被犯罪行为破坏了的犯罪人与具体受害对象之间的显式法事关系最重要。

而对于补偿刑期中与犯罪人非法经济收入相对应的那部分补偿刑期而言，也按可执行性而不按必执行性进行处理，即若犯罪人及其家属对补偿刑期中与其非法经济收入相对应的那部分补偿刑期，通过相应的经济补偿进行冲抵，则冲抵过的部分补偿刑期，可以不再具体、在监执行。如此规定，符合前述数字法律模式下法事关系各方损益对等化的要求，也为取消罚金、没收财产等法理不充分、自由裁量随意性大的附加刑创造了说明条件。

再来讨论补偿刑期的必执行性的司法理念依据。

所谓补偿刑期的必执行性，本质上是针对抽象受害对象的全部或与非法经济收入无关的那部分补偿刑期，不能由犯罪人及其家属通过相应的经济补偿进行冲抵，而必须具体、在监执行，如此规定的司法理念依据在于如下三个方面：

第一方面，补偿刑期是为补偿抽象受害对象即国家利益体所遭受的损失而设定的，国家利益体所遭受的损失，能够按部就班地得到补偿即可，不必像具体受害对象所遭受的损失那样需要尽快得到补偿，这也体现了刑法的谦抑性。从法理升华的角度表述，即**具体受害对象的利益具有急迫性，抽象受害对象的利益具有谦抑性**。第二方面，刑罚的目的还具有惩罚性、教育性、警示性的一面，通过补偿刑期的具体、在监执行，可以达到惩罚、教育犯罪人本人、警示他人的目的。第三方面，补偿刑期的必执行性规定，可以防止犯罪人成为恶意累犯，或者可以延长犯罪人成为恶意累犯的时间间隔或周期。

上述前两个方面的理由比较容易理解，关于上述第三个方面的理由，仅举一个实例说明。某富二代住豪宅开豪车，家里很有钱，整日无所事事，为求刺激图快感，喜欢上了盗窃。于是周游全国，频繁在高铁、大巴、飞机上盗窃作案，号称作案"高大上"，偷遍"海陆空"，最终被杭州铁路警方抓获。①

针对此类案件，可以想见，如果犯罪人被判刑后的赔偿刑期、补偿刑期都按可执行性而不按必执行性来执行的话，由于其"不差钱"，其赔偿刑期、补偿刑期必然很快通过经济赔偿或经济补偿方式而冲抵，因而其具体、在监执行时间（包括在看守所时间）会很短。如果其求刺激图快感的恶意本性不改的话，则会为其成为恶意累犯创造条件。相反，根据补偿刑期的必执行性规定，由于补偿刑期必须具体、在监执行，也就是说补偿刑期期间犯罪人必须待在监狱，延长了其成为恶意累犯的时间间隔或周期。

在上述犯罪人的赔偿刑期通过经济赔偿方式冲抵的情况下，对应补偿刑期的两种不同执行性规定，其成为恶意累犯的最小犯罪时间间隔如表 2-1 所示。

表 2-1 刑期分割机制下补偿刑期两种不同执行性规定下的
恶意累犯再次犯罪最小时间间隔

刑期执行性规定	至再次犯罪的最小时间间隔
赔偿刑期可执行，补偿刑期可执行	6 个月（侦查、起诉、宣判等合计时间）
赔偿刑期可执行，补偿刑期必执行	6 个月（侦查、起诉、宣判等合计时间） + 补偿刑期

① 安雪琪. 住豪宅开豪车的他竟然是个偷遍"海陆空"的贼［EB/OL］. （2017-04-26）.

五、赔偿刑期的足额性与补偿刑期的折扣性

所谓赔偿刑期的足额性，是指针对具体受害对象的赔偿刑期，无论是具体在监执行还是通过经济赔偿进行冲抵，或者通过具体在监执行与经济赔偿冲抵相结合的方式执行，最终合计后的赔偿刑期必须与庭审判决时确定的赔偿刑期保持足额等效，不得出现缓刑、减刑、假释、赦免等现象。

所谓补偿刑期的折扣性，是指针对抽象受害对象的补偿刑期，可以通过缓刑、减刑、假释、赦免等措施进行适当的折扣，折扣后的补偿刑期不再与庭审判决时确定的补偿刑期足额等效。

为什么赔偿刑期必须足额执行（通过经济赔偿进行部分或全部冲抵，也算是足额执行），而补偿刑期可以折扣执行呢？道理很简单，赔偿刑期是针对具体受害对象的服刑刑期，其执行的目的是为了尽快恢复、修复或复原被犯罪人之犯罪行为破坏了的犯罪人与具体受害对象之间的显式法事关系，如果赔偿刑期不能足额执行，被破坏了的显式法事关系就不能得到完全恢复、修复或复原。因此，这部分与具体受害对象之切身利益密切相关的服刑刑期，刑罚执行机关无权通过对犯罪人的缓刑、减刑、假释、赦免等方式进行处置。相反，补偿刑期是针对抽象受害对象即国家利益体的服刑刑期，刑法执行机关代表国家利益体，或者可以认为是国家利益体的组成部分，因此，其可以决定是否对补偿刑期进行折扣执行。

因此，刑罚执行机关无权通过对犯罪人的缓刑、减刑、假释、赦免等方式，对赔偿刑期进行刑罚执行或刑罚消灭方面的处置。也可以通俗地说，当犯罪人之服刑处于赔偿刑期内时，不得进行缓刑、减刑、假释、赦免；只有当犯罪人之服刑处于补偿刑期内时，才可以考虑进行缓刑、减刑、假释、赦免。

六、赔偿刑期的先执行性与补偿刑期的后执行性

赔偿刑期的先执行性与补偿刑期的后执行性，是指在犯罪人的整个服刑期限内，先执行赔偿刑期（只要赔偿刑期含有未被经济赔偿冲抵的部分，就要先执行），赔偿刑期执行完毕之后，接续执行补偿刑期。

对赔偿刑期与补偿刑期的执行顺序做出这样的规定，按照本节第四小节

的法理依据，还是因为赔偿刑期是针对具体受害对象的服刑刑期，具体受害对象的利益具有急迫性；而补偿刑期是针对抽象受害对象即国家利益体的服刑刑期，刑罚执行机关对待国家利益体的利益处置理应具有谦抑性。

七、法事关系的恢复、修复与复原——刑罚的主要目的

在当前刑法学理论中，人们普遍认同的一种观点是，"刑罚的目的就是为了预防犯罪"[①]！而且还言之凿凿预防犯罪包括两个方面：特殊预防与一般预防。这是有失偏颇的。

为了达到预防犯罪的目的，在现代科技背景下，有很多更有效、更直接、更经济、更安全、更省心的方法，何必挖空心思、劳民伤财地建立如此复杂的刑罚体系与制度呢？

前已述及，在刑期分割机制下，可以清楚地了解刑罚的本质属性，它实质上是一种刑罚的赔偿性、补偿性与惩罚性的结合，也是一种民事责任与刑事责任的统一。

由刑罚的本质属性可以自然推知刑罚的目的性，通过刑罚的赔偿性、补偿性与惩罚性的结合，以及民事责任与刑事责任的统一，主要实现三个方面的目标：首先可以实现被犯罪行为破坏了的法事关系的恢复、修复或复原[②]；

---

① 曲新久. 刑法学［M］. 北京：中国政法大学出版社，2011：202.

② 自古至今，凡是不以法事关系的恢复、修复或复原为目的的刑法的判决结果，对犯罪人及其受害对象而言永远是悲剧。

　　1996 年，张某某年仅 13 岁，目睹其母亲被王某某用木棒击打并在自己怀里死去，又目睹母亲尸体在马路上被公开解剖。行凶者仅被判 7 年有期徒刑，且仅仅服刑 4 年后被释放。之后的漫长岁月里，王家人既没有向张某某家道歉，也没有什么经济赔偿。22 年后，35 岁的张某某出于报复将当年行凶者家中三人杀害。

　　这起悲剧的根本原因，在于刑罚的执行没有达到法事关系的恢复、修复或复原的目的。行凶者王某某仅被判刑 7 年还仅服刑 4 年，且服刑期间的劳动付出对张某某家而言没有一点经济获益。张某某不但心理上没有得到足够安慰，而且经济上也没有得到赔偿，亦即法事关系没有得到恢复、修复或复原。

　　没有得到恢复、修复或复原的法事关系，对犯罪人及其受害对象而言永远是悲剧，许多情况下也将可能是继发刑事犯罪的隐患。

　　从本专著的数字法律视角进行推断不难发现，张某某案按照现有的刑法制度无论怎样判决，张某某家与王某某家世世代代永远面临着解不开的"扣扣"。若当年按照基于数字法律刑期分割机制的刑法理念处理王某某行凶案，则张某某案的悲剧基本上可以避免。

其次可以实现对国家制度建设、社会稳定维护、公序良俗养成等方面的经济投入，及打击犯罪方面的司法资源损失的补偿；最后可以达到惩罚犯罪人、警示他人、预防犯罪的目的。

通常而言，实现被犯罪行为破坏了的法事关系的恢复、修复或复原，主要强调的是与具体受害对象有关的显式法事关系的恢复、修复或复原；实现对国家制度建设、社会稳定维护、公序良俗养成等方面的经济投入及打击犯罪方面的司法资源损失的补偿，从本质上来讲，也是一种法事关系的恢复、修复或复原，只不过是一种与抽象受害对象有关的隐式法事关系的恢复、修复或复原而已。因而总体上来讲，实现法事关系的恢复、修复或复原，是刑罚的主要目的。

综上所述，在数字法律模式下，基于罪责刑相适应原则，刑期分割机制及其与刑罚的属性、刑罚的目的性之间的关系，可由图 2-5 来简单汇总与描述。

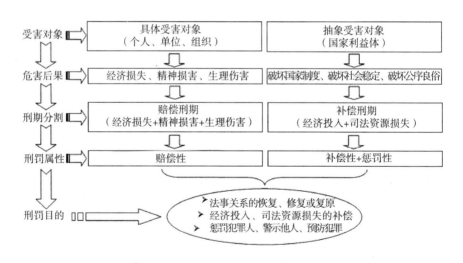

图 2-5 基于罪责刑相适应原则的刑期分割机制及刑罚的目的

总而言之，以数字法律为基础的定罪量刑模式，具有许多优越性，它可以彻底地消除成文法中的先天性法律缺陷，甚至在数字法律模式下，法律体系可以不再区分为成文法或判例法。数字法律模式的具体优点可以简单归纳总结如下：

（1）数字法律可以消除定罪跳跃性；

（2）数字法律可以消除量刑阶梯性；

（3）数字法律可以消除法益保护片面性；

（4）数字法律可以限制自由裁量权；

（5）数字法律可以实现程序化判案；

（6）数字法律可以最大限度地减少司法人员与原、被告之间的矛盾；

（7）数字法律可以最大限度地实现刑法个别化；

（8）数字法律可以在一定程度上实现事实上的司法独立。

根据前述第一章成文法的先天性法律缺陷，数字法律前四个方面的优越性是显而易见的。至于数字法律可以最大限度地减少司法人员与原、被告之间的矛盾，是因为实行数字法律后，可以通过计算机实现程序化判案，司法人员通过放弃大部分自由裁量权，缓和了与原、被告之间的矛盾，从而促进了社会和谐。而至于数字法律可以最大限度地实现刑法个别化，是因为实行数字法律后，不同案件的犯罪主、客观情节及相应危害后果的量化或细化结果是完全不同的，自然其程序化判决结果对案件本身来讲是唯一的，从而可以做到一案一结果甚至一人一结果。以性侵类案件为例，针对同一位受害女性，一个身高足有 1.8 米、体重足有 95 公斤的男性对其实施强奸与一个身高仅有 1.6 米、体重不足 50 公斤的男性对其实施强奸，假定其他犯罪情节完全相同，按照数字法律的程序化判案模式，其判决结果肯定是完全不同的。由此可见，数字法律的上述优越性，在司法审判这一环节上，可以最大限度地彰显公平与正义，实现事实上的司法独立。

在基于数字法律模式的定罪量刑司法体制下，公、检、法、司的职能和工作流程可能也要发生一些改变。如对于刑事律师而言，其主要职责不再是实行无罪辩护、有罪辩护或罪轻辩护，也不必再为量刑刑期的高低与检方、法方进行争辩、协商或合议，而主要是监督、检查、核对各种主客观犯罪情节的量化结果是否属实，具体犯罪情节的加权系数的认定是否恰当，相应危害后果的量化或细化结果是否准确，等等。只要主客观犯罪情节的量化结果属实，具体犯罪情节的加权系数的认定恰当，相应危害后果的量化或细化结果准确，则基于数字法律的程序化量刑系统得到的量刑刑期结果，将是必然性结果而不再是或然性结果。无疑，基于数字法律模式的定罪量刑司法体制的建立，不但可以促进公、检、法、司的职能和工作流程在某些方面发生某种程度的改变，而且还可以在一定程度上节约司法资源，同时也有助于减少社会矛盾，促进社会和谐。

第三章

数字法律应用范例

本章主要应用前述第二章中介绍的有关数字法律的基本特征以及数字法律方法的基本要点，结合我国当前法律规范现状，说明数字法律方法在处理相关司法案件之法事关系过程中的具体流程和基本步骤。其中第一节至第四节主要针对刑事法事关系案件，第五节主要针对民事法事关系案件。

需要强调的是，刑期分割机制是针对刑事法事关系案件而建立起来的定罪量刑制度，因而，在通过数字法律模式处理刑事法事关系案件时，刑期分割机制是重要的突破口。但是，在通过数字法律模式处理民事法事关系案件时，刑期分割机制不再适用，或者说，民事法事关系案件的处理，谈不上刑期分割机制。

第一节　基于数字法律的侵犯财产类案件
定罪量刑的一揽子解决方案①

一、引子

案例［1］：陆某纠集田某、徐某，持手电、木棍翻墙入室实施抢劫，在殴打、威胁受害人后，翻箱倒柜抢得1元硬币逃离。同伙被抓后陆某畏罪潜

---

① 高举成.基于数字法律的侵犯财产类案件定罪量刑的一揽子解决方案［J］.信阳师范学院学报（哲学社会科学版），2016（3）：44－49.

逃，逃亡 11 年后被抓获归案。法院一审以抢劫罪判处被告人陆某有期徒刑 10 年，剥夺政治权利 3 年，并处罚金人民币 10000 元。

案例［2］①：被告人王甲、陈乙、卫某、陈甲先后两次到某市某区加勒比海温泉酒店，由王甲、陈乙确定前来洗澡的受害人陈丙、王乙后，由卫某、陈甲进入洗浴中心偷拍受害人裸照，而后由王甲、陈乙通过发短信和邮寄存有裸照 U 盘的方式向二受害人各勒索现金 10000 元，因二受害人及时报案未得逞。某区人民法院以敲诈勒索罪判处被告人王甲、陈乙各有期徒刑一年；判处被告人卫某、陈甲各有期徒刑 10 个月。

案例［3］：运钞车途经某村庄附近发生车祸，车上人员有死有伤，百元大钞撒落一地。路人甲和路人乙得知消息后，积极鼓动村民纷纷前去哄抢，两人也各抢了大把百元大钞揣入口袋，在逃跑时被截获。被带到公安机关一核对，路人甲抢得百元大钞 41 张共计 4100 元；路人乙抢得百元大钞 39 张共计 3900 元。按照当地聚众哄抢罪的认定标准，路人甲达到了聚众哄抢罪数额较大 4000 元的认定标准，法院以聚众哄抢罪判处其有期徒刑 2 年，并处罚金5000 元；路人乙没有达到数额较大 4000 元的追诉标准，追回所得 3900 元后罚款 2000 元，被无罪释放。

案例［4］：无业村民甲晚间潜入王老汉院内盗走王老汉家唯一的一头耕牛后，其父发现儿子偷回耕牛后对其大骂了一通，并趁夜色掩护又悄悄把耕牛送回王老汉院内；无业村民乙盗走张老汉家唯一的一头耕牛后当夜宰杀，次日赶集变卖为现金并挥霍一空，几日后被公安机关告破；无业村民丙拦路抢劫了李老汉的一头耕牛后连夜宰杀，次日赶集刚要卖牛肉时被抓；无业村民丁某日正在自家院内喝茶，杨老汉家已怀孕将要分娩的母牛溜溜达达来到他家院内，生下一小牛犊后又溜溜达达回到了杨老汉家，无业村民丁正高兴白得一小牛犊时，杨老汉找上门来要求归还小牛犊，无业村民丁拒不归还，杨老汉遂告其侵占罪致其被公安机关传讯。

三头耕牛市场价各为 5000 元，怀孕母牛市场价 6000 元，小牛犊市场价格 1000 元。对这几起"牛案"如何审理，一时难住了法院的法官。

---

① 中国法制出版社. 刑事法律司法解释判例小全书［M］. 北京：中国法制出版社，2010：758.

为了按照第二章中数字法律模式的具体流程和基本步骤对上述案例进行定罪量刑分析，现把上述案例所涉及的刑期分割机制要素分析、归纳如表3－1所示。

表3－1 引子中案例的刑期分割机制要素分析

案例	犯罪嫌疑人	罪名	受害对象	危害后果	刑期分割
1	陆某 田某 徐某	团伙抢劫罪	具体：住户	经济损失＋精神损害	赔偿刑期
			抽象：国家利益体	破坏国家制度、社会稳定、公序良俗	补偿刑期
2	王甲 陈乙 卫某 陈甲	团伙敲诈勒索罪	具体：陈丙、王乙	经济损失＋精神损害	赔偿刑期
			抽象：国家利益体	破坏国家制度、社会稳定、公序良俗	补偿刑期
3	路人甲 路人乙	聚众哄抢罪	具体：押运公司、银行	经济损失＋精神损害	赔偿刑期
			抽象：国家利益体	破坏国家制度、社会稳定、公序良俗	补偿刑期
4	村民甲	盗窃罪	具体：王老汉	经济损失＋精神损害	赔偿刑期
			抽象：国家利益体	破坏国家制度、社会稳定、公序良俗	补偿刑期
	村民乙	盗窃罪	具体：张老汉	经济损失＋精神损害	赔偿刑期
			抽象：国家利益体	破坏国家制度、社会稳定、公序良俗	补偿刑期
	村民丙	抢劫罪	具体：李老汉	经济损失＋精神损害	赔偿刑期
			抽象：国家利益体	破坏国家制度、社会稳定、公序良俗	补偿刑期
	村民丁	侵占罪	具体：杨老汉	经济损失＋精神损害	赔偿刑期
			抽象：国家利益体	破坏国家制度、社会稳定、公序良俗	补偿刑期

通过上述案例所涉及的刑期分割机制要素的归纳分析，有如下两点需要特别注意。

一是针对受害对象而言，结合前述第二章的分析可以看出，无论什么刑事案件，都必包含抽象受害对象，虽然具体受害对象可能千差万别（甚至许多案件可能不存在具体受害对象，但这种情况在上述案件中不存在），但是抽象受害对象却始终是同一个对象，即国家利益体。为什么呢？如前所述，是因为阶级与国家相生相息，国家与法律共生共存。从法的定义来看，法是由国家制定或认可，并由国家强制力保证实施的具有普遍效力的行为规范体系。从法的定义中也不难看出，法律离不开国家，法律是国家的法律，自然而然，任何形式的刑事违法犯罪，在触犯法律的同时，必然同时侵害国家利益，必然同时危害国家。由于国家的特征、形式、体制、职能具有宽泛性，因此在谈及抽象受害对象时，就用国家利益体简化代表；在谈及针对抽象受害对象的危害后果时，就用破坏国家制度、破坏社会稳定、破坏公序良俗简单概括。

二是针对具体受害对象的危害后果而言，由前述第二章的分析可知，任何形式的刑事违法犯罪，在具体受害对象的危害后果方面必然表现为经济损失、精神损害和生理伤害三个方面当中的某（几）个方面或其全部。就上述引子中所涉及的侵犯财产类案件而言，其具体受害对象的危害后果主要体现在经济损失和精神损害两个方面，再考虑到精神损害方面的危害后果不便量化，则在确定赔偿刑期时，主要以经济损失的量化结果为参考，同时经过适当放大附带考虑精神损害。而若侵犯财产类犯罪过程中发生了生理伤害，则需以故意伤害罪另案处理再进行数罪并罚。

二、侵犯财产类案件范畴

前述引子中的案例都是侵犯财产类案件，本节主要分析数字法律模式下侵犯财产类案件的定罪量刑问题。为了对侵犯财产罪有一个整体上的把握，如对不同侵犯财产罪的基本面因素进行分析，对各种侵犯财产罪的恶意程度进行量化分析，因而需要确定侵犯财产罪的涉及范畴。

刑法中涉及侵犯财产类案件的罪行设定主要在刑法第二编第五章侵犯财产罪，共有13种罪名。考虑到本章中的"挪用特定款物罪"其"挪用"行为不是主要以个人获利或个人收益为目的，因而"挪用特定款物罪"可以归入刑法第九章渎职罪之列。而刑法第八章贪污贿赂罪中的"贪污罪"和"挪用公款罪"，因为这类犯罪既有收益方又有损失方，且收益方一般为个人，损失方一般为公共方，所以在本节中一并归入侵犯财产罪之列进行分析。

因此，本节主要针对14种侵犯财产类犯罪的数字法律模式下的定罪量刑问题进行一揽子分析，这14种侵犯财产类犯罪如表3-2所示。

表3-2　14种侵犯财产罪的各种基本面因素的初步量化

编号	侵犯财产罪	x_1	x_2	x_3	x_4	x_5	x_6	x_7
1	侵占罪	2	1	3	3	1	2	1
2	职务侵占罪	1	2	2	3	2	2	1
3	挪用资金罪	1	2	2	1	2	2	1
4	挪用公款罪	1	2	2	1	2	2	1
5	贪污罪	1	2	2	3	2	2	1
6	盗窃罪	2	1	3	3	2	1	2
7	诈骗罪	2	1	3	3	2	3	3
8	聚众哄抢罪	2	1	3	3	2	3	4
9	故意毁坏财物罪	2	1	3	2	2	3	4
10	破坏生产经营罪	2	2	3	2	2	3	4
11	敲诈勒索罪	2	3	3	3	2	3	5
12	抢夺罪	2	1	3	3	2	3	4
13	抢劫罪	2	3	3	3	2	3	6
14	转化的抢劫罪	2	3	3	3	2	3	6
$\sum_{i=1}^{14} x_{ij}$		24	25	38	36	27	35	43

三、侵犯财产罪的恶意综合评判分析

在确定刑期分割后的赔偿刑期与补偿刑期时，要考虑犯罪嫌疑人所犯侵犯财产罪的恶意程度。如前所述，针对具体受害对象的赔偿刑期，主要以经济损失的量化结果为参考，同时经过适当放大附带考虑精神损害。而精神损害赔偿部分与侵犯财产罪的恶意程度有关，恶意程度越大，具体受害对象承受的精神损害越大，理应得到更多的精神损害赔偿；针对抽象受害对象的补偿刑期，也是主要根据侵犯财产罪的恶意程度大小量化确定，同时考虑与具

体犯罪情节相关的追诉成本进行加权处理。据此,各种侵犯财产罪的恶意程度量化分析问题,就成为确定赔偿刑期与补偿刑期的关键。下面采用恶意评判分析技术,对前述 14 种侵犯财产罪的恶意程度进行量化分析。

设评判集 $V = \{v_1, v_2, \cdots, v_{14}\}$ 代表 14 种侵犯财产罪的集合,如表 3 - 2 所示,表中编号代表各种侵犯财产罪的依据想象的恶意程度大小的大致排列顺序。

设 $U = \{x_1, x_2, x_3, x_4, x_5, x_6, x_7\}$ 为 7 个反映各种侵犯财产罪的基本面因素,之所以称为基本面因素,是因为这些因素是各种侵犯财产罪都会涉及的,且其与具体的犯罪情节关系不大。各基本面因素的初步量化简单按梯度 1, 2, 3, ……取值,其中:

x_1——主体要件,$x_1 = 1$ 代表特殊主体(指犯罪主体必须有特殊身份,如职务侵占罪、挪用资金罪、挪用公款罪、贪污罪的犯罪主体),$x_1 = 2$ 代表一般主体。

x_2——客体要件,$x_2 = 1$ 代表侵犯财物所有权,$x_2 = 2$ 代表同时侵犯财物所有权和制度(其中制度包括财经管理制度、民政事业制度、国家机关威信、生产经营秩序等),$x_2 = 3$ 代表同时侵犯财物所有权和公民人身权。

x_3——财产属性,$x_3 = 1$ 代表仅限私有财产(此种情形在 14 种侵犯财产罪中不存在),$x_3 = 2$ 代表仅限公共财产,$x_3 = 3$ 代表公私财产。

x_4——财产形态,$x_4 = 1$ 代表仅限款类财产,$x_4 = 2$ 代表仅限物类财产(如故意毁坏财物罪、破坏生产经营罪所涉财产),$x_4 = 3$ 代表可款类可物类财产。

x_5——财产所处场所,$x_5 = 1$ 代表财产处于犯罪嫌疑方或处于公共场所,$x_5 = 2$ 代表财产处于受害方特定场所。确定该因素取值时要正确判断财产是处于公共场所还是处于受害方特定场所,处于犯罪嫌疑方或处于公共场所一般仅限于遗忘物、埋藏物、禽畜走失等情形,而像住户将自家造房建材暂放于房前屋后、施工单位将欲铺设管道沿铺设线路暂时摆放,此类情形下的财产所处场所应一律认定为受害方特定场所。

x_6——侵犯财产行为的明暗程度,$x_6 = 1$ 代表暗中或私下侵犯(如盗窃罪),$x_6 = 2$ 代表半明半暗侵犯(如侵占罪或大部分利用职务侵犯财产类犯罪),$x_6 = 3$ 代表当面或公开侵犯。

x_7 ——侵犯财产的手段，$x_7 = 1$ 代表被动而获地侵犯（被动），$x_7 = 2$ 代表暗中行动而获地侵犯（暗动），$x_7 = 3$ 代表当面公开欺诈而获地侵犯（明诈），$x_7 = 4$ 代表公开行动而获地侵犯（明动），$x_7 = 5$ 代表公开敲诈而获地侵犯（明敲），$x_7 = 6$ 代表当面公开暴力而获地侵犯（明暴）。

显然，上述各基本面因素的取值越大，代表其相应的侵犯财产行为的恶意程度越大。

然后，在此基础上，再设上述各基本面因素的权重分配向量为 $A = (0.10, 0.15, 0.10, 0.10, 0.15, 0.20, 0.20)$。14 种侵犯财产罪的各种基本面因素的初步量化结果如表 3 - 2 所示。

建立单因素评判矩阵①，令：

$$r_{ij} = \frac{x_{ij}}{\sum\limits_{i=1}^{14} x_{ij}} \quad (i = 1, 2, \cdots, 14; j = 1, 2, \cdots, 7) \tag{3-1}$$

则单因素评判矩阵为 $R = (r_{ij})_{m \times n}$，其中 $m = 14$，$n = 7$，其元素值根据式（3 - 1）计算后如表 3 - 3 所示。

表 3 - 3　侵犯财产罪恶意评判分析之单因素评判矩阵表

i/j	1	2	3	4	5	6	7	b
1	0.0833	0.04	0.0789	0.0833	0.037	0.0571	0.0233	0.0522
2	0.0417	0.08	0.0526	0.0833	0.0741	0.0571	0.0233	0.057
3	0.0417	0.08	0.0526	0.0278	0.0741	0.0571	0.0233	0.0514
4	0.0417	0.08	0.0526	0.0278	0.0741	0.0571	0.0233	0.0514
5	0.0417	0.08	0.0526	0.0833	0.0741	0.0571	0.0233	0.057
6	0.0833	0.04	0.0789	0.0833	0.0741	0.0286	0.0465	0.0567
7	0.0833	0.04	0.0789	0.0833	0.0741	0.0857	0.0698	0.0728
8	0.0833	0.04	0.0789	0.0833	0.0741	0.0857	0.093	0.0774
9	0.0833	0.04	0.0789	0.0556	0.0741	0.0857	0.093	0.0746

---

① 梁保松，曹殿立. 模糊数学及其应用 ［M］. 北京：科学出版社，2007：132.

i/j	1	2	3	4	5	6	7	b
10	0.0833	0.08	0.0789	0.0556	0.0741	0.0857	0.093	0.0806
11	0.0833	0.12	0.0789	0.0833	0.0741	0.0857	0.1163	0.0941
12	0.0833	0.04	0.0789	0.0833	0.0741	0.0857	0.093	0.0774
13	0.0833	0.12	0.0789	0.0833	0.0741	0.0857	0.1395	0.0987
14	0.0833	0.12	0.0789	0.0833	0.0741	0.0857	0.1395	0.0987

选用 $M(\cdot, +)$ 加权平均模型进行综合评判①，设综合评判向量为 $B = (b_i)_{1 \times m}$，则：

$$b_i = \sum_{j=1}^{7} a_j \cdot r_{ij} \quad (i = 1, 2, \cdots, 14) \tag{3-2}$$

式中 a_j 为权重分配向量 $A = (0.10, 0.15, 0.10, 0.10, 0.15, 0.20, 0.20)$ 各元素值。b_i 的计算结果列入表 3-3 最后一列。

因此，根据前述 14 种侵犯财产罪的基本面因素的恶意评判分析结果，若以 b_i 的计算结果作为恶意程度进行分类，则 14 种侵犯财产罪可分为 10 类，其按恶意程度从大到小的排列顺序如表 3-4 所示。据此，b_i 可称之为恶意系数，用它可表示不同侵犯财产类犯罪的恶意程度的相对大小，b_i 值相同的犯罪行为，说明其恶意程度相当，如表 3-4 所示，抢劫罪与转化的抢劫罪，其恶意程度相当，抢夺罪与聚众哄抢罪、贪污罪与职务侵占罪、挪用公款罪与挪用资金罪，其恶意程度也分别相当。

表 3-4 14 种侵犯财产罪的恶意系数、赔偿系数及补偿刑期基准刑

序号	①	②	③	④	⑤
罪名	抢劫罪 转化的抢劫罪	敲诈勒索罪	破坏生产 经营罪	抢夺罪 聚众哄抢罪	故意毁坏财物罪
恶意系数 b_i	0.0987	0.0941	0.0806	0.0774	0.0746
赔偿系数 $\ln[4 + \ln(8b_i)]$	1.325	1.313	1.270	1.259	1.248

---

① 梁保松，曹殿立．模糊数学及其应用 [M]．北京：科学出版社，2007：143.

序号	①	②	③	④	⑤
补偿刑期基准刑 $\ln(100b_i)$	2.289	2.242	2.087	2.046	2.010

序号	⑥	⑦	⑧	⑨	⑩
罪名	诈骗罪	贪污罪 职务侵占罪	盗窃罪	侵占罪	挪用公款罪 挪用资金罪
恶意系数 b_i	0.0728	0.0570	0.0567	0.0522	0.0514
赔偿系数 $\ln[4+\ln(8b_i)]$	1.241	1.168	1.166	1.140	1.135
补偿刑期基准刑 $\ln(100b_i)$	1.985	1.740	1.735	1.652	1.637

上述 14 种侵犯财产罪的恶意评判分析结果是符合公序良俗要求和社会预期的，这可以从几个典型侵犯财产罪的二元对比分析中得到初步印证。如抢劫罪与敲诈勒索罪相比，尽管两罪在客体要件方面都侵犯了财物所有权和公民人身权，但在侵犯公民人身权方面，抢劫罪是当面使用暴力、胁迫手段，而敲诈勒索罪是使用威胁、要挟、恫吓等手段，且不一定是当面进行，自然抢劫罪比敲诈勒索罪的主观恶意程度要大。再如诈骗罪与盗窃罪相比，尽管两罪在客体要件方面都侵犯了财物所有权，但诈骗罪是以当面或公开的欺诈手段获得财物，偷盗罪一般是以暗中的秘密手段获得财物，自然诈骗罪比偷盗罪的主观恶意程度更大一些，而且从受害方来讲，被人诈骗了一千元钱与被人偷盗了一千元钱相比，其沮丧心情和懊恼程度是不一样的，这也是人们普遍认为骗子比小偷更可恨的原因。

总而言之，上述有关侵犯财产罪的恶意评判分析结果是比较客观、公正的，这也间接说明了前述有关侵犯财产罪的基本面因素选择及其梯度取值和权重分配是比较合理可行的。同时，表 3 - 4 所示的各种侵犯财产类犯罪按其恶意程度从大到小的排列顺序，与刑法第二编第五章各种侵犯财产罪的法条设置顺序有很大的不同，说明各种侵犯财产罪的依据想象的恶意程度大小的排列顺序是不太准确的。

四、侵犯财产类案件定罪量刑的一揽子解决方案

如前所述,侵犯财产类案件的总刑期,可以分割为针对具体受害对象的赔偿刑期与针对抽象受害对象的补偿刑期,因此,这类案件的定罪量刑,关键在于根据审定后的罪名分别确定其相应的赔偿刑期与补偿刑期。所谓侵犯财产类案件定罪量刑的一揽子解决方案,是指以数字法律为基础,在同时考虑涉案金额、犯罪恶意程度大小和主、客观犯罪情节的情况下,对其赔偿刑期与补偿刑期的结构划分进行数字化构建,通过相应的数字化算法进行量刑。

1. 赔偿刑期的确定及执行

侵犯财产罪之赔偿刑期,主要与涉案金额及犯罪恶意程度大小有关,赔偿刑期的长短可用下式进行计算:

$$T_p = \frac{\ln[4 + \ln(8b_i)]y}{\beta Y} \tag{3-3}$$

式中:y ——某一侵犯财产罪之具体涉案金额(单位:元)

$\quad\quad Y$ ——案发所在地的年最低工资标准(单位:元)

$\quad\quad \beta$ ——服刑收益赔偿率,由立法机关决定,也可以通过司法解释适时更改或调整。

在表达式(3-3)中,$\ln[4 + \ln(8b_i)]$ 可称之为赔偿系数,它是恶意系数 b_i 的函数,因此表达式(3-3)的分子 $\ln[4 + \ln(8b_i)]y$ 即是犯罪人因侵犯财产罪而需赔付具体受害对象的赔偿金额。

不同侵犯财产罪的赔偿系数 $\ln[4 + \ln(8b_i)]$ 的计算结果也一并列于表3-4中,由表中计算结果可以得到如下结论:

(1)恶意系数 b_i 值越大,其相应的赔偿系数值越大;

(2)赔偿系数值恒大于1,表示犯罪人赔付具体受害对象的赔偿金额永远大于其涉案金额。

如表3-4中所示抢劫罪、转化的抢劫罪的赔偿系数为1.325,说明犯罪人在犯抢劫罪后对具体受害对象进行赔偿时,要比具体的涉案金额多付32.5%的赔偿金;盗窃罪的赔偿系数为1.166,说明犯罪人在犯盗窃罪后对具体受害对象进行赔偿时,要比具体的涉案金额多付16.6%的赔偿金。而根

据图 2 - 5 所示的基于罪责刑相适应原则的刑期分割机制，结合前述有关具体受害对象危害后果与相应赔偿刑期的关系分析，可以认为这相对于涉案金额多付的赔偿金额就是对具体受害对象的精神损害的赔偿。

当然，上述将精神损害赔偿金额与具体涉案金额挂钩的处理方法，对个别类型的侵犯财产罪如抢劫罪、敲诈勒索罪等也有不足之处，因为当抢劫罪、敲诈勒索罪的涉案金额很小或为零时，按表达式（3 - 3）的计算方法，相应的精神损害赔偿金额也很小或为零，但现实生活中此类型犯罪即使涉案金额很小或为零，对具体受害对象也往往有较大的精神损害。这种不足在确定针对抽象受害对象的补偿刑期时，会有适当的考虑与弥补。

根据前述基于罪责刑相适应原则的刑期分割机制，考虑赔偿刑期的可执行性规定，关于赔偿刑期的执行可以规定如下：

（1）赔偿刑期所涉赔偿金额，可由犯罪人或其家属部分或全部一次性赔付或代付给具体受害对象，与其相应的部分或全部赔偿刑期可以不再执行；

（2）不能赔付或代付的赔偿金额所对应的剩余赔偿刑期照常执行，执行期间产生的劳动收益考虑服刑收益赔偿率 β 后，逐年或分月通过某种途径向具体受害对象支付。

在犯罪人或其家属对赔偿刑期所涉赔偿金额有赔付或代付的情况下，其剩余赔偿刑期的计算方法如下：

$$T_{sp} = \frac{\ln[4 + \ln(8b_i)]y - y'}{\beta Y} \tag{3 - 4}$$

式中：y' ——犯罪人或其家属对赔偿刑期所涉赔偿金额之赔付或代付部分（单位：元）；其他符号意义同表达式（3 - 3）。

根据前述赔偿刑期的可执行性规定，显然有下式成立：

$$0 \leqslant y' \leqslant \ln[4 + \ln(8b_i)]y$$

关于赔偿刑期可执行性的上述规定，充分体现了尽快恢复、修复或复原被犯罪行为破坏了的与具体受害对象相关的显式法事关系，尽快化解和消除社会矛盾的现代司法理念，对服刑犯罪人而言也充分体现了劳动有酬、按劳分配的宪法精神。

2. 补偿刑期的确定及执行

侵犯财产罪之补偿刑期，主要根据侵犯财产罪的恶意程度量化确定，同时考虑与具体犯罪情节相关的追诉成本进行加权处理。

侵犯财产罪中的大部分犯罪，其定罪量刑都有具体涉案金额的要求。对于这类侵犯财产罪，其补偿刑期的长短可用下式进行计算：

$$T_b = \ln(100 b_i) \left(\frac{y}{Y} \right)^{\frac{1}{\lambda_i}} \cdot k_{cj} \cdot k_z \qquad (3-5)$$

式中：λ_i——司法解释系数，由立法机关决定，也可以通过司法解释适时更改或调整；

$\quad\quad k_{cj}$——职务犯罪加权系数，仅在涉及职务类侵犯财产罪时使用；

$\quad\quad k_z$——犯罪情节总加权系数，其表达式如下：

$$k_z = k_1 \cdot k_2 \cdot k_3, \cdots k_{12} \qquad (3-6)$$

上式中 k_1 至 k_{12} 以及 k_{cj} 为考虑具体犯罪情节的加权系数，其确定或计算方法由后文给出。

侵犯财产类犯罪中的某些犯罪，如抢劫罪、敲诈勒索罪等，没有具体涉案金额的限制，对于这类侵犯财产罪，其补偿刑期的长短可用下式进行计算：

$$T_b = \ln(100 b_i) \left(1 + \frac{y}{Y} \right)^{\frac{1}{\lambda_i}} \cdot k_z \qquad (3-7)$$

在表达式（3-5）、式（3-7）中，$\ln(100 b_i)$ 可称之为针对不同侵犯财产罪之补偿刑期的基准刑或基本刑，也可以简单称之为底刑，它也是恶意系数 b_i 的函数，它随着 b_i 值的增大而增大。不同侵犯财产罪之补偿刑期的基准刑 $\ln(100 b_i)$ 的计算结果也一并列于表3-4中。

在补偿刑期的执行方面，其与赔偿刑期的规定有所不同，根据前述补偿刑期的必执行性规定，它不能通过经济补偿的方式部分或全部赔付或代付，也就是说补偿刑期必须具体、在监执行。

另外，对于侵犯财产罪之赔偿刑期与补偿刑期的执行顺序而言，根据赔偿刑期的先执行性与补偿刑期的后执行性之规定，当存在未全部赔付或代付的赔偿刑期时，在总刑期的执行过程中，总是赔偿刑期在先执行，补偿刑期在后执行，即优先执行赔偿刑期，再执行补偿刑期。

3. 具体犯罪情节下补偿刑期的加权修正

由补偿刑期的表达式（3-5）或（3-7）可以看出，补偿刑期的长短既是恶意系数 b_i 的函数，同时也与涉案金额 y 及案发所在地的年最低工资标准 Y 有关，而由前述恶意系数 b_i 的推导过程可以看出，恶意系数 b_i 仅与侵犯财产罪的 7 个基本面因素有关，没有涉及比较具体的犯罪情节。因此，具体犯罪情节对补偿刑期的影响须通过表达式中的犯罪情节总加权系数 k_z 来进行描述，如表达式（3-6）所示，它又包括 k_1 至 k_{12} 12 个加权系数，其确定或计算方法如下。

（1）特殊地点指数 k_1

特殊地点指数反映侵犯财产类犯罪发生的特殊地点，如公共交通工具、他人居所、银行或其他金融机构等。特殊地点指数 k_1 的加权值如表 3-5 所示。特殊地点指数主要在处理抢劫罪和部分盗窃罪时考虑。

表 3-5　侵犯财产类案件特殊地点指数 k_1 的确定方法

普通地点	公共交通工具	他人居所（含居储一体、居厂一体场所）	银行或其他金融机构（含运钞车）
$k_1 = 1.00$	$k_1 = 1.10$	$k_1 = 1.30$	$k_1 = 1.50$

（2）特别财产指数 k_2

特别财产指数 k_2 的加权值如表 3-6 所示。$1.10 \leq k_2 \leq 1.30$ 表示该情形下的加权值可由法官自由裁量。

表 3-6　侵犯财产类案件特别财产指数 k_2 的确定方法

一般款物、一般生产经营设备	三级文物	二级文物，军用物资，抢险、救灾、防汛、优抚、救济等物资	一级以上文物
$k_2 = 1.00$	$k_2 = 1.10$	$1.10 \leq k_2 \leq 1.30$（自由裁量）	$k_2 = 1.30$

（3）持物挟人指数 k_3

持物挟人指数 k_3 反映侵犯财产过程中犯罪嫌疑人的持物或挟人威胁情况，其加权值如表 3-7 所示。持物挟人指数主要在处理当面侵犯财产类犯罪时考虑。

表3-7 侵犯财产类案件持物挟人指数 k_3 的确定方法

未持物	持钝物	持锐物（如管制刀具）	持扩散危险物、生物（如炸药、燃烧瓶、毒蛇），挟人（如以人质勒索）	持枪
$k_3 = 1.00$	$k_3 = 1.10$	$k_3 = 1.20$	$1.20 \leqslant k_3 \leqslant 1.40$（自由裁量）	$k_3 = 1.40$

（4）借势嫁祸指数 k_4

借势嫁祸指数 k_4 反映侵犯财产过程中犯罪嫌疑人假冒他人或嫁祸他人情况，其加权值如表3-8所示。借势嫁祸指数主要在处理当面或公开侵犯财产类犯罪时考虑。

表3-8 侵犯财产类案件借势嫁祸指数 k_4 的确定方法

未借势	冒充或嫁祸他人（含黑恶势力、会道门、邪教组织等）	冒充干部子弟、执法办案人员、新闻工作者等国家工作人员	冒充军警人员
$k_4 = 1.00$	$k_4 = 1.10$	$1.10 \leqslant k_4 \leqslant 1.30$（自由裁量）	$k_4 = 1.30$

（5）主体对象指数 k_5

主体对象指数 k_5 反映一般主体中的非常规主体犯罪情节，即指犯罪主体为未、老、病、残、孕情况下的犯罪情节。

①未成年人：当犯罪主体是未成年人时，主体对象指数 k_5 的加权值按下式确定：

$$\begin{cases} k_5 = 1 - \dfrac{\ln(18 - x + 1)}{\ln 7} & (14 \leqslant x < 18) \\ k_5 = 0.00 & (x < 14) \\ k_5 = 1.00 & (x \geqslant 18) \end{cases} \quad (3-8)$$

式中：x——犯罪嫌疑人年龄（单位：岁）

②老年人：当犯罪主体是老年人时，主体对象指数 k_5 的加权值按下式确定：

$$\begin{cases} k_5 = 1 - \dfrac{\ln(x - x_t + 1)}{\ln 31} & (x_t < x < x_t + 30) \\ k_5 = 0.00 & (x \geqslant x_t + 30) \\ k_5 = 1.00 & (x \leqslant x_t) \end{cases} \quad (3-9)$$

式中：x——犯罪嫌疑人年龄（单位：岁）

x_t——案发所在地法定退休年龄（单位：岁）

③病人、残疾人、孕妇：当犯罪主体是病人、残疾人、孕妇时，主体对象指数 k_5 的加权值按下式确定（即由法官根据病、残、孕程度在 0.70 与 0.90 之间自由裁量）：

$$0.70 \leqslant k_5 \leqslant 0.90 \tag{3-10}$$

犯罪主体为未成年人或老年人时，其不同年龄对应的主体对象指数 k_5 按式（3-8）或式（3-9）的部分计算结果如表 3-9 所示。

表 3-9　主体对象为未成年人或老年人时的主体对象指数 k_5 的计算结果

未成年人	x	≤12	12.5	13	13.5	14	14.5	15	15.5	16	16.5	17	17.5	≥18
	k_5	0.00	0.00	0.00	0.00	0.17	0.23	0.29	0.36	0.44	0.53	0.64	0.79	1.00
老年人	x	x_t	x_t+1	x_t+2	x_t+3	x_t+4	x_t+5	x_t+6	x_t+7	x_t+8	x_t+9	x_t+10	x_t+15	x_t+20
	k_5	1.00	0.80	0.68	0.60	0.53	0.48	0.43	0.39	0.36	0.33	0.30	0.19	0.11

当犯罪主体为未、老、病、残、孕情况的组合时，则将相应主体对象指数相乘。如 16 岁的病、残、孕类未成年人，假定法官对其病、残、孕状况自由裁量的加权值为 0.80，则主体对象指数 k_5 为：

$$k_5 = 0.80 \times 0.44 = 0.35$$

又如 65 岁的病、残类老年人，假定当地法定退休年龄为 60 岁，法官对其病、残状况自由裁量的加权值为 0.80，则主体对象指数 k_5 为：

$$k_5 = 0.80 \times 0.48 = 0.38$$

（6）受害对象指数 k_6

受害对象指数 k_6 反映侵犯财产类犯罪的不同具体受害对象情形，其加权值如表 3-10 所示。

受害对象指数 k_6 加权值的确定原则是：当具体受害对象是未、老、病、残、孕情形时，加权值适当放大；当具体受害对象是近亲属情形时，加权值适当缩小；当单位、组织类具体受害对象是本单位、本组织情形时，加权值也给予适当缩小。当然加权值放大或缩小的程度，在专家评分、问卷调查等不同形式的评估基础上，还有调整的余地。

表 3 -10 侵犯财产类案件受害对象指数 k_6 的确定方法

普通个人对象	未、老、病、残、孕（仅当面或明知具体身份或独居时考虑）	近亲属对象			单位、组织对象	
		一近（夫、妻、父、母、子女）	二近（同胞兄弟姐妹、祖父母、外祖父母、孙子女、外孙子女）	三近［叔伯姑舅姨、侄子（女）、外甥（女）、堂、表兄弟姐妹］	本单位、本组织	外单位、外组织
$k_6 = 1.00$	$1.10 \leqslant k_6 \leqslant 1.30$（自由裁量）	$k_6 = 0.20/0.40$	$k_6 = 0.30/0.60$	$k_6 = 0.50/1.00$	$k_6 = 0.90$	$k_6 = 1.00$
		"/" 后取值在事先声明脱离近亲属关系情况下选用（夫妻关系除外）				

（7）侵财前因指数 k_7

侵财前因指数 k_7 反映侵犯财产类犯罪的特殊起因，其加权值如表 3 -11 所示。

表 3 -11 侵犯财产类案件侵财前因指数 k_7 的确定方法

无前因	（犯罪嫌疑人）医困、供学、贫穷、生计等	（受害对象与犯罪嫌疑人有关的）不当得利、非法经营、环境污染、其他侵权	（受害对象与犯罪嫌疑人有关的）非法占有
$k_7 = 1.00$	$0.70 \leqslant k_7 \leqslant 0.90$（自由裁量）	$0.70 \leqslant k_7 \leqslant 0.90$（自由裁量）	$0.40 \leqslant k_7 \leqslant 0.60$（自由裁量）

其中受害对象与犯罪嫌疑人有关的不当得利、非法经营、环境污染、非法占有等情形，必须是未经调解机构或司法程序处理的纠纷或不当行为；若犯罪嫌疑人以已经处理过的纠纷或不当行为为借口进行侵犯财产类犯罪，按无前因处理。

（8）意外后果指数 k_8

对于涉及简单客体或不包括公民人身权的复杂客体的侵犯财产类犯罪，意外后果指数 k_8 反映侵犯财产类犯罪除造成受害对象财产损失之外，又导致受害对象产生其他精神层面的意外后果，其加权值如表 3 -12 所示。若同时出现婚姻破裂、精神失常、自杀未遂等情形，则将其对应的意外后果指数相乘作为总的意外后果指数；若出现自杀既遂情形，则不再考虑其他精神层面的意外后果指数。

表 3 – 12 侵犯财产类案件意外后果指数 k_8 的确定方法

婚姻破裂、家庭成员失学、误医	精神失常、企业停产、停业			自杀		抢劫罪、敲诈勒索罪
	轻	中	重	未遂	既遂	半遂 $0.38 \leqslant k_8 \leqslant 0.50$（自由裁量）
$1.10 \leqslant k_8 \leqslant 1.30$（自由裁量）	$k_8 = 1.10$	$k_8 = 1.20$	$k_8 = 1.30$	$k_8 = 1.20$	$k_8 = 2.00$	既遂 $k_8 = 1.00$

对于涉及包括公民人身权的复杂客体的侵犯财产类犯罪，其对不同客体的侵犯不一定同时全部完成。如抢劫罪和敲诈勒索罪，有时犯罪分子虽然全部完成了实行行为，但没有抢劫到或没有勒索到财物，出现了既不是犯罪未遂又不是犯罪既遂的犯罪状态，可称之为犯罪半遂状态。对于抢劫罪和敲诈勒索罪的犯罪半遂状态，也通过意外后果指数 k_8 反映，其加权值如表 3 – 12 所示。

另外，若在犯罪半遂状态下出现婚姻破裂、精神失常、自杀未遂等情形，则将其对应的意外后果指数相乘作为总的意外后果指数；若在犯罪半遂状态下出现自杀既遂情形，则将自杀既遂情形下的意外后果指数与犯罪半遂状态下的后果指数相乘。

（9）自首情节指数 k_9

自首情节分为一般自首与特别自首，自首情节指数 k_9 反映不同自首时机时的加权值，因自首时机不同影响到侵犯财产类案件侦破或审理时司法资源的消耗情况。

①一般自首情形下，自首情节指数 k_9 的加权值按下式确定：

$$\begin{cases} k_9 = \dfrac{\ln(t+1)}{3} & (t \leqslant 20.09) \\ k_9 = 1.00 & (t > 20.09) \end{cases} \tag{3-11}$$

式中：t ——自作案结束后至自首的时间间隔（单位：月）

②特别自首情形下，自首情节指数 k_9 的加权值按下式确定：

$$\begin{cases} k_9 = \dfrac{\ln(t+1)}{2.565} & (t \leqslant 12) \\ k_9 = 1.00 & (t > 12) \end{cases} \tag{3-12}$$

式中：t ——自采取强制措施后至自首的时间间隔（单位：月）

两种自首情形下不同自首时机对应的自首情节指数 k_9 的计算结果如表 3 - 13 所示。由计算结果可以看出，对于一般自首而言，在不考虑其他具体犯罪情节的情况下，作案后一个月内自首，补偿刑期将降低到正常刑期的四分之一以下，自首时机越推迟，补偿刑期越长，20 个月以后自首，补偿刑期将接近正常刑期。特别自首情形下也有类似的结果。这样的设计方案有利于鼓励犯罪嫌疑人尽早自首，从而对个人而言得到从宽处理，对国家而言节约司法资源。

表 3 - 13   不同自首时机对应的自首情节指数 k_9 的计算结果

一般自首	t（月）	<1	1	2	3	4	5	6	7	8	9	10	11	12	>12
	k_9	0.00 ~ 0.23	0.23	0.37	0.46	0.54	0.60	0.65	0.69	0.73	0.77	0.80	0.83	0.86	0.86 ~ 1.00
特别自首	t（月）	<1	1	2	3	4	5	6	7	8	9	10	11	12	>12
	k_9	0.00 ~ 0.27	0.27	0.43	0.54	0.63	0.70	0.76	0.81	0.86	0.90	0.94	0.97	1.00	1.00

（10）立功表现指数 k_{10}

立功情节可分为揭发他人犯罪立功与提供重要线索立功两种情形，每种情形又可分别对应针对侵犯财产类犯罪与针对非侵犯财产类犯罪的揭发或提供重要线索两种情形，立功表现指数 k_{10} 反映立功所涉其他案件之案值或重大程度不同时的加权值。

①针对侵犯财产类犯罪的揭发或提供重要线索而立功的情形，立功表现指数 k_{10} 按下式确定。其中揭发立功时按表达式计算结果取值；提供重要线索立功时在表达式计算结果以上与 1.00 之间，由法官根据线索重要程度自由裁量取值：

$$k_{10} = \frac{1}{1 + \left[\ln\left(1 + \dfrac{y_L}{y} \right) \right]^2} \qquad (3 - 13)$$

式中：y——有立功表现的犯罪嫌疑人所犯罪行之涉案案值（单位：元）

y_L——他人所犯罪行之涉案案值（单位：元）

②针对非侵犯财产类犯罪的揭发或提供重要线索而立功的情形，立功表

现指数 k_{10} 按下式确定。其中揭发立功时按表达式计算结果取值；提供重要线索立功时在表达式计算结果以上与 1.00 之间，由法官根据线索重要程度自由裁量取值：

$$k_{10} = \frac{1}{1 + \left[\ln\left(1 + \frac{T_{bL}}{T_b}\right)\right]^2} \qquad (3-14)$$

式中：T_b——有立功表现的犯罪嫌疑人所犯罪行之补偿刑期（单位：年）

T_{bL}——他人所犯罪行之补偿刑期（单位：年）

应用式（3-14）时要注意，式中 T_b、T_{bL} 的取值均以不考虑案发后情节（即不考虑自首与立功情节）的计算结果代入。

（11）同谋共犯指数 k_{11}

同谋共犯指数 k_{11} 反映一宗侵犯财产类犯罪由多人实施完成时的加权值。设有 m 人共同完成了一宗案值为 y 的侵犯财产类犯罪，其分赃向量和责任权重分配向量分别为：

$$y = \left[y_1, y_2, \cdots, y_m\right] \qquad (3-15)$$

$$z = \left[z_1, z_2, \cdots, z_m\right] \qquad (3-16)$$

则针对每一犯罪嫌疑人的同谋共犯指数 $k_{11.j}$ 为：

$$k_{11.j} = m\ln(2 + m/2)z_j \qquad (j = 1, 2, 3, \cdots, m) \qquad (3-17)$$

考虑同谋共犯指数时有两点要注意：一是式（3-17）只有在共犯总人数 $m \geq 2$ 时才有意义；二是涉及同谋共犯指数 $k_{11.j}$ 时，补偿刑期 T_b 表达式（3-5）或（3-7）中的涉案金额 y 应取分赃向量式（3-15）中的相应值 y_j。不同共犯总人数 m 所对应的 $m\ln(2 + m/2)$ 之值如表 3-14 所示。

表 3-14　不同共犯总人数 m 所对应的 $m\ln(2 + m/2)$ 之值

m	1	2	3	4	5	6	7	8	9	10	…
$m\ln(2 + m/2)$	0.92	2.20	3.76	5.55	7.52	9.66	11.93	14.33	16.85	19.46	…

在引入分赃向量和责任权重分配向量的情况下，可以将主犯、从犯、胁从犯、教唆犯等情形放在一起考虑。

（12）自由裁量指数 k_{12}

司法实践中针对具体的侵犯财产类犯罪，总可能存在前述加权指数不能完全覆盖的犯罪情节，因此必须给判案法官一定的自由裁量权。判案过程中自由裁量权的体现可以通过两种方法实现：一是在对各具体犯罪情节进行加权处理的基础上，在犯罪情节总加权系数中再增加一自由裁量指数 k_{12}；二是在确定各具体犯罪情节的加权系数大小时，允许在相似情节的级差间取值。为了获得更大的自由裁量权，也可以允许两种方法同时使用，具体如何选择由立法机关决定。

使用第一种方法体现自由裁量权时，自由裁量指数 k_{12} 的建议值为 $k_{12} = 0.90 \sim 1.10$，相当于法官对程序化判案的定罪量刑结果可以有上下各10%的浮动幅度；使用第二种方法体现自由裁量权时，相似情节之间的加权系数的选取也应以10%的浮动幅度为宜。本章中使用第一种方法体现自由裁量权。

（13）职务犯罪加权系数 k_{cj}

当涉及职务类侵犯财产罪时，如涉及贪污罪、职务侵占罪、挪用公款罪、挪用资金罪时，其犯罪人的赔偿刑期算法不变，但其补偿刑期的算法还要考虑职务犯罪加权系数 k_{cj}。职务犯罪加权系数 k_{cj} 的确定原则基本上是职务或级别越高，其取值越小，如表3-15所示。

表3-15 不同职务类侵犯财产罪的职务犯罪加权系数 k_{cj} 之值

领导级别	1	2	3	4	5	6	7	8	9	10	11
职务层次	国家级正职	国家级副职	省部级正职	省部级副职	厅局级正职	厅局级副职	县处级正职	县处级副职	乡科级正职	乡科级副职	所股级
k_{cj}	0.114	0.140	0.174	0.221	0.282	0.353	0.441	0.556	0.698	0.833	1.000

根据式（3-5），在涉及贪污罪、职务侵占罪、挪用公款罪、挪用资金罪的涉案金额相同的情况下，犯罪人的职务或级别越高，其相应的补偿刑期越短，原因在于其职务或级别不同时，其审批权限所涉及的资金额度不同，但是其相应的赔偿刑期不受职务或级别高低的影响而变化。另外，考虑到领导干部配备存在高职低配或低职高配的实际情况，究竟根据领导干部职务还是级别选择职务犯罪加权系数 k_{cj}，可由立法机关通过司法解释确定。

根据《中华人民共和国公务员法》及其他相关资料，我国领导干部及相关工作人员级别及职务层次如表3-16所示。

表 3－16　我国领导干部级别及职务层次一览表

领导级别	职务层次	示例
1	国家级正职	中共中央总书记，国家主席，国务院总理，中央军委主席，全国人大常委会委员长，全国政协主席，中央政治局常委。
2	国家级副职	中央军委副主席，中央政治局委员，候补委员，中央纪委书记，中央书记处书记，全国政协副主席，全国人大常委会副委员长，国务院副总理，国务委员，最高人民法院院长，最高人民检察院检察长。
3	省部级正职	包括各个省级行政区的省委书记、省长、省政协主席、省人大常委会主任等，特别行政区行政长官、直辖市市委书记等，以及国家各部部长等。 中共中央纪委副书记，中共中央、全国人大常委会、国务院、全国政协下属部委行署室和事业单位（党组）正职领导人（如教育部部长、国家发改委主任）（特殊规定的副职），最高人民法院正部级院长，最高人民检察院正部级院长，各人民团体（党组）正职，各省、自治区、直辖市党委、人大、政府、政协的正职领导人（如江苏省省长、北京市市长）（特殊规定的副职），特别行政区行政长官，国家正部级企业正职领导，部队正军职干部（如原南京军区司令员、原18集团军军长）。
4	省部级副职	包括各个省级行政区的省委副书记、副省长、省政协副主席、省人大常委会副主任、省人大常委等（直辖市市委副书记等），以及国家各部副部长等，还有一些行政级别是正厅但是必须要副部级来兼任的，一般认为那个单位是副部单位，如省宣传部、组织部、纪委等必须由省委常委或者省委副书记兼任。 中共中央纪委常委，中共中央、全国人大常委会、国务院、全国政协下属部委行署室和事业单位副职领导人（党组成员）（如公安部副部长、国家体育总局副局长）和副部级机关（党组）正职（如国家文物局局长），最高人民法院副部级院长，最高人民检察院副部级院长，各人民团体（党组）副职，各省、自治区、直辖市党委（副书记、常委）、人大、政府、政协的副职领导人（如安徽省副省长、重庆市副市长），省纪委书记，副省级城市党委、人大、政府、政协的正职领导人（如南京市市长）（特殊规定的副职），国家正部级企业副职领导，国家副部级企业正职领导，副部级高校党政正职，部队副军职干部（如上海警备司令部副司令、31集团军副军长）。
5	厅局级正职	主要是地级市（各自治州）市委书记、市长、市人大常委会主任、市政协主席，省级下属单位如省公安厅厅长，国家各部下属单位如外交部新闻司司长。 中共中央、全国人大常委会、国务院、全国政协直属部委行署室和事业单位的下属司局室正职（如外交部新闻司司长、教育部社会科学研究与思想政治工作司司长），中共中央、全国人大常委会、国务院、全国政协副部级机关（党组）副职，各省、自治区、直辖市党委、人大、政府、政协的直属机关和事业单位的正职（如河北省交通厅厅长、重庆市财政局局长），副省级城市党委（副书记、常委）、人大、政府、政协的副职领导人（如宁波市副市长），纪委书记，各地市（设区）党委、人大、政府、政协的正职（如苏州市市长），国有副部级企业的副职和正厅级企业正职领导，省属高校党政正职，部队正师职干部（如1军后勤部部长、34师政委）。

领导级别	职务层次	示例
6	厅局级副职	地级市市委副书记、市委常委、副市长、市人大常委会副主任、市政协副主席，省级下属单位如省委宣传部副部长，国家各部下属单位如外交部新闻司副司长等，还有一些行政级别是正处但是必须要副厅来兼任的，一般认为那个单位是副厅单位，如市政法委，市宣传部、组织部、纪委等必须由市委常委或者市委副书记兼任。 中共中央、全国人大常委会、国务院、全国政协直属部委行署室和事业单位的下属司局室副职（如外交部新闻司副司长、人事部人才流动开发司副司长），各省、自治区、直辖市党委、人大、政府、政协的直属机关和事业单位的副职（如黑龙江省建设厅副厅长、上海市文化局副局长），副厅级正职（如南京市教育局局长、江宁区区长），副省级城市党委、人大、政府、政协的下属机关正职，地市（设区）党委、人大、政府、政协的副职（如苏州市副市长），纪委书记，国有副厅级企业的正职和正厅级企业副职领导，省属高校党政副职，大专院校正职，部队副师职干部（如35师副政委、179旅旅长）。
7	县处级正职	包括县（县级市、区、旗等）委书记、（区）县长、（区）县人大常委会主任、（区）县政协主席，市各单位局长，如市公安局、司法局等，还有厅级各单位下属，如省公安厅某处处长，省委办公厅主任等。 中共中央、全国人大常委会、国务院、全国政协直属部委行署室和事业单位的下属处室正职（如农业部种植业管理司经济作物处处长），各省、自治区、直辖市党委、人大、政府、政协的直属机关和事业单位的下属处室正职（如广东省科技厅农村科技处处长），副省级城市党委、人大、政府、政协的下属机关副职（如沈阳市卫生局副局长、浦口区副区长），各地市（设区）党委、人大、政府、政协的下属单位正职（如扬州市劳动局局长），各县市党委、人大、政府、政协的正职（如滨海县县长），国有正县级企业的正职，省属高校院系处室领导，重点中学正职，部队正团职干部（如105团政委）。
8	县处级副职	包括县（县级市、区、旗等）委副书记、县（区）委常委、（区）副县长、（区）县人大常委会副主任、（区）县政协副主席，市各单位副局长，如市公安局、司法局等，还有厅级各单位下属，如省公安厅某处副处长，省委办公厅副主任等。 中共中央、全国人大常委会、国务院、全国政协直属部委行署室和事业单位的下属处室副职（如农业部兽医局防疫处副处长），各省、自治区、直辖市党委、人大、政府、政协的直属机关和事业单位的下属处室副职（如江苏省教育厅人事处副处长），各地市（设区）党委、人大、政府、政协的下属单位副职和副处级单位正职（如南京市科技局科技成果处处长、玄武区卫生局局长），各县市党委、人大、政府、政协的副职（如昆山市副市长），纪委书记。国有正县级企业的副职，副县级企业正职。市属中学正职，部队副团职干部（如105团参谋长）。

领导级别	职务层次	示例
9	乡科级正职	包括乡、镇、办事处党委书记、乡长、镇长、办事处主任以及镇级人大主席等，还有处级下属，如县公安局局长等。 各地市（设区）党委、人大、政府、政协的下属单位所属科室正职，各县市党委、人大、政府、政协的下属单位正职，各乡镇党委、政府正职，国有正科级企业的正职，县属重点中学正职。
10	乡科级副职	包括各乡、镇、办事处党委副书记、党委委员、副乡长、副镇长、办事处副主任以及镇级人大副主席等，还有处级下属，如县公安局副局长等。 各地市（设区）党委、人大、政府、政协的下属单位所属科室副职，各县市党委、人大、政府、政协的下属单位副职，各乡镇党委、政府副职，国有正科级企业的副职。
11	所股级	一般是乡里财政所、派出所的所长等，科员也是该级别。

顺便指出，基于数字法律模式下的侵犯财产类犯罪的定罪量刑，不再考虑罚金、没收财产等附加刑，不再考虑是否退赃退赔，甚至可以不再考虑缓刑、减刑、假释等情况，但可以有条件地实施国家特赦制度。这些都有利于压缩司法审判及执行过程中的人为操纵空间，最大限度地体现司法的公平与公正。

另外，上述有关赔偿刑期与补偿刑期的数字化构建以及各种考虑具体犯罪情节的加权系数的确定，最大限度地避免了目前刑法中定罪跳跃性与量刑阶梯性的先天法律缺陷。但是，在基于数字法律模式的程序化定罪量刑系统中，为了实现新旧司法规范或模式的过渡与衔接，可以在初期使用时对定罪跳跃性部分仍按原司法规范或模式执行；基于同样的原因，甚至在初期使用时也可以将赔偿刑期与补偿刑期合二为一。这在程序化定罪量刑系统的编制过程中都比较容易实现。

五、侵犯财产类案件程序化定罪量刑的实例验证

综上所述，对于侵犯财产类案件，依据罪责刑相适应原则，其量刑刑期可按赔偿刑期与补偿刑期两部分分别计算，然后根据犯罪嫌疑人或其亲属对具体受害对象的赔付或代付情况，合并确定一个执行总刑期。上述计算过程可以通过编制程序在计算机上实施，从而实现基于数字法律的侵犯财产类案

件的程序化定罪量刑。

下面通过几个实例来验证说明上述依据罪责刑相适应原则所确定的，基于数字法律的侵犯财产类案件的，程序化定罪量刑处理方法的合理性。

在下面的计算过程中，不失一般性，各常量的取值统一规定为：案发地的年最低工资标准 $Y = 19440$ 元（由某案发地的月最低工资标准换算而来），服刑收益赔偿率 $\beta = 0.80$，司法解释系数 $\lambda_i = 3.00$，当地法定退休年龄 $x_t = 60$ 岁。

实例验证〔1〕

根据第三章第一节第一小节引子中的案例〔1〕，案件属于团伙抢劫罪，假定陆某是主犯，所抢 1 元硬币由陆某所得，由表达式（3 – 15）、式（3 – 16），设其分赃向量为 $y = [y_1, y_2, y_3] = [1, 0, 0]$，责任权重分配向量为 $z = [z_1, z_2, z_3] = [0.40, 0.30, 0.30]$，由 $m = 3$ 查表 3 – 14 知 $m\ln(2 + m/2)$ 之值为 3.76，则陆某所对应的同谋共犯指数 k_{11} 按表达式（3 – 17）计算得：

$$k_{11.1} = m\ln(2 + m/2)z_1 = 3.76 \times 0.40 = 1.504$$

其他具体犯罪情节加权系数为：由表 3 – 5 知 $k_1 = 1.30$；由表 3 – 6 知 $k_2 = 1.00$；由表 3 – 7 知 $k_3 = 1.10$；由表 3 – 8 知 $k_4 = 1.00$；设陆某犯罪时已成年则 $k_5 = 1.00$；由表 3 – 10 知 $k_6 = 1.00$；由表 3 – 11 知 $k_7 = 1.00$；无表 3 – 12 所列情形则 $k_8 = 1.00$；无自首情节则 $k_9 = 1.00$；无立功表现情节则 $k_{10} = 1.00$；法官放弃自由裁量权取 $k_{12} = 1.00$。

由表 3 – 4 知对于抢劫罪其赔偿系数 $\ln[4 + \ln(8b_i)]$ 取值 1.325，补偿刑期基准刑 $\ln(100b_i)$ 取值 2.289，则由表达式（3 – 3）可得陆某的赔偿刑期为：

$$T_p = \frac{1.325 \times 1}{0.80 \times 19440} = 0.000085 \text{（年）} \tag{3 – 18}$$

由表达式（3 – 6）得陆某的犯罪情节总加权系数为：

$$k_z = 1.30 \times 1.00 \times 1.10 \times 1.00 \times 1.00 \times 1.00 \times 1.00 \times 1.00 \times 1.00 \times 1.00 \times 1.504 \times 1.00 = 2.151$$

再由表达式（3 – 7）可得陆某的补偿刑期为：

$$T_b = 2.289 \times \left(1 + \frac{1}{19440}\right)^{\frac{1}{3.00}} \times 2.151 = 4.92 \text{（年）} \tag{3 – 19}$$

由式（3－18）计算结果可以看出，由于涉案金额仅为 1 元，陆某的赔偿刑期很短，可以忽略不计，但陆某应向受害方赔付 $1.325 \times 1 = 1.325$ 元的经济赔偿。则陆某需要执行的有期徒刑总刑期即为其补偿刑期 4.92 年，且服刑期间的劳动所得归国家利益体所有。同样方法可计算得另两位共犯田某与徐某的赔偿刑期都为零，补偿刑期各为 3.69 年。

实际上，上述计算结果受责任权重分配向量 $z = [z_1, z_2, z_3]$ 中各位共犯的责任权重分配影响很大，若假设法官对三位共犯的责任权重分配按下式认定：

$$z = [z_1, z_2, z_3] = [0.60, 0.20, 0.20] \qquad (3-20)$$

则陆某所对应的同谋共犯指数 k_{11} 的加权值变为：

$$k_{11.1} = m\ln(2 + m/2)z_1 = 3.76 \times 0.60 = 2.256$$

陆某的犯罪情节总加权系数变为：

$$k_z = 1.30 \times 1.00 \times 1.10 \times 1.00 \times 1.00 \times 1.00 \times 1.00 \times 1.00 \times 1.00 \times 1.00 \times 2.256 \times 1.00 = 3.226$$

由表达式（3－3）知陆某的赔偿刑期计算结果不变，而由表达式（3－7）可得陆某的补偿刑期变为：

$$T_b = 2.289 \times \left(1 + \frac{1}{19440}\right)^{\frac{1}{3.00}} \times 3.226 = 7.38 \,(\text{年}) \qquad (3-21)$$

由此可见，这一计算结果与法官判定的 10 年有期徒刑结果较接近，但由式（3－20）不难看出，相比于另两位共犯，陆某的责任权重分配值过高。因为此案中陆某作为纠集者虽是主犯，但整个作案过程始终是三人共同参与的，由陆某一人承担本案 60% 的责任，是有失公允的。

下面考察如果本案是陆某一人所为，其定罪量刑结果又会怎样呢？

若本案系陆某一人所为，其他犯罪情节不变，则同谋共犯指数 $k_{11} = 1.00$，犯罪情节总加权系数变为：

$$k_z = 1.30 \times 1.00 \times 1.10 \times 1.00 \times 1.00 \times 1.00 \times 1.00 \times 1.00 \times 1.00 \times 1.00 \times 1.00 \times 1.00 = 1.43$$

其赔偿刑期不变，而其补偿刑期变为：

$$T_b = 2.289 \times \left(1 + \frac{1}{19440}\right)^{\frac{1}{3.00}} \times 1.43 = 3.27 \,(\text{年})$$

可见,当本案由陆某一人所为时,其补偿刑期大大小于共犯情况下责任权重分配60%时7.38年的补偿刑期,也小于责任权重分配40%时4.92年的补偿刑期。这从一个侧面反映了本解决方案中关于同谋共犯指数 k_{11} 设计的合理性,即对于团伙犯罪其惩罚力度自然加重,这充分体现了抑制团伙犯罪的现代法律初衷。为什么呢?一是因为团伙犯罪往往对受害方造成更大的伤害,二是因为团伙犯罪往往会造成恶劣的社会影响,三是因为对团伙犯罪的处置会消耗更多的司法资源。

实例验证〔2〕

根据第三章第一节第一小节引子中的案例〔2〕,案件属于团伙敲诈勒索罪,因受害方没有财物损失,属于团伙敲诈勒索罪半遂。假定陈丙、王乙是两名互不相干的受害者,先以陈丙为受害对象进行补偿刑期分析。由表达式(3-15)、式(3-16),因没有财物损失,则设4名被告人王甲、陈乙、卫某、陈甲的分赃向量为 $y = [y_1, y_2, y_3, y_4] = [0, 0, 0, 0]$,责任权重分配向量为 $z = [z_1, z_2, z_3, z_4] = [0.30, 0.30, 0.20, 0.20]$,由 $m = 4$ 查表3-14知 $m\ln(2 + m/2)$ 之值为5.55,则4名被告人所对应的同谋共犯指数 k_{11} 按表达式(3-17)计算分别为:

$$k_{11.1} = m\ln(2 + m/2)z_1 = 5.55 \times 0.30 = 1.665$$
$$k_{11.2} = m\ln(2 + m/2)z_2 = 5.55 \times 0.30 = 1.665$$
$$k_{11.3} = m\ln(2 + m/2)z_3 = 5.55 \times 0.20 = 1.110$$
$$k_{11.4} = m\ln(2 + m/2)z_4 = 5.55 \times 0.20 = 1.110$$

其他具体犯罪情节加权系数为:由表3-5知 $k_1 = 1.00$;由表3-6知 $k_2 = 1.00$;由表3-7知 $k_3 = 1.00$;由表3-8知 $k_4 = 1.00$;设4名被告人非属未、老、病、残、孕则 $k_5 = 1.00$;由表3-10知 $k_6 = 1.00$;由表3-11知 $k_7 = 1.00$;因4名被告人未敲诈勒索到财物,由表3-12按敲诈勒索罪半遂状态由法官自由裁量确定 $k_8 = 0.44$;无自首情节则 $k_9 = 1.00$;无立功表现情节则 $k_{10} = 1.00$;法官放弃自由裁量权取 $k_{12} = 1.00$。

由表3-4知对于敲诈勒索罪其赔偿系数 $\ln[4 + \ln(8b_i)]$ 取值1.313,补偿刑期基准刑 $\ln(100b_i)$ 取值2.242,考虑分赃向量则由表达式(3-3)知4名被告人的赔偿刑期均为零,由表达式(3-6)得4名被告人的犯罪情节总加权系数分别为:

$k_{z1} = 1.00 \times 1.00 \times 1.00 \times 1.00 \times 1.00 \times 1.00 \times 1.00 \times 0.44 \times 1.00 \times 1.00 \times 1.665 \times 1.00 = 0.733$

$k_{z2} = 1.00 \times 1.00 \times 1.00 \times 1.00 \times 1.00 \times 1.00 \times 1.00 \times 0.44 \times 1.00 \times 1.00 \times 1.665 \times 1.00 = 0.733$

$k_{z3} = 1.00 \times 1.00 \times 1.00 \times 1.00 \times 1.00 \times 1.00 \times 1.00 \times 0.44 \times 1.00 \times 1.00 \times 1.110 \times 1.00 = 0.488$

$k_{z4} = 1.00 \times 1.00 \times 1.00 \times 1.00 \times 1.00 \times 1.00 \times 1.00 \times 0.44 \times 1.00 \times 1.00 \times 1.110 \times 1.00 = 0.488$

再由表达式（3-7）可得4名被告人王甲、陈乙、卫某、陈甲的补偿刑期分别为：

$$T_{b1} = 2.242 \times \left(1 + \frac{0}{19440}\right)^{\frac{1}{3.00}} \times 0.733 = 1.64 \text{（年）}$$

$$T_{b2} = 2.242 \times \left(1 + \frac{0}{19440}\right)^{\frac{1}{3.00}} \times 0.733 = 1.64 \text{（年）}$$

$$T_{b3} = 2.242 \times \left(1 + \frac{0}{19440}\right)^{\frac{1}{3.00}} \times 0.488 = 1.09 \text{（年）}$$

$$T_{b4} = 2.242 \times \left(1 + \frac{0}{19440}\right)^{\frac{1}{3.00}} \times 0.488 = 1.09 \text{（年）}$$

考虑到还有受害对象王乙，具体犯罪情节与受害对象陈丙所对应的情况基本相同，责任权重分配也相同，则被告人王甲、陈乙需要执行的有期徒刑总刑期应分别为两个1.64年数罪并罚，被告人卫某、陈甲需要执行的有期徒刑总刑期应分别为两个1.09年数罪并罚。考虑到4名被告人的赔偿刑期均为零，则服刑期间不必向受害对象返还经济赔偿，劳动收益（扣除服刑期间的日常生活开销）全部归国家利益体所有。

若本案从跟踪、拍照到发短信、寄裸照系被告人王甲一人所为，其他犯罪情节不变，则同谋共犯指数 $k_{11} = 1.00$，犯罪情节总加权系数变为：

$k_z = 1.00 \times 1.00 \times 1.00 \times 1.00 \times 1.00 \times 1.00 \times 1.00 \times 0.44 \times 1.00 \times 1.00 \times 1.00 \times 1.00 = 0.44$

针对受害对象陈丙，其赔偿刑期还是为零，而其补偿刑期变为：

$$T_b = 2.242 \times \left(1 + \frac{0}{19440}\right)^{\frac{1}{3.00}} \times 0.44 = 0.99 \text{（年）}$$

再考虑受害对象王乙,则被告人王甲需要执行的有期徒刑总刑期应为两个 0.99 年数罪并罚。可见当本案由王甲一人所为时,有期徒刑总刑期会降低很多,这又一次反映了本解决方案中关于同谋共犯指数 k_{11} 设计的合理性,又一次体现了抑制团伙犯罪的现代法律初衷。

实例验证〔3〕

根据第三章第一节第一小节引子中的案例〔3〕,路人甲和路人乙犯有聚众哄抢罪。由表 3-4 知聚众哄抢罪其赔偿系数 $\ln[4 + \ln(8b_i)]$ 取值 1.259,补偿刑期基准刑 $\ln(100b_i)$ 取值 2.046,则由表达式(3-3)可得路人甲和路人乙的赔偿刑期分别为:

$$T_{p\text{甲}} = \frac{1.259 \times 4100}{0.80 \times 19440} = 0.33(年)$$

$$T_{p\text{乙}} = \frac{1.259 \times 3900}{0.80 \times 19440} = 0.32(年)$$

具体犯罪情节加权系数 $k_1 \sim k_{12}$ 均取 1.00,则犯罪情节总加权系数 $k_z = 1.00$,由表达式(3-5)可得路人甲和路人乙的补偿刑期分别为:

$$T_{b\text{甲}} = 2.046 \times \left(\frac{4100}{19440}\right)^{\frac{1}{3.00}} \times 1.00 = 1.22(年)$$

$$T_{b\text{乙}} = 2.046 \times \left(\frac{3900}{19440}\right)^{\frac{1}{3.00}} \times 1.00 = 1.20(年)$$

可见路人甲和路人乙的有期徒刑总刑期分别为 1.55 年和 1.52 年。若路人甲和路人乙分别向具体受害对象赔偿 5161.9 元和 4910.1 元,则仅需分别执行 1.22 年和 1.20 年的补偿刑期,服刑期间的劳动收益(扣除服刑期间的日常生活开销)归国家利益体所有。

由本实例可以看出,在数字法律模式下,针对侵犯财产类案件,可以不再具体规定数额较大、数额巨大、数额特别巨大等定罪追诉标准,无论多大或多小的涉案金额,都可以很精确同时也很公正地给出相应的赔偿刑期和补偿刑期,并根据对具体受害对象的赔偿情况最终确定犯罪嫌疑人有期徒刑的合理总刑期。

在此顺便引申出与本案有关的另外两个小问题。上述提及路人甲和路人乙可以分别向具体受害对象赔偿 5161.9 元和 4910.1 元,这样总刑期中的赔偿刑期部分可以不再执行。那么现在的问题是:首先,5161.9 元和 4910.1

元的赔偿金额是如何得来的？其次，由表3-1可知，本案涉及两个具体受害对象，即押运公司和银行，那么，5161.9元和4910.1元的赔偿金额究竟归哪家单位呢？

第一个小问题：表达式（3-3）的分子$\ln[4+\ln(8b_i)])y$即是犯罪人赔付具体受害对象的赔偿金额的计算公式，5161.9元和4910.1元的赔偿金额就是根据表达式（3-3）的分子计算而得，并且由此可见，赔偿金额永远大于侵犯财产罪之具体涉案金额。

第二个小问题：针对具体受害对象押运公司和银行，由路人甲和路人乙所导致的经济损失分别为4100元和3900元，5161.9元和4910.1元的赔偿金额中，4100元和3900元分别用于填补银行经济损失。多出来的部分可以看成是对具体受害对象即押运公司和银行的精神损害的赔偿，但这多出来的部分押运公司和银行之间如何分配，这涉及另一个法事关系，与本案无关。具体分配方案通常从两方面入手考虑：一是按事先押运公司与银行之间签订的协议中有关此类损益的规定执行；二是事后协商处理。

实例验证〔4〕

第三章第一节第一小节引子中的案例〔4〕中涉及的几起"牛案"，在数字法律模式下会得到清晰的审定和公正的判决。

①无业村民甲涉牛案：因其父当夜悄悄把耕牛送了回去，对王老汉而言没有什么经济损失，甚至不知道自家的牛曾经被盗过，因而可以认为具体涉案金额$y=0$。由此根据表达式（3-3）与表达式（3-5），无业村民甲的赔偿刑期与补偿刑期均为零。对无业村民甲仅需进行批评教育即可，无须进行刑事处罚。

②无业村民乙涉牛案：属于盗窃罪，具体涉案金额$y=5000$元。由表3-4知对于盗窃罪其赔偿系数$\ln[4+\ln(8b_i)])$取值1.166，补偿刑期基准刑$\ln(100b_i)$取值1.735，则由表达式（3-3）可得无业村民乙的赔偿刑期为：

$$T_p=\frac{1.166\times5000}{0.80\times19440}=0.37\,（年）$$

具体犯罪情节加权系数$k_1\sim k_{12}$均取1.00，则犯罪情节总加权系数$k_z=1.00$，由表达式（3-5）可得无业村民乙的补偿刑期为：

$$T_b = 1.735 \times \left(\frac{5000}{19440}\right)^{\frac{1}{3.00}} \times 1.00 = 1.10 \text{（年）}$$

如前所述，因无业村民乙家徒四壁，偷牛宰杀变卖的现金又被挥霍一空，所以其需要执行的有期徒刑总刑期为 $0.37 + 1.10 = 1.47$ 年。在有期徒刑总刑期的执行期间，赔偿刑期 0.37 年在先执行，并按照 $1.166 \times 5000 = 5830$ 元的赔偿额度逐年或分月向张老汉返还赔偿金额；补偿刑期 1.10 年在后执行，其间的劳动所得归国家利益体所有。

若无业村民乙系光棍一人，且同意变卖家徒四壁的房子并获得房款 2000 元用于冲抵赔偿金额，则由表达式（3-4）其赔偿刑期变为：

$$T_p = \frac{1.166 \times 5000 - 2000}{0.80 \times 19440} = 0.25 \text{（年）}$$

赔偿刑期 0.25 年内仍需向张老汉返还剩下的 3830 元赔偿金额，而补偿刑期 1.10 年不变。

③无业村民丙涉牛案：属于抢劫罪，具体涉案金额 $y = 5000$ 元。由表 3-4 知对于抢劫罪其赔偿系数 $\ln[4 + \ln(8b_i)]$ 取值 1.325，基准刑 $\ln(100b_i)$ 取值 2.289，则由表达式（3-3）可得无业村民丙的赔偿刑期为：

$$T_p = \frac{1.325 \times 5000}{0.80 \times 19440} = 0.43 \text{（年）}$$

具体犯罪情节加权系数中，受害对象指数根据表 3-10 由法官自由裁量定为 $k_6 = 1.15$，其他具体犯罪情节加权系数均取 1.00，则犯罪情节总加权系数 $k_z = 1.15$，由表达式（3-7）可得无业村民丙的补偿刑期为：

$$T_b = 2.289 \times \left(1 + \frac{5000}{19440}\right)^{\frac{1}{3.00}} \times 1.15 = 2.84 \text{（年）}$$

无业村民丙及其家人应向李老汉赔付 $1.325 \times 5000 = 6625$ 元的经济赔偿。若无业村民丙赶集时被抓后，办案人员按市场批发价变卖牛肉、牛下水等获利 5300 元，则无业村民丙及其家人仅需再筹措 1325 元合并赔付李老汉，如此 0.43 年的赔偿刑期可以不再执行，只需执行 2.84 年的补偿刑期，其间的劳动所得归国家利益体所有。

若办案人员因疏忽没能及时变卖牛肉、牛下水，几天后导致其腐烂变质，则办案单位应按市场批发价赔付损失 5300 元，与无业村民丙及其家人筹措的 1325 元合并赔付李老汉。最终案件以 2.84 年的总刑期结案。可见，根据数字法律之法事关系各方损益对等化的司法理念，任何一部分损益都会在数字法律模式的处理流程中得到体现。

④无业村民丁涉牛案：若无业村民丁拒不归还杨老汉家的母牛生下的小牛犊，则可定性其犯有侵占罪。由表 3-4 知对于侵占罪其赔偿系数 $\ln[4+\ln(8b_i)])$ 取值 1.140，补偿刑期基准刑 $\ln(100b_i)$ 取值 1.652，则由表达式（3-3）可得无业村民丁的赔偿刑期为：

$$T_p = \frac{1.140 \times 1000}{0.80 \times 19440} = 0.07 \text{（年）}$$

具体犯罪情节加权系数 $k_1 \sim k_{12}$ 均取 1.00，则犯罪情节总加权系数 $k_z = 1.00$。注意表 3-5 所示的确定特殊地点指数 k_1 的规定一般仅用于抢劫罪和部分盗窃罪，因此本案中 k_1 不能取 1.30 而仅能取 1.00；在由表 3-10 确定受害对象指数 k_6 时，因母牛溜进无业村民丁家时其不能确定是谁家的牛，即使能确定是杨老汉家的牛，因其没有直接面对杨老汉进行财产侵占，因而此种情形的受害对象指数仍按普通个人对象处理，即 $k_6 = 1.00$。由表达式（3-5）可得无业村民丁的补偿刑期为：

$$T_b = 1.652 \times \left(\frac{1000}{19440}\right)^{\frac{1}{3.00}} \times 1.00 = 0.61 \text{（年）}$$

通过基于数字法律模式的赔偿刑期与补偿刑期的计算结果可以看出，若无业村民丁执意不归还杨老汉家的小牛犊，则最终除了强制其返还小牛犊外，还要责令其赔付杨老汉 140 元赔偿金额，又要执行 0.61 年的有期徒刑。因此权衡利弊，这一案件一般通过调解说服无业村民丁返还小牛犊即可。

若无业村民丁不但没有返还杨老汉小牛犊，还把它卖掉得了 1000 元赃款，则最终的判决结果应是责令其向杨老汉赔付 1140 元的赔偿金额（可适当扣除饲料费），同时判处 0.61 年的有期徒刑。

下面将第三章第一节第一小节引子中各案例依照传统方法的定罪量刑结果，与基于数字法律模式的程序化定罪量刑结果进行比较分析，两种方法的定罪量刑结果一并列于表 3-17 中。

纵观表中各案例的传统方法定罪量刑结果可以发现，基于传统方法的定罪量刑有些"不靠谱"。如陆某参与的团伙入户抢劫罪与王甲、陈乙参与的团伙敲诈勒索罪相比，双方都属于团伙犯罪，都全部完成了抢劫或敲诈勒索的实行行为，抢劫与敲诈勒索的恶意程度又相近，陆某仅得了 1 元硬币，王甲、陈乙没有得到财物但得到了裸照，依照传统方法的定罪量刑结果是，陆某有期徒刑 10 年附加剥夺政治权利 3 年又附加并处罚金 10000 元，而王甲、陈乙却仅有 1 年有期徒刑，双方仅主刑就差了整整 9 年。又如路人甲与路人乙的聚众哄抢罪，路人甲抢得现金 4100 元，路人乙抢得现金 3900 元，二者仅相差 200 元，但路人甲的判决结果是有期徒刑 2 年并处罚金 5000 元，路人乙却只是追回赃款 3900 元外加罚款 2000 元无罪释放。

表 3 - 17　传统方法定罪量刑与数字法律之程序化定罪量刑结果比较

案例	罪名	犯罪嫌疑人	案情要点	涉案金额（元）	传统方法定罪量刑结果	程序化定罪量刑结果（年）		
						赔偿刑期	补偿刑期	总刑期
1	团伙抢劫罪	陆某	团伙持棍入户抢劫	1	刑期 10 年剥夺政治权利 3 年罚金 10000 元	0.000085 或赔偿 1.325 元	4.92	4.92
		田某		0	不详	0	3.69	3.69
		徐某		0	不详	0	3.69	3.69
2	团伙敲诈勒索罪	王甲	团伙拍裸照敲诈勒索	0	刑期 1 年	0	两个 1.64 年并罚	两个 1.64 年并罚
		陈乙		0	刑期 1 年	0	两个 1.64 年并罚	两个 1.64 年并罚
		卫某		0	刑期 10 个月	0	两个 1.09 年并罚	两个 1.09 年并罚
		陈甲		0	刑期 10 个月	0	两个 1.09 年并罚	两个 1.09 年并罚
3	聚众哄抢罪	路人甲	鼓动哄抢事故车现金	4100	刑期 2 年罚金 5000 元	0.33	1.22	1.55
		路人乙		3900	无罪罚款 2000 元	0.32	1.20	1.52

案例	罪名	犯罪嫌疑人	案情要点	涉案金额（元）	传统方法定罪量刑结果	程序化定罪量刑结果（年）		
						赔偿刑期	补偿刑期	总刑期
4	盗窃罪	村民甲	盗耕牛送回	0	不详	0	0	0
	盗窃罪	村民乙	盗耕牛宰杀变卖	5000	不详	0.37	1.10	1.47
	抢劫罪	村民丙	抢劫耕牛宰杀变卖	5000	不详	0.43	2.84	3.27
	侵占罪	村民丁	侵占小牛犊	1000	不详	0.07	0.61	0.68

纵观表中各案例的基于数字法律的程序化定罪量刑结果可以发现，数字法律模式下的程序化定罪量刑结果比较"靠谱"。如还是陆某参与的团伙入户抢劫罪与王甲、陈乙参与的团伙敲诈勒索罪相比，陆某全部完成了入户抢劫的实行行为，并抢得 1 元硬币算是抢劫罪既遂，且是犯罪团伙主犯，获得近 5 年的补偿刑期也即是总刑期；而王甲、陈乙虽然也全部完成了敲诈勒索的实行行为，但其并未获得财物算是敲诈勒索罪半遂，因而其敲诈一人获刑 1.64 年，敲诈二人两个 1.64 年数罪并罚大概获刑 2~3 年，考虑到抢劫罪与敲诈勒索罪的恶意系数相近，抢劫罪为 0.0987，敲诈勒索罪为 0.0941，且双方一个是抢劫罪既遂，一个是敲诈勒索罪半遂，一个有入户、持棍等加重情节，一个没有加重情节，所以数字法律模式下案例 [1] 中近 5 年的刑期相对于案例 [2] 中 2~3 年的刑期，比原来传统定罪量刑模式下案例 [1] 中 10 年的刑期相对于案例 [2] 中 1 年的刑期，要合情合理得多。又如路人甲与路人乙的聚众哄抢罪，两人抢得现金仅相差 200 元，量刑总刑期一个为 1.55 年，一个为 1.52 年，如此小的差别是双方都能接受的。

由上述实例验证所涉及的形形色色案件的数字化量刑结果可以看出，本节依据罪责刑相适应原则所确定的基于数字法律的侵犯财产类案件的程序化定罪量刑处理方法，可以比较清晰准确地对各类侵犯财产类案件进行定罪量刑。

通过实例验证可以看出，基于数字法律的侵犯财产类案件的程序化定罪量刑方法，在判决各种复杂侵犯财产案方面具有可行性与合理性。

需要重申的是，基于数字法律模式的侵犯财产类案件的定罪量刑，可以不再考虑罚金、没收财产等附加刑，不再考虑是否退赃退赔，也不再另外考虑自首、立功等情况，甚至对于赔偿刑期而言可以不再考虑缓刑、减刑、假释等情况，但对于补偿刑期可以有条件地实施缓刑、减刑、假释、国家特赦等。这些都有利于压缩司法审判及执行过程中的人为操纵空间，最大限度地体现司法的公平与正义。

第二节　基于数字法律的"许某"类案件的定罪量刑

一、"许某案"回顾——法网钩沉

2006 年 4 月某日晚，许某在广州市天河区某一 ATM 机上取款，插入自己的银行卡，输入密码，取出 1000 元现金后发现银行卡账户里只被扣了 1 元，于是连续取款 5.4 万元。当夜，许某将此事告诉了同伴郭某某，两人随即再次前往取款。最终许某先后取款 171 笔，合计 173826 元，郭某某则取款 1.8 万元。事后二人各携款潜逃。

同年 11 月，郭某某向公安机关自首，全额退还赃款 1.8 万元后，法院以盗窃罪判处其有期徒刑一年，并处罚金 1000 元。

许某潜逃一年后 17 余万元赃款因投资失败而分文不剩，2007 年 5 月在陕西宝鸡火车站被警方抓获。

2007 年 12 月，本案经广州市中院审理后，许某一审被以盗窃罪判处无期徒刑，剥夺政治权利终身，并处没收个人全部财产。许某不服判决并提出上诉。

2008 年 3 月，广州市中院二审以盗窃罪判处许某有期徒刑 5 年，并处罚金人民币 2 万元，同时继续追讨其从银行 ATM 机上取出的 173826 元。

此后的一个月之内，许某不服二审判决并再次提出上诉，对于认定其犯有盗窃罪的判决，认为定性不准，无法接受。2008 年 5 月，广东省高院做出了"驳回上诉，维持原判"的终审裁定。

因为上述案件发生在广州，此案又被称为"广州许某案"。实际上，早在此案发生之前的 2001 年 3 月，相似的案件曾发生在云南何某的身上，"广州许某案"发生后，人们回过头来又把这宗曾发生在云南何某身上的相似案件贴上了"云南许某案"的标签。

"云南许某案"更是一波三折：2001 年 3 月 2 日至 3 日，云南省公安专科学校大一学生何某用自己的农行卡先后在建行、中行、工行的自动柜员机上取款 224 次，一共取出了 42.97 万元，案发 2 日后，何某退回了全部现金。3 月 5 日，何某被刑事拘留；3 月 12 日，何某被释放。同年 4 月 6 日，何某被逮捕；同年 11 月 23 日，何某又被取保候审。2002 年 3 月 11 日，何某再次被逮捕；2002 年 7 月 12 日，曲靖市中级人民法院以盗窃罪判处何某无期徒刑；何某不服提出上诉，2002 年 10 月 17 日，云南省高院二审驳回上诉，维持原判。2008 年"广州许某案"重审改判后，2009 年 11 月 24 日，云南省高院对何某案进行了改判，以何某犯盗窃罪判处其有期徒刑 8 年 6 个月；2009 年 12 月 7 日，最高人民法院下发刑事裁定书予以核准；2010 年 1 月 16 日，何某在经历了"三抓三放"后，获释出狱。

而在"广州许某案"发生后不久，英国也出现了类似情节的事件。据英国《每日邮报》2008 年 3 月 20 日报道，英国东部约克郡赫尔市的多部自动柜员机，3 月 18 日出现"储户取一赠一"的现象，即取款时自动柜员机会吐出双倍的现金。当地居民得知"好消息"后，立即叫来亲朋好友，迅速将自动柜员机内的钱取空。人们又把这宗发生在英国的类似事件贴上"英国许某案"的标签。① 相对于"广州许某案"与"云南许某案"，"英国许某案"的处理却让人大跌眼镜，事后银行方面称错在自己，客户不用归还多取的钱。

二、无罪？有罪？何罪？——众说纷纭

"广州许某案"案发后，特别是一审被判处无期徒刑后，在社会上引起了很大的反响，围绕着许某究竟是无罪还是有罪，若有罪是何罪、案件如何量刑等问题，一时间在法学界、民间及媒体上众说纷纭。

曾有统计资料显示，该案发生大约两年后，即截至 2008 年 4 月 9 日，百

---

① 宋艳. 从中英许霆案看我国人本思想［J］. 法制与经济，2008（7）：49 转 97.

度中"许某案"的相关网页约170万篇，谷歌中"许某案"的相关网页更是多达212万篇。① 似乎在本案发生后的两年间，民众的法律意识得到了空前的提高。

至于许某犯的究竟是何罪，更是七嘴八舌，莫衷一是，有盗窃罪之说，有盗窃金融机构之说，有诈骗罪之说，有信用卡诈骗罪之说，有侵占罪之说，还有无罪之说。当年，在广东省律师协会组织的有关许某案的专题研讨会上，除两人认为许某构成犯罪外，有八成以上的与会人员认为许某的行为不构成犯罪。②

借助电子文献资源，通过中国知网，进入中国知识资源总库，以"许某案"为主题进行文献检索，居然检索到了2008年至2013年六年间有关"许某案"的300多条文献记录。

在众说纷纭间，象征着公平正义的法槌落下又举起，举起又落下。尽管多数人认为许某犯有盗窃罪的主、客观要件有诸多牵强，法院一审却以盗窃罪判处许某无期徒刑，许某不服提起上诉后，法院二审还是以盗窃罪判处许某有期徒刑5年，此判决启用特别减刑制度，成为"以盗窃罪定罪后适用刑法第63条第2款的第1例"③。许某还是不服再次提起上诉，法院最终维持原判。

一宗看似普通的财产案，从法学理论界到司法实务界，有人说嫌疑人无罪，有人说其有罪，还有人说罪还很严重，而且同一个法院定罪量刑，一审判处无期徒刑，二审却仅判5年。这些令人瞠目结舌的巨大反差，本身就说明了现行法律制度的无奈与缺失，但其归根结底是立法的问题还是司法的问题？还是两者都有问题？

通过下面的分析将会看到，在数字法律模式下，许某案的定罪量刑不但简单、清晰、明了，而且还毫无争议。

---

① 王志亮. 许霆案之法学反思［J］. 湖南工业大学学报（社会科学版），2012（1）：66－71.

② 卓越. 许霆案：一场没有结束的判决［J］. 四川党的建设（城市版），2008（5）：62－63.

③ 张立刚. 许霆案中的法律解释问题［J］. 长安大学学报（社会科学版），2013（3）：52－64.

三、恶意评判分析技术——为"许某案"科学定罪

为了揭示本案的内在本质,探究本案的公平公正定罪量刑,本节基于数字法律原理,依托侵犯财产类案件的恶意评判分析技术,为本案的科学定罪奠定基础,进而达到准确量刑的目的。

如前所述,关于许某案的定罪众说纷纭,涉及多种罪名。但按本章第一节有关侵犯财产罪的恶意评判分析技术,却很容易定罪。下面从反映各种侵犯财产罪的 $x_1 \sim x_7$ 7 个基本面因素出发逐一分析。在具体分析许某案的基本面因素之前,首先分析自动售货机(VEM)、自动柜员机(ATM)这类自动交易设备的空间分割机制。

1. 自动交易设备的空间分割机制

随着社会经济的发展,自动售货机、自动柜员机等自动交易设备的使用越来越广泛。自动交易设备即通常所说的电子代理人①,它们有一个共同点,即都是通过"人—机交互"自动完成买卖交易或支付交易的。通过自动交易设备侵犯财产,一般是通过空间入侵实现的,所谓自动交易设备的空间分割机制,就是对自动交易设备所属的各部分空间,按照使用权归属对象的不同进行合理的空间分割。自动交易设备的空间分割机制对于准确把握与其相关的侵犯财产类犯罪的性质十分重要。

自动交易设备通常涉及两大空间,一是虚拟空间,二是物理空间。虚拟空间是指操纵面板、按钮、内部识别机构及内部程序;物理空间是指投币口、插卡口、识别区、吐物口、吐款口、贮物箱、贮款箱等。而无论是虚拟空间还是物理空间又可以分割为两部分,一部分是使用权属于经营方或管理方的虚拟空间或物理空间,另一部分是使用权属于交易人或当事人的虚拟空间或物理空间。其空间分割如下:

(1)经营方或管理方的虚拟空间:自动交易设备的内部识别机构及内部程序等;

(2)经营方或管理方的物理空间:自动交易设备的内部贮物箱、贮款箱等;

---

① 吴晓辉. 电子代理人若干法律问题研究 [J]. 重庆邮电大学学报(社会科学版),2007(5):1-5.

（3）交易人或当事人的虚拟空间：操纵面板、按钮等；

（4）交易人或当事人的物理空间：投币口、插卡口、识别区、吐物口、吐款口等。

图3-1和图3-2所示分别为自动售货机和自动柜员机的使用空间分割示意图，自动交易设备的使用空间归属如表3-18所示。

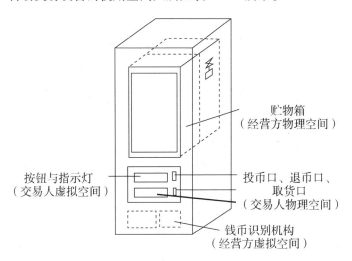

贮物箱
（经营方物理空间）

按钮与指示灯
（交易人虚拟空间）

投币口、退币口、取货口
（交易人物理空间）

钱币识别机构
（经营方虚拟空间）

图3-1 自动售货机的使用空间分割

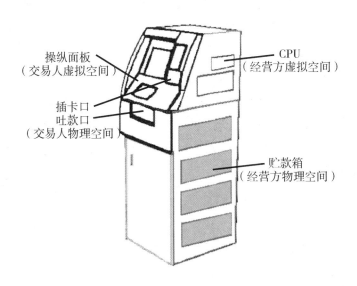

操纵面板
（交易人虚拟空间）

CPU
（经营方虚拟空间）

插卡口
吐款口
（交易人物理空间）

贮款箱
（经营方物理空间）

图3-2 自动柜员机的使用空间分割

表 3 – 18　自动交易设备的使用空间归属表

使用空间类型＼使用空间归属	经营方或管理方	交易人或当事人
虚拟空间	内部识别机构及内部程序	操纵面板、按钮
物理空间	贮物箱、贮款箱	投币口、插卡口、识别区、吐物口、吐款口

当然，有些自动交易设备不一定具备上述全部四部分空间，可能只具备上述四部分空间的某一或某几部分，如交通违法行为自助处理机，其内部识别机构及内部程序是管理方的虚拟空间，没有明显的属于管理方的涉及交易财产的物理空间；而其操纵面板属于当事人的虚拟空间，识别区、插卡口属于当事人的物理空间。

但是，交易人或当事人的虚拟空间或物理空间与经营方或管理方的虚拟空间或物理空间相比，却有很大的差异性。经营方或管理方的虚拟空间或物理空间之使用权永远归属于经营方或管理方，交易人或当事人的虚拟空间或物理空间的使用归属权却有一定的可变性，其可变性表现为：

（1）当没有交易活动时，交易人或当事人的虚拟空间或物理空间之使用权也归经营方或管理方所有；

（2）当有交易活动时，交易人或当事人的虚拟空间或物理空间之使用权暂时归交易人或当事人所有；交易活动一旦完成，其又变为归经营方或管理方所有。

这种自动交易设备之交易人或当事人的虚拟空间或物理空间的使用归属权可变性，可以称之为虚拟空间或物理空间的使用归属权暂时转移，或称之为使用归属权暂时私有化。

上述自动交易设备之交易人或当事人的虚拟空间或物理空间的使用归属权可变性，有点类似于公共厕所里的卫生单间的使用归属权可变性：当没有人进入公共厕所的某一卫生单间如厕时，这一卫生单间的使用权属于公共厕所管理者，公共厕所管理者可以随时进入其内开展保洁或设备维修等工作；当有人进入公共厕所的某一卫生单间如厕时，这一卫生单间的使用权属于如厕者本人。

再据此进行延伸分析，假若某男在公共厕所之某一卫生单间内安装了微型摄像头，则在如厕者进入安装了微型摄像头的这一卫生单间之前，该男侵犯了公共厕所管理者对这一卫生单间的使用归属权；在如厕者进入安装了微型摄像头的这一卫生单间之后，该男侵犯了如厕者对这一卫生单间的使用归属权。如此一来，若该男通过微型摄像头获取了隐私资料，则公共厕所管理者及如厕者都可以对该男的行为进行控告。

更进一步，即使某男在自家的厕所里安装微型摄像头，若来访客人的隐私权受到了侵害，则根据上述使用归属权可变性，来访客人同样可以控告其侵犯隐私权。

再回到自动交易设备的话题上来。为了对涉及自动交易设备的侵犯财产类案件进行法理分析，必须在遵循上述有关自动交易设备之空间分割机制的基础上，进行具体问题具体分析。

基于自动交易设备的空间分割机制，同时考虑自动交易设备的虚拟空间或物理空间的使用归属权可变性，可以对涉及自动交易设备的所有违法犯罪行为，在明确法事关系的基础上，确定其犯罪性质。现把涉及自动交易设备的常见违法犯罪行为举例如下。

（1）犯罪嫌疑人趁自动交易设备无人使用之机，打砸自动交易设备：属于毁坏经营方或管理方的自动交易设备，则该犯罪嫌疑人在其与自动交易设备经营方或管理方之间的法事关系上，犯有故意毁坏财物罪。若该犯罪嫌疑人破坏了自动交易设备的贮物箱、贮款箱取走款物，则进一步犯有盗窃罪或盗窃金融机构罪。

（2）犯罪嫌疑人向自动售货机内投入假硬币：是通过欺骗自动售货机内部识别机构及内部程序达到骗取货物目的的，属于入侵自动售货机经营方的虚拟空间，则该犯罪嫌疑人在其与自动售货机经营方之间的法事关系上，犯有盗窃罪。若该犯罪嫌疑人用细线拴住真硬币或假硬币，投入自动售货机骗取货物后又拉出真假硬币，也属于入侵自动售货机经营方的虚拟空间，同样犯有盗窃罪。

（3）某交易人使用自动交易设备进行合法交易时，若在自动交易设备吐出款物的瞬间，躲在其身后的犯罪嫌疑人突然冲上前去将吐出的款物抢走：属于犯罪嫌疑人入侵交易人的物理空间，则该犯罪嫌疑人在其与交易人之间的法事关系上，犯有抢劫罪。特别注意此时犯罪嫌疑人及交易人与自动交易设备经营方或管理方之间，在财产损失方面没有任何法事关系，也正因如此，此种情形下交易人款物损失后，其不可能与自动交易设备经营方或管理方就财产损失进行交涉理赔。

（4）犯罪嫌疑人非法持有他人的银行卡和密码通过自动柜员机取款，则其入侵了原银行卡合法持有人的虚拟空间和物理空间，而原银行卡合法持有人与自动柜员机经营方之间，在财产损失方面没有任何法事关系，也正因如此，此种情形下原银行卡合法持有人存款损失后，不可能与自动柜员机经营方或银行就财产损失进行交涉理赔（但自动柜员机经营方或银行有义务协助查询或调查）。

顺便指出，上述有关自动交易设备的空间分割机制及其相应的虚拟空间或物理空间的使用归属权可变性，也完全适用于分析发生在人工交易服务窗口的某些侵犯财产类犯罪。如某一取款人在银行人工交易服务窗口正常取款时，若在银行服务人员递出钱款的瞬间，排在取款人身后的犯罪嫌疑人突然从出款窗口把钱款抢走，则不能认定犯罪嫌疑人犯有抢劫银行或抢劫金融机构罪，因为发生抢劫行为时出款窗口暂时归取款人所有，属于出款窗口使用归属权暂时转移或使用归属权暂时私有化，也就是说犯罪嫌疑人是在暂时属于取款人的物理空间内抢走了钱款，并没有侵入银行系统的虚拟空间或物理空间，只能认定犯罪嫌疑人在其与取款人之间的法事关系上，犯有普通抢劫罪。在此情况下，银行的服务人员及交易系统是没有任何责任的，只是银行的保安系统因对犯罪嫌疑人窜入银行营业厅看管不严，负有一定的责任，取款人可在其与银行保安系统之间的另一法事关系方面，就自己钱款被抢一事争取一定的赔偿或补偿。

上述有关自动交易设备的空间分割机制及其相应的虚拟空间或物理空间的使用归属权可变性，为下面有关许某案的基本面因素分析及许某案的科学定罪奠定了坚实的基础。

2. 许某案的基本面因素分析

按照本章第一节第三小节有关侵犯财产罪的恶意综合评判分析技术，就许某案所涉侵犯财产罪的 7 个基本面因素，进行初步量化及梯度取值，其具体取值的确定方法如下。

（1）基本面因素 x_1——主体要件

从本案主体要件分析，属于一般主体情形，即张三、李四、王五等普通人，都有可能实现许某案类的犯罪。按前述本章第一节第三小节基本面因素 x_1 的取值规定，故 $x_1 = 2$。

（2）基本面因素 x_2——客体要件

从本案客体要件分析，属于侵犯财物所有权情形，按前述基本面因素 x_2 的取值规定，故 $x_2 = 1$。

（3）基本面因素 x_3——财产属性

从本案所涉财产属性分析，属于公私财产情形。之所以定为公私财产情形，是因为前述本章第一节所涉 14 种侵犯财产罪中不存在仅限私有财产情形，而仅限公共财产情形又仅属于职务侵犯财产罪情形，所以此种犯罪的财产属性应定为公私财产。另外，若把该类犯罪放在通过自动交易设备侵犯财产这一大类犯罪中考量，则因为有的自动交易设备是公营，有的自动交易设备是私营，其所涉财产自然应该定为公私财产。按前述基本面因素 x_3 的取值规定，故 $x_3 = 3$。

（4）基本面因素 x_4——财产形态

从本案所涉财产形态分析，属于可款类可物类财产情形。之所以定为可款类可物类财产情形，是因为若把该类犯罪放在通过自动交易设备侵犯财产这一大类犯罪中考量，则与自动柜员机相关的就是款类财产，与自动售货机相关的就是物类财产（有时也是可款类可物类财产），因此在财产形态的基本面因素上，应定为可款类可物类财产。按前述基本面因素 x_4 的取值规定，故 $x_4 = 3$。

（5）基本面因素 x_5——财产所处场所

从本案所涉财产所处场所分析，属于财产处于犯罪嫌疑方或处于公共场所情形。根据前述有关自动交易设备的空间分割机制及其相应的虚拟空间或物理空间的使用归属权可变性，许某取款时，自动柜员机的操纵面板属于许某的虚拟空间，自动柜员机的插卡口、吐款口属于许某的物理空间，即许某是在属于自己的虚拟空间内进行合法操作，又在属于自己的物理空间内获得钱款，也即许某是在处于自己的场所侵犯公私财产的，按前述基本面因素 x_5 的取值规定，故 $x_5 = 1$。

（6）基本面因素 x_6 ——侵犯财产行为的明暗程度

从本案犯罪嫌疑人侵犯财产行为的明暗程度分析，属于半明半暗侵犯情形，按前述基本面因素 x_6 的取值规定，故 $x_6 = 2$。

（7）基本面因素 x_7 ——侵犯财产的手段

从本案犯罪嫌疑人侵犯财产的手段分析，属于被动而获地侵犯情形，按前述基本面因素 x_7 的取值规定，故 $x_7 = 1$。

许某案上述 $x_1 \sim x_7$ 各基本面因素的梯度取值分别为2、1、3、3、1、2、1，将其列入表3-1中与其他14种侵犯财产罪的各基本面因素取值进行对照，并重新形成表3-19。由表3-19可以发现，许某案与表中编号为1的侵占罪的基本面因素取值完全相同，因此许某犯的既不是什么盗窃罪，也不是什么诈骗罪，更不是盗窃金融机构罪或信用卡诈骗罪，而应定罪为"侵占罪"。

对照表3-4可以发现，许某案作为"侵占罪"，其恶意系数为0.0522，其值比盗窃罪要小（盗窃罪恶意系数为0.0567），比挪用公款罪或挪用资金罪稍大（挪用公款罪或挪用资金罪恶意系数为0.0514）。至此，以自动交易设备的空间分割机制为依托，基于数字法律之恶意评判分析技术，实现了对许某案的科学定罪。

上述许某犯"侵占罪"的过程也可以用一个形象的比喻来说明：许某养了一小群羊，村集体养了一大群羊，都在许某庭院外的草地上吃草（相当于都放在了自动柜员机的贮款箱里）。临近傍晚许某想唤回自家的羊，于是打开庭院门的同时吹了一声口哨（相当于插入银行卡并输入密码），结果自家的一只羊回来了，同时村集体羊群中的10只羊也跟着进来了，许某又吹了一声口哨，结果又有自家的一只羊带着村集体的10只羊回来了。许某把这一情况告诉了邻居郭某某，郭某某也有自家的羊混在村集体的羊群里。于是许某和郭某某不停地吹各自的口哨（相当于输入各自不同的银行卡密码），结果不断地有自家的羊带着村集体的羊分别涌入许某和郭某某庭院内（相当于自动柜员机的吐款口），许某和郭某某各自趁机把所有进来的羊都留下了。从这一形象的比喻过程可以看出，这是明显的"侵占罪"。许某和郭某某取款过程中既没有侵犯自动柜员机的虚拟空间，也没有侵犯自动柜员机的物理空间，尽管他们在插入自己的银行卡输入自己的密码时，心理上都具有希望自动柜员机吐出更多的钱的主观恶意或道德恶意，但其一切实行行为都是在使用权暂时属于自己的虚拟空间和物理空间内完成的，即其一切实行行为具有合法性，与盗窃罪、诈骗罪、盗窃金融机构罪、信用卡诈骗罪等犯罪风马牛不相及。

表 3 - 19　许某案与 14 种侵犯财产罪的各种基本面因素的初步量化对比

编号	侵犯财产罪	x_1	x_2	x_3	x_4	x_5	x_6	x_7
1	侵占罪	2	1	3	3	1	2	1
2	职务侵占罪	1	2	2	3	2	2	1
3	挪用资金罪	1	2	2	1	2	2	1
4	挪用公款罪	1	2	2	1	2	2	1
5	贪污罪	1	2	2	3	2	2	1
6	盗窃罪	2	1	3	3	2	1	2
7	诈骗罪	2	1	3	3	2	3	3
8	聚众哄抢罪	2	1	3	3	2	3	4
9	故意毁坏财物罪	2	1	3	3	2	3	4
10	破坏生产经营罪	2	2	3	2	2	3	4
11	敲诈勒索罪	2	1	3	3	2	3	5
12	抢夺罪	2	1	3	3	2	3	4
13	抢劫罪	2	1	3	3	2	3	6
14	转化的抢劫罪	2	3	3	3	2	3	6
15	许某案	2	1	3	3	1	2	1
$\sum_{i=1}^{14} x_{ij}$		24	25	38	36	27	35	43

四、刑期分割机制——为"许某案"准确量刑

如前述本章第一节所述，侵犯财产类案件的总刑期，可以分割为针对具体受害对象的赔偿刑期与针对抽象受害对象的补偿刑期，因此，这类案件的定罪量刑，关键在于根据审定后的罪名分别确定其相应的赔偿刑期与补偿刑期。

根据前述侵犯财产类犯罪的刑期分割机制，许某案的量刑总刑期可按完全不能退赃退赔、部分退赃退赔和全部退赃退赔三种情形分别计算。下面的计算过程中，各常量的取值统一规定为：案发地的年最低工资标准 $Y = 19440$ 元（由案发地的月最低工资标准换算而来），服刑收益赔偿率 $\beta = 0.80$，司法解释系数 $\lambda_i = 3.00$。由本章第一节表 3 – 4 知对于侵占罪其赔偿系数 $\ln[4 + \ln(8b_i)]$ 取值 1.140，补偿刑期基准刑 $\ln(100b_i)$ 取值 1.652。

1. 完全不能退赃退赔

假定许某潜逃一年后 17 余万元赃款因投资失败而分文不剩，导致完全没有能力退赃退赔，其家属、亲友也不能就其所涉的赔偿金额给予全部或部分赔付，则其赔偿刑期与补偿刑期需要全部执行。其量刑刑期应按下列步骤确定。

假定许某所取钱款 173826 元中有 171 元的合法财产（共有 171 次取款，每次取款银行卡账户里被扣 1 元），则本案的涉案金额应为：

$$y = 173826 - 171 = 173655（元）$$

赔偿金额为：

$$\ln[4 + \ln(8b_i)]y = 1.140 \times 173655 = 197966.7（元）$$

由本章第一节表达式（3 – 3）可得赔偿刑期为：

$$T_p = \frac{1.140 \times 173655}{0.80 \times 19440} = 12.73（年） \qquad (3 - 22)$$

设犯罪情节总加权系数为 $k_z = 1.00$，则由本章第一节表达式（3 – 5）可得补偿刑期为：

$$T_b = 1.652 \times \left(\frac{173655}{19440}\right)^{\frac{1}{100}} \times 1.00 = 3.43（年） \qquad (3 - 23)$$

因此，若许某及其家属、亲友不能事先向银行退赃退赔，则许某需要执行的有期徒刑总刑期为：

$$T = T_p + T_b = 16.16（年）$$

执行期间赔偿刑期 12.73 年在先执行，并按照劳动所得以每年 $\beta Y = 0.80 \times 19440 = 15552$ 元的额度逐年或分月向银行返还赔偿；补偿刑期 3.43 年在后执行，补偿刑期内的劳动收益归国家利益体所有。

2. 全部退赃退赔

若许某及其家属、亲友事先向银行按 $\ln[4 + \ln(8b_i)]y = 1.140 \times 173655 = 197966.7$ 元的额度进行了经济赔偿，则赔偿刑期 12.73 年不再执行，只执行3.43年的补偿刑期，其间的劳动收益归国家利益体所有。

3. 部分退赃退赔

若许某及其家属、亲友仅能事先赔偿197966.7元总赔偿金额中的一部分比如104654.7元，则还需执行的赔偿刑期为：

$$T_p = \frac{1.140 \times 173655 - 104654.7}{0.80 \times 19440} = 6.00（年）$$

此种情形下许某需要执行的有期徒刑总刑期为6.00 + 3.43 = 9.43年，同样道理，执行期间赔偿刑期6.00年在先执行；补偿刑期3.43年在后执行，补偿刑期内的劳动收益归国家利益体所有。

按照上述方法，读者可以在许某及其家属、亲友事先赔偿197966.7元总赔偿金额内的任意额度的情况下，计算剩余的需要执行的赔偿刑期，再与补偿刑期合并，形成有期徒刑的总刑期。

另外，完全不能退赃退赔和部分退赃退赔情形下，在赔偿刑期没有执行完毕之前，许某及其家属、亲友随时可以按赔偿刑期每年15552元的额度向受害方银行进行赔付或代付，以使相应的赔偿刑期得以消减。但是，一旦进入补偿刑期执行期，补偿刑期不能以经济赔付或代付的方式消减。

五、"许某"类案件的规范化处理流程——规范用法，法平天下

上述有关许某案的定罪量刑过程是基于刑事的司法处理流程进行的，但是实际上，许某类案件定性为侵占罪，按照刑法有关侵占罪的罪行设定，有一个民事行为转化为刑事犯罪的过程，因此许某类案件是"民事行为转化为犯罪行为的典型案例"①。按照刑法第二百七十条规定，侵占罪只有在"非法占为己有，拒不退还"的情况下才能最终定性，也就是说只有在确认"拒不退还"后才能以侵占罪定罪，但在"合法持有"与"非法占为己有"之间，在"协商退还"与"拒不退还"之间，应该也必须有一个基于民事的司法处理流程。

由前述自动交易设备的空间分割机制可知，许某类案件当事人取款过程

---

① 王志亮. 许霆案之法学反思 [J]. 湖南工业大学学报（社会科学版），2012（1）：66 - 71.

中既没有侵犯自动柜员机的虚拟空间，也没有侵犯自动柜员机的物理空间，其一切实行行为都是在使用权暂时属于自己的虚拟空间和物理空间内完成的，即其一切实行行为具有合法性。正因如此，从"合法持有"到"拒不退还"之前，适用民事司法处理流程；确认"拒不退还"之后，适用刑事司法处理流程。如果在当事人明确表示"拒不退还"之前，就启动刑事司法处理流程，相当于对实施了合法实行行为的公民，非法地追究刑事责任，最起码也是属于用法不规范，难以服众。因此在涉案双方法律地位平等的前提下，基于法事关系的平等化原则，许某类案件的规范化处理流程应如图3-3所示。

许某类案件的规范化处理流程中有以下几点需做特别说明。

（1）在民事司法流程处理阶段，除应银行方要求警方协助查找当事人外，警方不应以刑事办案身份介入。因为警方一旦以刑事办案身份介入，就意味着进入了刑事司法流程。

（2）在民事司法流程处理阶段，银行方与当事人协商要求退还所损失财产时，当事人可以提出适当的退还条件。

（3）民事司法流程非用尽不得进入刑事司法流程。由图3-3所示流程图可以看出，银行方与当事人协商未达成退还协议可诉至法院，只有在法院裁决后当事人拒不执行时，才算达到了刑法意义上的"拒不退还"，才能进入刑事司法流程。

上述许某类案件的规范化处理流程的设定，充分体现了刑法的最后性、保守性和谦抑性。①

六、有过错就要承担过错后果的一定责任或损失——天理永远大于法理

在与"许某"案相似的案件新闻中，经常听到媒体"赃款全部追回、损失全部挽回"之类的报道，也经常听到某些法律人士或法律学者通过媒体向大众解释案件处理的"法理"依据。但是，其中有一个最基本的理念人们非常淡漠，这就是"天理永远大于公理，公理永远大于法理"的理念。

---

① 曲新久，陈兴良，张明楷，等. 刑法学［M］. 北京：中国政法大学出版社，2008：3-4.

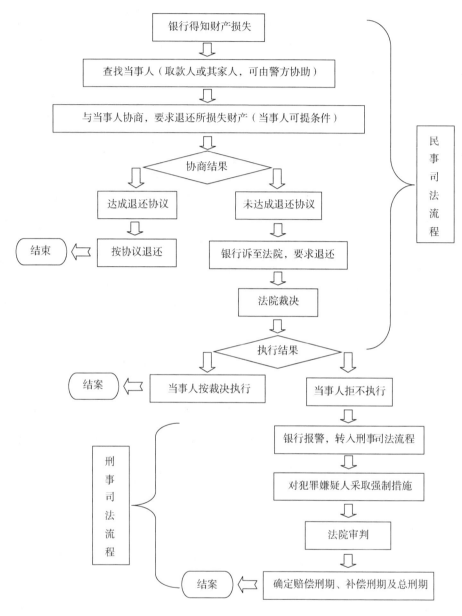

图 3-3 许某类案件的规范化处理流程

具体到"许某"案而言，许某从 ATM 机上取款，其一切实行行为完全合法；而对于银行方而言，ATM 机多吐款，属于自动交易设备的内部识别机构及内部程序出现问题，作为自动交易设备的经营方或管理方的银行是有监管不到位或检修不及时过错的。而有过错就要承担过错后果的一定责任或损失，这甚至谈不上依据什么法理，而是普世的社会公理或"天理"。

但是，许某案中 ATM 机出现故障，虽然作为经营方或管理方的银行有过错，然而在当前的司法体制下，最终由此导致的银行方的经济损失还一分不少全部追回，这有违普世的社会公理或"天理"。须知，"**天理永远大于公理，公理永远大于法理**"，也可以理解为天理是"上位理"，法理是"下位理"。

正因如此，在前述"许某"类案件的规范化处理流程的民事司法流程中，银行方面应与当事人进行协商，当事人若退还银行财产损失，银行方面应适当给予当事人经济方面的补偿，补偿多少可协商确定，这部分补偿也相当于银行作为过错方，应该为自己的过错而承担的责任或分担的损失或付出的代价。

从前述本节第三小节"许某唤羊"的形象比喻中也不难意识到，村集体的羊无缘无故地跟随许某家的羊来到许某家，村集体要求退还时，许某要求适当补偿点饲料费和照料费是合情合理的，况且村集体对羊群监管不力也是有过错的，有过错就要承担过错后果的一定责任或损失是天经地义的。

七、"影无踪"联手"草上飞"——法益保护是把双刃剑

在数字法律模式下，许某案的定罪量刑问题得到了简单、清晰、明了的解决。但前已述及，"广州许某案"案发后，特别是一审被判处无期徒刑后，在社会上引起了很大的反响，围绕着许某究竟是无罪还是有罪，若有罪是何罪、案件如何量刑等问题，一时间众说纷纭。

其中有些法律人士甚至法学专家曾言之凿凿地公开断言，说许某的罪行是抢劫金融机构罪。下面我们不妨再通过一个虚构故事，来看看如果把许某的罪行定为抢劫金融机构罪，会有什么样的后果。

飞贼"影无踪"某日从媒体上得知某法律人士说"广州许某案"的主犯罪行是抢劫金融机构罪，忽然灵机一动，感觉发财的"商机"来了。于是找到了当地乞丐"草上飞"，两人闭门密谋了一番，就开始行动作案了。

飞贼"影无踪"到某一自动柜员机上取款 2000 元，乞丐"草上飞"紧随其后。正当 ATM 机吐出现金的瞬间，乞丐"草上飞"一个箭步冲上去，

迅速从吐款口把 2000 元现金抢跑了。

按照有些法律人士针对"广州许某案"的结论，乞丐"草上飞"的行为，更是名副其实的抢劫金融机构罪了。但是由于乞丐"草上飞"长期流浪在外，虽然 ATM 机有监控录像，乞丐"草上飞"却因居无定所、行无定踪而未能被抓捕归案。飞贼"影无踪"于是来到 ATM 机所属银行，指控有一乞丐抢劫金融机构，导致其从 ATM 机上提取的 2000 元现金被抢走，其在 ATM 机上依法完成的取款操作没有兑现，要求重新给付现金 2000 元。于是银行只得重新给付飞贼"影无踪"2000 元现金。

事后，飞贼"影无踪"与乞丐"草上飞"偷偷来到事先约定地点，将事先抢到的 2000 现金按三七开比例瓜分。然后，飞贼"影无踪"与乞丐"草上飞"又相约到其他 ATM 机上作案去了。

数月下来，飞贼"影无踪"频频报案有人抢劫银行，乞丐"草上飞"迟迟不能归案，银行频频向飞贼"影无踪"额外付款。此作案手法迅速外传，其他飞贼、乞丐等社会闲散、流浪人员纷纷效仿，银行损失惨重，苦不堪言。

但是，按照前述自动交易设备的空间分割机制，以及自动交易设备之交易人或当事人的虚拟空间或物理空间的使用归属权可变性，案发时乞丐"草上飞"是入侵飞贼"影无踪"的自动交易设备之物理空间，则乞丐"草上飞"在其与飞贼"影无踪"之间的法事关系上，犯有抢劫罪。特别注意此时乞丐"草上飞"及飞贼"影无踪"各自与自动交易设备经营方或管理方或银行之间，在财产损失方面没有任何法事关系，自然就不存在乞丐"草上飞"抢劫金融机构或抢劫银行之说了。

那么，为什么有些法律人士甚至资深法律学者把此类犯罪归结为抢劫金融机构或抢劫银行呢？可能这些法律人士或者资深法律学者的初衷是想尽量保护银行的法益。须知，在特定的法事关系中，法事关系各方的法益总和是一定的，过分地保护一方的法益，必然会损害另一方或另几方的法益。从另一角度考虑，法益保护是把双刃剑，过分地保护一方的法益，往往会使其遭受更大的损失。

第三节 基于数字法律的"李某某运钞车 劫案"的法事关系处理

一、劫案案情回顾

2016 年 9 月 7 日，辽宁省大石桥市发生一起运钞车劫案，当地中国农业银行的一辆运载有 3500 万元现金的运钞车，被一名犯罪嫌疑人李某某（男，35 岁，系某金融押运公司运钞车司机）持枪状物体抢走押运的人民币 600 万元。经警方全力追查，赃款被全部追回。

犯罪嫌疑人李某某的家人称，李某某及其家人因承包工程，被发包方拖欠工程款，欠下了巨额"三角债"，还曾四处借债甚至高利贷支付农民工工资。在还债清单上，共记录着 29 位债主，其中欠款金额最高为 45 万元，最低为 600 元，欠款总金额为 205.06 万元。表 3 – 20 所示为其还债清单。

表 3 – 20 运钞车劫案嫌疑人还债清单及法事关系汇总

债主	欠款（万元）	法事关系数	债主	欠款（万元）	法事关系数
"大脑袋"	5.9	1	高利贷债主	30	1
赵某	3	1	×××	4.5	1
某刚	2	1	×××	20	1
某军	3	1	×××	15	1
×××	5	1	×××	0.06	1
×××	0.5	1	×××	0.8	1
×××	45	1	×××	0.5	1
×××	0.5	1	×××	1.8	1
×××	25	1	×××	1.5	1
×××	30	1	×××	0.4	1
×××	0.5	1	×××	0.2	1
×××	0.1	1	×××	1.6	1
×××	0.3	1	×××	0.5	1
×××	0.2	1	×××	0.2	1

债主	欠款（万元）	法事关系数	债主	欠款（万元）	法事关系数
×××	7	1	合计	205.06	民事关系 29 个
劫案所涉单位：中国农业银行	600	1	已追回赃款金额	600	法事关系数：刑事关系 1 个

之前为了摆脱"三角债"危机，犯罪嫌疑人把自己房子卖了还债，一家三口借居亲戚家的一套二居室生活。

据媒体披露，犯罪嫌疑人从案发后至到案前，已归还了四笔欠款，其中包括"大脑袋"的 5.9 万元欠款，赵某的 3 万元欠款，高利贷债主的 30 万元欠款，还有一笔 4.5 万元的欠款。

其中 30 万元的高利贷每月利息两万元，对方催得紧，如果 9 月初不还，利息就变成每月三万元了，犯罪嫌疑人抢劫运钞车得手后，首先还的就是这笔钱。

其中针对 5.9 万元的欠款，犯罪嫌疑人又来到债主所在的洗浴中心大厅当面归还。债主后来得知这笔钱是犯罪嫌疑人抢劫运钞车得来的，又赶紧把钱交到了公安局。

其中针对 3 万元的欠款，犯罪嫌疑人又来到赵姓债主所在的超市门口当面归还。

熟悉犯罪嫌疑人的人评价说，犯罪嫌疑人李某某平时比较讲情义，也孝顺，没想到他会去劫持运钞车。犯罪嫌疑人持枪劫持运钞车案发后，给这个原本负债累累的家庭又蒙上了一层阴影。

二、"赃款"以及"欠款"

为了在数字法律模式下分析"李某某运钞车劫案"，首先需要分清楚前一小节劫案案情回顾中所涉及的"赃款"与"欠款"两个概念。

在"李某某运钞车劫案"中，牵扯到了"赃款"与"欠款"两个概念，涉及了两大类法事关系，即刑事法事关系和民事法事关系，如表 3 - 20 所示。

第一类法事关系是犯罪嫌疑人李某某与劫案所涉单位当地中国农业银行（连同金融押运公司）之间的法事关系，这是一个刑事法事关系。在这一刑事法事关系中，李某某的身份是犯罪嫌疑人，当地中国农业银行（连同金融押运公司）是具体受害对象。这一法事关系中所涉及的款项即为"赃款"。

第二类法事关系是债务人李某某（连同其亲属）与 29 位债权人之间的法事关系，这类法事关系是民事法事关系。在这类民事法事关系中，李某某的身份是债务人，29 位债主是债权人。这类法事关系中所涉及的款项即为"欠款"。

厘清本案中所涉及的法事关系类别、数量，分清两类法事关系中所涉及钱款的性质、归属，对于判断司法办案过程中的合法性以及对刑事案件定罪量刑的准确性都具有十分重要的意义。

三、还款追回争议

在数字法律模式及现代司法理念下分析劫案案情以及与其相关的各种刑事法事关系与民事法事关系，感觉还款追回是有争议的，下面首先讨论还款追回的合理性。

由本节第一小节可知，本案犯罪嫌疑人李某某为了尽快摆脱债务危机，抢劫运钞车得手后，迅速用"赃款"向各债主返还"欠款"。

但是，公安机关办案人员在办案过程中，不但努力追回了劫案所涉及的绝大部分"赃款"，同时也把犯罪嫌疑人已经归还了的四笔欠款也一同追回。追回还款的办案程序涉嫌"违法"，为什么呢？

由第二章第三节第二小节法事关系平等化的司法理念可知，任何法事关系相互之间都是平等的，没有孰重孰轻、谁主谁次之分。法事关系平等化的司法理念又可以引申出另一司法理念，即不能为了恢复、修复或复原某一个或某几个法事关系，而去破坏另一个或另几个原本合法的法事关系。或者再引申出又一司法理念，即原本合法的法事关系神圣不可侵犯。

由表 3-20 及前述分析可知，李某某运钞车劫案共涉及 30 个法事关系，其中包括犯罪嫌疑人李某某与劫案所涉单位当地中国农业银行之间的一个刑事法事关系，以及债务人李某某（连同其亲属）与 29 位债权人之间的 29 个民事法事关系。根据法事关系平等化的司法理念，这 30 个法事关系之间具有平等性，没有孰重孰轻、谁主谁次之分。

再由本节第一小节可知，犯罪嫌疑人抢劫运钞车得手后，首先归还了四笔欠款，即"大脑袋"的 5.9 万元欠款，赵某的 3 万元欠款，高利贷债主的

30 万元欠款，还有一笔 4.5 万元的欠款。这些还款过程的本质，是债务人李某某对 4 个民事法事关系的恢复、修复或复原过程，且其恢复、修复或复原过程是完全合法的。如李某某来到债主所在的洗浴中心大厅当面归还"大脑袋"的 5.9 万元欠款时，5.9 万元归还款作为一般等价物，其上没有"赃款"标记，这一还款过程完全符合"欠债还钱"的民事行为准则，是纯粹的民事法事关系的恢复、修复或复原过程，是完全合法的。又如李某某来到赵姓债主所在的超市门口当面归还 3 万元欠款时，3 万元归还款上也没有"赃款"标记，这一还款过程也是完全合法的。

因此，基于上述案情，公安机关办案人员在办案过程中，无论是强行追回还是被动接收上述四笔还款，都是为了达到恢复、修复或复原犯罪嫌疑人李某某与劫案所涉单位当地中国农业银行之间的刑事法事关系的目的，进而破坏了已经被债务人李某某合法恢复、修复或复原的民事法事关系，这违背了法事关系平等化的司法理念，自然其办案程序涉嫌"违法"。

四、劫案定罪量刑

下面以数字法律模式下的刑期分割机制为基础，对"李某某运钞车劫案"进行程序化定罪量刑。

由本节第一小节可知，劫案所涉赃款金额共计 600 万元，并已被全部追回。定罪量刑过程中，各常量的取值还是统一规定为：案发地的年最低工资标准 $Y = 19440$ 元（由案发地的月最低工资标准换算而来），服刑收益赔偿率 $\beta = 0.80$，司法解释系数 $\lambda_i = 3.00$。由本章第一节第三小节表 3-4 知对于抢劫罪其赔偿系数 $\ln[4 + \ln(8b_i)]$ 取值 1.325，补偿刑期基准刑 $\ln(100b_i)$ 取值 2.289。

1. 赔偿刑期的确定

赔偿金额为：

$$\ln[4 + \ln(8b_i)])y = 1.325 \times 6000000 = 7950000（元）$$

考虑到 600 万元赃款被全部追回，相当于犯罪嫌疑人及其家属对赔偿刑期进行了部分赔付，则由本章第一节第四小节表达式（3-4）可得剩余赔偿刑期为：

$$T_p = \frac{1.325 \times 6000000 - 6000000}{0.80 \times 19440} = \frac{1950000}{0.80 \times 19440} = 125.39（年）$$

$$(3 - 24)$$

2. 补偿刑期的确定

由本章第一节第四小节，确定各具体犯罪情节加权系数如下：$k_1 = 1.50$、$k_2 = 1.00$、$k_3 = 1.10$（按持钝物计）、$k_4 = 1.00$、$k_5 = 1.00$、$k_6 = 0.90$、$k_7 = 0.70 \sim 0.90$（由法官自由裁量）、$k_8 = 1.00$、$k_9 = 1.00$、$k_{10} = 1.00$、$k_{11} = 1.00$、$k_{12} = 0.90 \sim 1.10$（由法官自由裁量），其中 k_6 的取值按受害对象是本单位处理，即先把李某所在的金融押运公司与当地中国农业银行看成一体，至于由本案所造成的金融押运公司损益，再按其与当地中国农业银行的内部押运协议处理。k_7、k_{12} 取值由法官自由裁量。

由此得犯罪情节总加权系数的取值区间为 $k_z \approx 0.94 \sim 1.47$，则由本章第一节第四小节表达式（3-7）可得补偿刑期为：

$$T_b = 2.289 \times \left(1 + \frac{6000000}{19440}\right)^{\frac{1}{3.00}} \times (0.94 \sim 1.47) = 14.56 \sim 22.76（年）$$

$$(3 - 25)$$

可见，在"李某某运钞车劫案"的具体案情下，李某某服刑的赔偿刑期为125.39年，需要在先执行，执行期间的劳动所得逐年或分月通过某种途径向具体受害对象（金融押运公司与当地中国农业银行）支付；补偿刑期在14.56与22.76年之间，应该在后执行，执行期间的劳动所得归国家利益体所有。

如果在刑期执行之前，李某某家属及其亲友能够及时赔偿具体受害对象195万元，则李某某的125.39年的赔偿刑期可以不再执行，只需执行14.56~22.76年之间的某一补偿刑期。①

再设想一下，如果李某某抢劫600万元人民币得手后完成的四笔还款43.4万元不再追回，那么李某某的赔偿刑期与补偿刑期又各是多少呢？这一

---

① 2017年11月9日，"李某某运钞车劫案"一审宣判，李某某以抢劫罪被判处有期徒刑15年，并处罚金人民币5万元。可见，目前的刑法审判体系，是一种以抽象受害对象为主即以国家利益体为主的刑法审判体系，审判结果只大体补偿了抽象受害对象即国家利益体的损失，而具体受害对象的精神损害没有得到赔偿。另外，人民币5万元的罚金在基于数字法律的刑法体系下没有必要。

问题留给读者自行计算与分析。

五、走投无路设计——犯罪人角度

显而易见，"李某某运钞车劫案"主犯是现代社会背景下走投无路者的一个缩影，走投无路与违法犯罪又是现代社会背景下的一对孪生兄弟。

就刑法而言，走投无路设计包括两层含义：一是不同罪行在刑罚梯度上应该形成合理的空间分布，并留出适当的法律空子，以便使走投无路者在被迫铤而走险、以身试法时，有一定的选择余地；二是，走投无路者在被迫铤而走险、以身试法时也需要懂点数字法律知识，尽量使犯罪行为的社会危害性、个人危害性及家庭连累性降至最低。

下面在数字法律视野下，站在"李某某运钞车劫案"主犯的角度，分析作为一名走投无路者被迫铤而走险、以身试法时的应对策略。

由本节第一小节劫案案情回顾可知，李某某及其家人因承包工程，被发包方拖欠工程款，欠下了巨额"三角债"，欠款总金额为205.06万元，还曾四处借债甚至高利贷支付农民工工资。在还债清单上，共记录着29位债主。

面对这个负债累累的家庭，平时讲情义又孝顺又是家庭顶梁柱的犯罪嫌疑人李某某，肯定要想方设法摆脱这一困境。那么犯罪嫌疑人会想到哪些摆脱困境方法呢？这些方法的脱困可能性与脱困时效性如何？这些方法会产生怎样的社会危害性、个人危害性及家庭连累性？不妨将这些摆脱困境方法及其相应的可能性、时效性、危害性、连累性进行权衡分析并列入表3-21中。

表3-21 走投无路者摆脱困境方法权衡分析表

序号	摆脱困境方法	脱困可能性	脱困时效性	社会危害性	个人危害性	家庭连累性	综合值
1	司法途径	D	E	A	A	A	12
2	继续借贷	C	D	B	B	B	13
3	杀人放火	E	B	E	E	E	22
4	坑蒙拐骗偷	B	C	D	D	D	17
5	抢劫银行	A	A	C	C	C	11

注：梯度等级取值 A=1，B=2，C=3，D=4，E=5。

表中列出了五种摆脱困境方法，其中司法途径、继续借贷两种摆脱困境方法为正当途径，杀人放火、坑蒙拐骗偷、抢劫银行三种摆脱困境方法为犯罪途径。对其相应的脱困可能性、脱困时效性、社会危害性、个人危害性、家庭连累性的影响度进行权衡分析，划分为 A、B、C、D、E 五个梯度等级，各梯度等级简单量化取值分别为 1、2、3、4、5。则五种摆脱困境方法在脱困可能性、脱困时效性、社会危害性、个人危害性、家庭连累性等方面影响度的梯度等级分布如表 3 - 21 各列所示。

下面对其影响度的梯度等级分布的确定过程进行简单说明。

脱困可能性方面：是指筹措到 205.06 万元欠款并进而解决家庭负债的难易程度。对犯罪嫌疑人李某某而言，在五种方法当中，抢劫银行确定为 A，因为李某某本身就是运钞车司机，最容易实施作案，运钞车上有现金 3500 万元之多，因而也最容易凑够 205.06 万元欠款；坑蒙拐骗偷确定为 B，因为相对于抢劫银行，确定坑蒙拐骗偷的对象比较困难，实施作案后能否凑够 205.06 万元欠款也是问题；继续借贷确定为 C，因为在此之前李某某及其家人已经四处借债甚至不惜借高利贷，再找到借贷对象比较困难，即使找到借贷对象能否凑够 205.06 万元欠款也是问题；司法途径确定为 D，虽然三角债、工程拖欠款确实可以通过司法途径解决，但三角债、工程拖欠款可能仅涉及 205.06 万元欠款中的一部分，况且司法途径解决需要一定周期，即使打赢了官司，还有可能存在执行难的问题，而且从另一方面考虑，若司法途径解决起来容易，李某某及其家人就没必要再借高利贷了；杀人放火确定为 E，因为杀人放火对象不易确定，杀人放火需要一定体力，杀人放火后能否凑够 205.06 万元欠款更是未知数。

脱困时效性方面：是指筹措到 205.06 万元欠款并进而解决家庭负债的时间长短。在五种方法当中，抢劫银行确定为 A，因犯罪嫌疑人李某某身为运钞车司机，有作案便利条件，筹款最快；杀人放火确定为 B，因为杀人放火成功后，就有可能拿到钱；坑蒙拐骗偷确定为 C，因为要凑够 205.06 万元欠款，可能需要确定许多坑蒙拐骗偷对象，且坑蒙拐骗偷涉及环节多，没有杀人放火那么直截了当；继续借贷确定为 D，因为确定继续借贷对象比确定坑蒙拐骗偷对象更难，继续借贷对象确定后，对方有没有钱、能不能借，都存在很多不确定因素；司法途径确定为 E，同样因为司法途径解决需要一定周期，即使打赢了官司，还有可能存在执行难的问题，从而导致筹款时间更长。

社会危害性、个人危害性、家庭连累性方面，按照同样的分析方法，可确定不同的摆脱困境方法对应的影响度的梯度等级如表 3 – 21 所示，读者可以自行分析。

确定了五种摆脱困境方法在脱困可能性、脱困时效性、社会危害性、个人危害性、家庭连累性等方面影响度的梯度等级分布后，计算每一种方法对应各梯度值之和，作为综合值列入表 3 – 21 的最后一列。

从各种摆脱困境方法的综合值大小可以看出，抢劫银行方案对应的综合值最小，说明抢劫银行方案对应的脱困可能性较大，脱困时效性较快，社会危害性、个人危害性、家庭连累性等方面的综合危害较小。因此，对犯罪嫌疑人李某某而言，抢劫银行是其摆脱目前家庭困境的综合性最好的方法。

由此可见，若不同罪行在刑罚梯度上形成合理的空间分布，并保留适当的法律空子，则有利于走投无路的犯罪分子在选择犯罪手段时使其社会危害性降至最低。具体到"李某某运钞车劫案"而言，犯罪嫌疑人李某某在通过正当途径摆脱家庭及个人困境希望渺茫的情况下，选择抢劫银行的犯罪途径来尽快摆脱家庭及个人困境，从而避免了更多的其他坑蒙拐骗偷等刑事案件的发生，避免了更残忍的、社会危害性更大的杀人放火等刑事案件的发生，相应地也避免了更多、更悲惨的人间悲剧的发生。因此，从犯罪成本尽可能低、社会危害性尽可能小、社会和谐程度尽可能高的角度考虑，刑罚应该为走投无路者保留适当的法律"空子"。

六、劫案后果权衡——整体社会后果

下面再结合数字法律理念，对不同情况下劫案的社会后果进行更详细的权衡分析。

运钞车劫案犯罪嫌疑人及其家人欠款总金额为 205.06 万元，涉及 29 位债主，涉及拖欠工程款的官司数量不详，涉及三角债的官司数量不详。

拖欠 29 位债主的 205.06 万元欠款，将会影响债主多方面的生计、生产问题，如债主的衣食住行、婚丧嫁娶、养老育婴、就医就学、购买原材料、购进设备、雇工扩大再生产，等等。假定针对 29 位债主的 29 笔欠款，每笔欠款平均涉及上述三个生计、生产问题，再考虑到债务人李某某及其家人也同样涉及上述生计、生产问题，则 205.06 万元欠款共涉及约 90 个生计、生

产问题，即李某某运钞车劫案发生前，因 205.06 万元欠款不能归还至少有约 90 个生计、生产问题无法解决或受到很大影响。

举例来说，"大脑袋"因有 5.9 万元欠款不能收回，则其为孩子买奶粉的钱可能就要紧缩了，或者其所买奶粉的品牌、档次就要更换或降低了；自己或家人的阑尾手术可能也要推迟了；预计要购买的价值 3 万元一套的生产设备可能也要放弃了；或者预计要增加的一个临时雇工可能也要推迟了。如此等等，这些都是因李某某及其家人针对"大脑袋"的 5.9 万元欠款不能及时归还，而可能涉及的无法解决或受到很大影响的生计、生产问题。

由此看来，运钞车劫案发生前，205.06 万元欠款所导致的家庭、社会问题现状是：30 个债权、债务人之间大约 90 个生计、生产问题无法解决或受到很大影响；李某某大约 1700 多元的月工资相对欠款而言也是杯水车薪；李某某及其家人还要为拖欠工程款或三角债的官司而奔波。

如本节第五小节分析可知，如果李某某不急于摆脱当前困境，或者对于当前所处困境无可奈何、听之任之，则其一般会选择司法途径或继续借贷的正当途径寻求问题的解决；而李某某急于摆脱当前困境，则其选择司法途径或继续借贷的正当途径的可能性很小，转而考虑选择杀人放火、坑蒙拐骗偷、抢劫银行等犯罪途径的可能性很大。

下面分析选择抢劫银行的犯罪途径摆脱当前困境时，可能产生的整体社会后果。考虑到借贷利息，假定李某某及其家人需要 220 万元才能还清全部欠款（比 205.06 万元多出来的部分为借贷利息），因而犯罪人李某某在运钞车劫案中仅抢劫了 220 万元而不是 600 万元；又假定李某某在作案后至到案前全部归还了 205.06 万元欠款及其相应借贷利息；根据前述法事关系平等化的司法理念，还假定合法归还的欠款不能无缘无故地被随意追回。

如此一来，在整体社会后果方面，李某某运钞车劫案的积极效果是：205.06 万元欠款所导致的大约 90 个生计、生产问题得到了圆满解决；消极效果是：当地中国农业银行承受 220 万元的经济损失，且犯罪嫌疑人李某某要承受相应的刑罚惩罚。下面具体确定在数字法律模式下，抢劫了 220 万元后李某某所应承受的刑罚后果。

1. 赔偿刑期的确定

赔偿金额为：

$$\ln[4 + \ln(8b_i)])y = 1.325 \times 2200000 = 2915000 \text{（元）}$$

假定 220 万元被全部用于归还欠款及其相应借贷利息，犯罪嫌疑人及其家属也不能对赔偿刑期进行部分或全部赔付，则由本章第一节第四小节表达式（3 - 3）可得赔偿刑期为：

$$T_p = \frac{1.325 \times 2200000}{0.80 \times 19440} = 187.44 \text{（年）} \tag{3 - 26}$$

2. 补偿刑期的确定

由本节第四小节知，犯罪情节总加权系数的取值区间为 $k_z \approx 0.94 \sim 1.47$，则由本章第一节第四小节表达式（3 - 7）可得补偿刑期为：

$$T_b = 2.289 \times \left(1 + \frac{2200000}{19440}\right)^{\frac{1}{3.00}} \times (0.94 \sim 1.47) = 10.44 \sim 16.32 \text{（年）}$$
$$\tag{3 - 27}$$

将上述分析结果归纳汇总于表 3 - 22，表 3 - 22 列出了李某某实施抢劫银行犯罪在整体社会后果方面所带来的积极效果与消极效果，并与不实施抢劫银行犯罪而选择维持现状情况下的积极效果与消极效果进行对比。

表 3 - 22　运钞车劫案整体社会后果权衡分析表

序号	摆脱困境方法	积极效果	消极效果
1	维持现状	通过司法途径或继续借贷等正当途径寻求摆脱困境，无人身安全、刑事责任等风险	众多债主及罪犯家人长期遭受约 90 个生计、生产问题的困扰，增加了社会不和谐、不稳定因素
2	抢劫银行，按法事关系平等化的司法理念处理	众多债主及罪犯家人的约 90 个生计、生产问题得到尽快、圆满解决	银行承受 220 万元的经济损失，但可能通过罪犯赔偿刑期部分收回。罪犯承受 187.44 的赔偿刑期及 10.44 ~ 16.32 年的补偿刑期，但其中 187.44 年的赔偿刑期可能通过家人的经济赔偿得到部分或全部消减
3	抢劫银行，不按法事关系平等化的司法理念处理	银行不必承受 220 万元的经济损失	众多债主及罪犯家人长期遭受约 90 个生计、生产问题的困扰，增加了社会不和谐、不稳定因素。罪犯承受至少十年以上的有期徒刑、无期徒刑或者死刑，并处罚金或者没收财产

如果按照目前的司法体制现状，不考虑法事关系平等化的司法理念，即 220 万元抢劫款被全部追回，把运钞车劫案宣判后最终的整体社会后果也列

入表 3 – 22。

可见，如果犯罪嫌疑人以大约 220 万元的额度通过运钞车劫案实施抢劫银行，如果按照基于数字法律的法事关系平等化的司法理念来处理此案，则以银行承受 220 万元经济损失以及罪犯承受 187.44 年赔偿刑期和 10.44 与 16.32 年之间某一补偿刑期为代价，换来了与众多债主及罪犯家人相关的约 90 个生计、生产问题的尽快、圆满解决，况且银行 220 万元的经济损失有可能通过罪犯赔偿刑期部分收回，罪犯 187.44 年的赔偿刑期也有可能随着罪犯家人经济收入状况的改善而得到部分或全部消减。

如果不按照基于数字法律的法事关系平等化的司法理念来处理此案，而在目前的司法体制现状下处理此案，则银行虽然不必承受 220 万元经济损失，而与众多债主及罪犯家人相关的约 90 个生计、生产问题不但一个也没有得到解决，而且罪犯要承受至少十年以上的有期徒刑、无期徒刑或者死刑，并处罚金或者没收财产，并且如此的判决结果不但对罪犯及其家人目前所处困境毫无补救，而且还使其雪上加霜。由此可见，相较于基于数字法律的法事关系平等化的司法理念而言，目前的司法体制并不是追求社会整体效果最优化的司法体制。

结合表 3 – 21 中其他刑事犯罪性质的摆脱困境方法，对相应的整体社会后果进行权衡分析，可以发现犯罪嫌疑人李某某为摆脱个人及家庭困境而不惜铤而走险抢劫银行的抉择，对其个人及家庭而言，于"玉碎"中追求着瓦全，在无奈中闪耀着"智慧"。

第四节　基于数字法律的性侵类案件定罪量刑的一揽子解决方案

一、引子

案例［1］：张三处长和李四司机去外地出差，晚上酒足饭饱之后去某 KTV 娱乐场所消遣。由于适逢周末生意红火，店里只剩王小五、赵小六两位陪侍女被叫到了两人面前供挑选。

陪侍女王小五长得高大壮实，看上去身高足有 1.6 米，但姿色一般；而陪侍女赵小六看上去身高不足 1.5 米，生得小巧玲珑，姿色迷人。

再看这两个男人：张三处长虎背熊腰啤酒肚，身高足有 1.8 米，体重足有 85 千克；而李四司机细胳膊小腿矮个头，身高仅有 1.6 米，体重不足 50 千克。店里叫出这两位陪侍女说是供这两个男人挑选，其实他们没有什么挑选的余地了。李四司机看着眼前这情景，再斜眼一看张三处长正盯着小巧玲珑的赵小六淫笑，忙先开口选了高大壮实姿色一般的王小五，自然张三处长如愿选中了小巧玲珑姿色迷人的赵小六，两男人带着各自的陪侍女去了各自的包房。

正巧当晚警察查房扫黄，众嫖客及陪侍女被带回审查。一查户籍，高大壮实的王小五差 3 个月满 14 周岁，而小巧玲珑的赵小六的 14 周岁生日刚过了 3 个月。

李四司机按嫖宿幼女罪被立案公诉，依法判处有期徒刑 5 年，并处罚金 3 万元；张三处长按一般治安管理案件被依法进行治安管理处罚，拘留 10 日并处罚金 3000 元。

案例 [2]：某夏日晚，要过 18 周岁生日的男生孙七和要过 14 周岁生日的女生周小八这对邻里男女相约一起去过生日。吃饭喝酒猜拳作乐后，孙七约周小八散步，来到一废弃瓜棚，孙七因酒一时兴起，将有几分醉意的周小八强行抱进瓜棚实施了强奸，两人直到次日天蒙蒙亮才各自回家。回家后周小八在家人陪同下报案控告孙七强奸。

案件立案后事实清楚，但案发时间无法具体确定，强行发生性关系是在过生日当晚的 12 点以前呢还是 12 点以后？还是 12 点前后都有经过？他们谁也说不清楚，因为他们当时也没戴表也没有电视也没上网。案发时间的不确定给案件的定罪量刑带来了困难：若当晚 12 点前强行发生性关系，则对女方而言还是幼女，而对男方而言却属于未成年；若当晚 12 点后强行发生性关系，则案件不能定性为奸淫幼女，而对男方而言已属于成年犯罪。因为此案太纠结，至今未判。

案例［3］①：汉中赵某男误打电话认识马某女，之后马某托赵某代买火车票。赵某谎称火车票买到，骗马某来取票。见面后又谎称车票在朋友处，次日才能取到。随后赵某在马某所住招待所房间内欲强行与马某发生性关系，马某欲用手机报警被赵某夺下，马某逃离。

两日后马某要求赵某退还手机，赵某以退还手机为名，将马某骗至某县某镇，又以去朋友处取手机为由，将马某拉至附近废弃工棚内强奸。三小时后又将马某拉至河滩地，对其威胁殴打后，再次强奸。

最终赵某被判处有期徒刑7年，附带民事赔偿911.40元。赵某不服判决上诉，二审被驳回。

上述引子中的案例是部分性侵类案件及其判例。刑法中涉及性侵类案件的罪行设定主要有三条，分别是第二百三十六条强奸罪，第二百三十七条强制猥亵、侮辱妇女罪与猥亵儿童罪，第三百六十条嫖宿幼女罪。

从上述案例不难发现，基于当前刑法体制的司法审判在涉案个体的公平正义方面存在很大的问题，而这些问题的主要根源在于作为成文法的刑法存在先天性的法律缺陷，这些先天性法律缺陷就是第一章第一节第一小节所归纳总结的如定罪跳跃性、量刑阶梯性和司法自由性。

在数字法律模式下处理性侵类案件的定罪跳跃性、量刑阶梯性和司法自由性问题，更能体现数字法律模式的优越性。下面以数字法律为基础，从顶层设计的角度构建性侵类案件定罪量刑的一揽子解决方案。

根据第二章第四节第二小节，对于对具体受害对象仅涉及精神损害和生理伤害的性侵类案件，可以首先确定犯罪人的总刑期，然后再通过一定的分割机制将总刑期划分为，针对具体受害对象的赔偿刑期与针对抽象受害对象的补偿刑期。

二、性侵案定罪量刑的一揽子解决方案

性侵类案件有诸多共同点，从涉案对象方面来讲，都要涉及男女关系；从犯罪主、客体方面来讲，都是形成了"寻欢作乐——伤害"或"蓄意报复

---

① 中国法制出版社. 刑事法律司法解释判例小全书［M］. 北京：中国法制出版社，2010：738.

——伤害"的事实关系，即对加害人而言，是以"寻欢作乐"或"蓄意报复"为目的并有既遂，而对受害人而言，是以"伤害"为结果。所谓这类案件基于数字法律的定罪量刑的一揽子解决方案，是指以数字法律为基础，将涉及男女关系的性侵类案件放在一个程序下研判，以刑法中针对性侵案的某一具名定罪为基准，以主、客观犯罪情节的数字量化结果为依据，通过某种算法对各种性侵案进行统一定罪量刑。

1. 无情节性侵函数的构建

以数字法律为基础对性侵类案件进行定罪量刑的基本思路是，首先确定与性侵案量刑刑期有直接关系的某种可量化主要要素或主要属性，并构建这种可量化主要要素或主要属性与量刑刑期之间的对应关系，然后以其他犯罪主、客观情节的数字量化结果对量刑刑期进行加权修正，最终获得一个总刑期的刑罚参考结果。

对于性侵类案件而言，与量刑刑期有直接关系的可量化主要要素或主要属性可选择涉案男女的年龄。涉案男女年龄要素与量刑刑期之间的对应关系，可以通过构建某种函数关系加以确立，也可以在以往经验和统计数据的基础上通过直接构建映射表或三维数字脉谱图的方式加以确立。为了尽显公平性，最大限度地消除阶梯性，本书通过构建无情节性侵函数的方式加以确立。

所谓无情节性侵函数，是指假定性侵案涉案男女偶遇发生随机性侵，且在假定涉案男女除年龄要素之外其他自然属性都为正常成年男女自然属性的情况下，以刑法中针对性侵案的某一具名定罪为基准，所构建的涉案男女年龄要素与量刑刑期之间的函数对应关系。本书构建无情节性侵函数时选择的具名定罪基准为强奸罪。

无情节性侵函数定义如下：

$$T_x = a_1 + a_2 \lg(1 + | x - y |) \cdot \lg\left(\left(\frac{x}{y} + \frac{y}{x}\right)/2\right) \qquad (3-28)$$

式中：T_x——量刑刑期（单位：年）

a_1、a_2——常数

x——性侵案涉案女方年龄（单位：岁）

y ——性侵案涉案男方年龄（单位：岁）

由于上述无情节性侵函数以强奸罪为定罪基准，不妨设定 $a_1 = 3$，$a_2 = 4$，则由式（3 – 28）可得性侵案涉案男女年龄要素与量刑刑期之间的量化对应关系，其结果如图 3 – 4 所示。

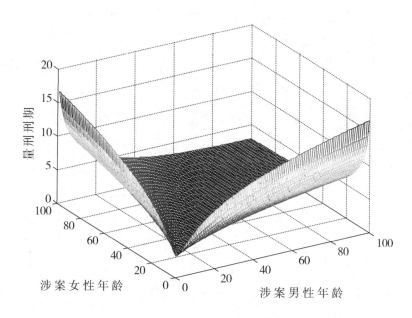

图 3 – 4　性侵案涉案男女年龄与量刑刑期的量化对应关系

从图 3 – 4 所示的计算结果可以得到如下两个结论。

（1）发生无情节强奸案时，若涉案男女年龄越接近，则量刑刑期越低；相反，若涉案男女年龄差别越大，则量刑刑期自然加大。这样的处理结果，一方面与强奸案受害方的伤害程度相适应，另一方面也与对强奸案加害方惩罚的社会预期相吻合。不言而喻，25 岁的男性强奸 60 岁的女性，或者 60 岁的男性强奸 5 岁的幼女，其主观恶性、社会危害性以及对女方造成的伤害程度，都要比 25 岁的男性强奸 25 岁的女性或者 60 岁的男性强奸 60 岁的女性大得多。

（2）在相同的无情节背景下，随着涉案人年龄的变化，量刑刑期不会出现跳跃性的阶梯变化。这样的处理结果，一方面与犯罪主体或客体的辨认能力、控制能力、抵抗能力、承受能力的连续变化规律相适应，另一方面也从根本上消除了成文法定罪跳跃性和量刑阶梯性的先天法律缺陷。

由此可见，由表达式（3－28）构建的无情节性侵函数，在描述常规年龄段的强奸案涉案男女年龄与量刑刑期关系方面，具有很好的函数性态。但是从图3－4中也不难看出，在非常规年龄段，如涉及14岁以下男性，由于还没有性事能力，无情节性侵函数的结果不理想，需要进行修正。

2. 无情节性侵函数的修正

性侵案涉案男性年龄在22周岁以下可视为非常规年龄段，由于上述无情节性侵函数在非常规年龄段针对量刑刑期的计算结果，或者有悖于刑法规定，或者有悖于生活常理，或者同时有悖于刑法规定和生活常理，所以要对非常规年龄段的计算结果进行修正。修正后的无情节性侵函数表达式如下：

若 $18 \leqslant y \leqslant 22$ ，则

$$T_x = \left(a_1 + a_2 \lg(1 + | \, x - y \, |) \cdot \lg\left(\left(\frac{x}{y} + \frac{y}{x}\right)/2\right)\right) \cdot \frac{y}{22} \tag{3-29}$$

若 $16 \leqslant y < 18$ ，则

$$T_x = \left(a_1 + a_2 \lg(1 + | \, x - y \, |) \cdot \lg\left(\left(\frac{x}{y} + \frac{y}{x}\right)/2\right)\right) \cdot \frac{y}{22} \cdot \frac{y}{18} \tag{3-30}$$

若 $14 \leqslant y < 16$ ，则

$$T_x = \left(a_1 + a_2 \lg(1 + | \, x - y \, |) \cdot \lg\left(\left(\frac{x}{y} + \frac{y}{x}\right)/2\right)\right) \cdot$$

$$\frac{y}{22} \cdot \frac{y}{18} \cdot \frac{y}{14 + y} \tag{3-31}$$

若 $y < 14$ ，则

$$T_x = \left(a_1 + a_2 \lg(1 + | \, x - y \, |) \cdot \lg\left(\left(\frac{x}{y} + \frac{y}{x}\right)/2\right)\right) \cdot$$

$$\frac{y}{22} \cdot \frac{y}{18} \cdot \frac{y}{14 + y} \cdot 0 \tag{3-32}$$

上述无情节性侵函数的修正方案的确定主要基于如下几点考虑：

（1）对于18～22周岁的性侵案男性，考虑到其低于法定结婚年龄，其量刑刑期可适当缩减；

（2）对于16～18周岁（不包括18周岁）的性侵案男性，考虑到其未成

年,其量刑刑期可进一步缩减;

(3) 对于 14 ~ 16 周岁(不包括 16 周岁)的性侵案男性,考虑到其处于相对刑事责任年龄段,其量刑刑期再进一步缩减;

(4) 对于 14 周岁以下的性侵案男性,考虑到我国男性平均性成熟年龄为 13.3 岁,其量刑刑期应缩减为零。

根据上述修正方案,修正后的性侵案涉案男女年龄要素与量刑刑期的量化对应关系如图 3 - 5 所示。为了在使用过程中便于查询,或者便于编制计算机辅助量刑程序,也可以把计算结果绘制成数据表格备用。涉案男女常规年龄段每间隔 5 年(敏感年龄段间隔 1 年)的量刑刑期计算结果如表 3 - 23 所示。

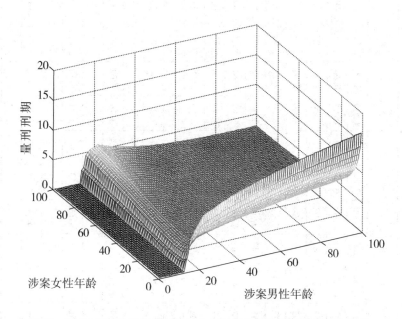

图 3 - 5　修正后的性侵案涉案男女年龄与量刑刑期的量化对应关系

表 3－23　基于修正后的无情节性侵函数的量刑刑期量化关系表

y\x	1	…	5	…	10	…	13	14	15	16	17	18	…	20	…	25	…	30	…	35	…	40	…	45	…	50	…	55	…	60	…	65	…	70
1～13	0.00		0.00		0.00		0.00	0.00	0.00	0.00	0.00	0.00		0.00		0.00		0.00		0.00		0.00		0.00		0.00		0.00		0.00		0.00		0.00
14	1.99		1.10		0.89		0.87	0.87	0.87	0.87	0.87	0.88		0.89		0.95		1.03		1.10		1.21		1.29		1.38		1.47		1.55		1.63		1.71
15	2.53		1.39		1.10		1.07	1.07	1.07	1.07	1.07	1.07		1.08		1.15		1.23		1.33		1.43		1.54		1.64		1.74		1.84		1.93		2.03
16	4.76		2.62		2.04		1.95	1.94	1.94	1.94	1.94	1.94		1.96		2.05		2.18		2.35		2.52		2.70		2.88		3.06		3.23		3.40		3.57
17	5.53		3.06		2.34		2.22	2.20	2.19	2.19	2.19	2.19		2.20		2.28		2.41		2.58		2.76		2.96		3.15		3.34		3.53		3.72		3.90
18	6.38		3.53		2.68		2.51	2.49	2.47	2.46	2.46	2.45		2.46		2.52		2.65		2.82		3.02		3.22		3.43		3.63		3.84		4.04		4.24
19	6.92		3.84		2.88		2.68	2.64	2.62	2.60	2.60	2.59		2.59		2.64		2.75		2.92		3.10		3.31		3.52		3.73		3.94		4.14		4.35
20	7.46		4.16		3.09		2.86	2.81	2.78	2.75	2.74	2.73		2.73		2.76		2.86		3.01		3.19		3.39		3.60		3.82		4.03		4.24		4.45
21	8.02		4.49		3.32		3.04	2.98	2.94	2.91	2.89	2.88		2.86		2.88		2.97		3.11		3.28		3.48		3.69		3.90		4.12		4.33		4.55
…																																		
25	9.14		5.19		3.78		3.39	3.30	3.23	3.17	3.12	3.08		3.03		3.00		3.02		3.10		3.22		3.38		3.55		3.73		3.93		4.12		4.32
…																																		
30	9.95		5.77		4.17		3.69	3.57	3.47	3.38	3.31	3.24		3.14		3.02		3.00		3.02		3.07		3.17		3.29		3.43		3.58		3.74		3.90
…																																		
35	10.68		6.30		4.57		4.01	3.87	3.74	3.63	3.53	3.45		3.31		3.10		3.02		3.00		3.01		3.06		3.13		3.23		3.34		3.47		3.60
…																																		
40	11.34		6.79		4.95		4.34	4.17	4.03	3.90	3.79	3.69		3.51		3.22		3.07		3.01		3.00		3.01		3.04		3.10		3.18		3.28		3.39
…																																		

续表

y\x	1	… 5	… 10	… 13	14	15	16	17	18	… 20	… 25	… 30	… 35	40	… 45	… 50	… 55	… 60	… 65	… 70
45	11.94	7.25	5.32	4.66	4.48	4.32	4.18	4.05	3.93	3.73	3.38	3.17	3.06	3.01	3.00	3.01	3.04	3.09	3.15	3.23
…																				
50	12.50	7.68	5.68	4.97	4.79	4.61	4.46	4.32	4.19	3.96	3.55	3.29	3.13	3.04	3.01	3.00	3.01	3.03	3.07	3.13
…																				
55	13.02	8.08	6.02	5.28	5.08	4.90	4.73	4.58	4.44	4.20	3.73	3.43	3.23	3.10	3.04	3.01	3.00	3.01	3.03	3.06
…																				
60	13.51	8.46	6.34	5.58	5.37	5.18	5.00	4.84	4.69	4.43	3.93	3.58	3.34	3.18	3.09	3.03	3.01	3.00	3.00	3.02
…																				
65	13.96	8.82	6.65	5.86	5.65	5.45	5.27	5.10	4.94	4.66	4.12	3.74	3.47	3.28	3.15	3.07	3.03	3.00	3.00	3.00
…																				
70	14.40	9.17	6.95	6.14	5.91	5.71	5.52	5.35	5.18	4.89	4.32	3.90	3.60	3.39	3.23	3.13	3.06	3.02	3.00	3.00
…																				
75	14.81	9.49	7.23	6.40	6.17	5.96	5.77	5.59	5.42	5.12	4.52	4.07	3.75	3.50	3.32	3.20	3.11	3.05	3.02	3.00
…																				
80	15.20	9.81	7.51	6.66	6.43	6.21	6.01	5.82	5.65	5.34	4.71	4.24	3.89	3.63	3.42	3.28	3.17	3.09	3.04	3.02

3. 考虑具体性侵情节的量刑刑期的加权修正

上述基于无情节性侵函数的量刑刑期，是指假定涉案男女偶遇发生随机性侵，且在假定涉案男女除年龄要素之外其他自然属性都为正常成年男女自然属性的情况下，由表达式（3－28）、式（3－29）、式（3－30）、式（3－31）、式（3－32）计算确定的，也就是说上述计算结果所代表的量刑刑期是不考虑具体性侵情节的。然而任何一宗性侵案总是包含具体犯罪情节的，因此最终的量刑刑期的参照结果，需要按具体性侵情节进行加权修正。量刑刑期的加权修正表达式为：

$$T = k_z \cdot T_x \qquad (3-33)$$

式中：k_z——性侵情节总加权系数，其表达式如下：

$$k_z = k_1 \cdot k_2 \cdot k_3 \cdot \cdots \cdot k_i \qquad (3-34)$$

上式中 k_1 至 k_i 分别为具体性侵情节下的加权系数，其确定或计算方法如下。

（1）体量指数 k_1

前述无情节性侵函数的修正主要是针对低龄性侵男性情况进行的，而对于低龄受害女性情况没有考虑。如成年男性针对幼女的性侵案，其伤害程度比针对成年女性要大得多，为了加大惩罚力度，引入体量指数对量刑刑期进行加权修正。

体量指数 k_1 表示性侵案涉案男女身高比与体重比的平均值，其取值由下式计算：

$$k_1 = \left(\frac{H_y}{H_x} + \frac{G_y}{G_x} \right) / 2 \qquad (3-35)$$

式中：H_y——性侵案涉案男方身高（单位：cm）

H_x——性侵案涉案女方身高（单位：cm）

G_y——性侵案涉案男方体重（单位：kg）

G_x——性侵案涉案女方体重（单位：kg）

虽然体量指数 k_1 的引入主要是为成年男性性侵低龄女性而设计的，但在使用过程中适用于所有年龄段的性侵案，不再区分是否是未成年或是否是幼童。

（2）遭遇指数 k_2

遭遇指数 k_2 反映性侵案涉案男女是如何相遇并案发的，相遇的方式可分为乱伦式遭遇、偶遇式遭遇和有约式遭遇三大类，其中有约式遭遇又区分为无情有约式、多情有约式、恋情有约式、嫖情有约式、色情有约式、常情有约式等多种方式，其相应加权值根据表 3 – 24 确定。

表 3 – 24 中涉情有约式中嫖情有约式情节之遭遇指数 k_2 仅限娱乐场所嫖宿 18 周岁以下女性时选择，且要与后文中的情愿指数 k_7 配合使用。

表 3 – 24　性侵案遭遇指数 k_2 的确定方法

乱伦式遭遇（如继父侵养女、公公侵儿媳、医患互侵、师生互侵、师徒互侵等类型性侵案）			$k_2 = 1.10$
偶遇式遭遇			$k_2 = 1.00$
有约式遭遇	涉情有约式	无情有约式	$k_2 = 0.90$
		多情有约式（如网友会面遭遇性侵）	$k_2 = 0.80$
		恋情有约式（如恋人会面遭遇性侵）	$k_2 = 0.70$
		嫖情有约式（娱乐场所嫖娼）	$k_2 = 0.60$
		色情有约式（如娱乐场所出台遭遇性侵）	$k_2 = 0.50$
		常情有约式（如婚内性侵）	$k_2 = 0.25$

非娱乐类上门服务有约式遭遇（如快递、物业、医患、师生、师徒等人员上门服务等）不考虑遭遇指数 k_2，而是通过考虑后文的场所指数 k_4 进行加权，也可以认为是按偶遇式遭遇确定遭遇指数 k_2。

（3）暴露指数 k_3

暴露指数 k_3 反映性侵案发生前受害方的着装暴露程度。一般场合或一般情形下暴露指数 k_3 通过遮蔽率 z_b 分级确定，遮蔽率 z_b 是指性侵案发生前受害方的常规着装与当地当日天气预报穿衣指数推荐的着装面积之比。暴露指数 k_3 的确定原则是性侵案发生前受害方的遮蔽率 z_b 越小，或者着装暴露程度越大，暴露指数 k_3 的值越小，但以 0.7 为下限。暴露指数 k_3 与遮蔽率 z_b 的对应关系可根据表 3 – 25 确定。

但在表中所列的特殊场合或特殊情形下，不考虑遮蔽率，暴露指数 k_3 一律确定为 1.00。

表 3-25 性侵案暴露指数 k_3 的确定方法

场合或情形	遮蔽率 z_b	暴露指数 k_3
一般场合或一般情形	$z_b \geqslant 90\%$	$k_3 = 1.00$
	$80\% \leqslant z_b < 90\%$	$k_3 = 0.90$
	$70\% \leqslant z_b < 80\%$	$k_3 = 0.80$
	$z_b < 70\%$	$k_3 = 0.70$
特殊场合或特殊情形（如病房、浴池、公厕、暖房、娱乐、居家等场合，或轮奸后轮者、续奸、困奸等情形，或精神疾病等情形，或女性 12 周岁以下情形）不考虑遮蔽率		$k_3 = 1.00$

（4）场所指数 k_4

场所指数 k_4 反映性侵案发生的具体场所，需要进行量刑刑期加权的性侵案场所主要有公共场所、陌生入户场所、非娱乐类上门服务场所等。公共场所主要是指车站、码头、医院、学校、公园、剧院等人较多的场所，其场所指数 k_4 的确定要考虑性侵案发时的当众规模；陌生入户场所是指陌生人进入单位内相对私密场所、居家服务一体化场所或居家场所等就地发生性侵的场所；非娱乐类上门服务场所是指快递、物业、医患、师生、师徒等人员上门服务时就地发生性侵的场所，这类场所一般也限于单位内相对私密场所、居家服务一体化场所或居家场所。场所指数 k_4 的加权值根据表 3-26 确定。

表 3-26 性侵案场所指数 k_4 的确定方法

场所	当众规模或上门方式	场所指数 k_4
公共场所	舞台规模	$k_4 = 6.00$
	影视规模	$k_4 = 5.00$
	杂耍规模	$k_4 = 4.00$
	观棋规模	$k_4 = 3.00$
	夜静人稀规模	$k_4 = 2.00$
陌生入户场所	陌生人上门入户	$k_4 = 1.70$
非娱乐类上门服务场所	快递、物业类	$k_4 = 1.50$
	医患、师生、师徒类	$k_4 = 1.30$

后两种情形下场所指数的选取要注意两点：一是确实趁消费服务进入单位内相对私密场所、居家服务一体化场所或居家场所发生的性侵，与假借消费服务或其他借口进入单位内相对私密场所、居家服务一体化场所或居家场

所发生的性侵，场所指数 k_4 的选取是不同的，前者按非娱乐类上门服务场所选取，后者按陌生入户场所选取；二是考虑场所指数 k_4 后一般不再考虑遭遇指数 k_2，或者认为是按偶遇式遭遇确定遭遇指数 k_2。另外，娱乐类消费服务私密场所内的性侵不考虑场所指数 k_4，而按嫖情有约式遭遇考虑遭遇指数 k_2 进行加权。

（5）手段指数 k_5

手段指数 k_5 反映性侵案加害方实施犯罪时对受害方所采取的各种胁迫、暴力手段，其确定原则是胁迫、暴力手段或花样越多、越残酷，手段指数 k_5 的取值越大。手段指数 k_5 的加权值根据表 3–27 确定。

表 3 – 27　性侵案手段指数 k_5 的确定方法

胁迫手段（以行凶报复、揭发隐私、加害亲属、迷信、欺骗等进行威胁、恫吓）			$k_5 = 1.10$	
暴力手段	捂嘴、卡脖	$k_5 = 1.10$	捂、卡、殴	$k_5 = 1.30$
	殴打	$k_5 = 1.20$	捂、卡、踩	$k_5 = 1.40$
	踩躏	$k_5 = 1.30$	捂、卡、殴、踩	$k_5 = 1.70$
	捆手或捆脚	$k_5 = 1.40$	捂、卡、殴、踩、捆（手或脚）	$k_5 = 2.40$
	捆手脚	$k_5 = 1.50$	捂、卡、殴、踩、捆（手脚）	$k_5 = 2.50$

（6）弱者指数 k_6

弱者指数 k_6 反映性侵案涉案单方或双方案发时的生理、心理缺陷状态或受酒精、毒品、药物、疾病的控制或困扰状态。受害女方为现役军人配偶、被拐卖妇女或孕妇时，也通过弱者指数反映。

弱者指数 k_6 的加权值大小在表 3–28 的基础上，根据如下算法确定：

若加害男方为正常状态，受害女方处于表 3–28 中所列的某一种或某几种弱者状态，则

$$k_6 = \prod_{i=1}^{p} k_{6xi} \qquad (3-36)$$

若加害男方和受害女方均处于表 3–28 中所列的某一种或某几种弱者状态，则

$$k_6 = \prod_{i=1}^{p} k_{6yi} \cdot \prod_{j=1}^{q} k_{6xj} \qquad (3-37)$$

表 3 - 28　性侵案弱者指数 k_6 的确定方法

	男方弱者指数 k_{6y}		女方弱者指数 k_{6x}	
精神疾患	重度持续	$k_{6y} = 0.50$	重度持续	$k_{6x} = 2.00$
	重度偶发	$k_{6y} = 0.625$	重度偶发	$k_{6x} = 1.60$
	轻度	$k_{6y} = 0.80$	轻度	$k_{6x} = 1.25$
聋、哑、盲人	$k_{6y} = 0.625$		$k_{6x} = 1.60$	
醉酒、吸毒	$k_{6y} = 1.15 \sim 1.35$		$k_{6x} = 1.15 \sim 1.35$	
药物（昏迷）			$k_{6x} = 2.00$	
患重病（卧床）			$k_{6x} = 2.50$	
现役军人配偶、被拐卖妇女			$k_{6x} = 1.25$	
孕妇（ m 代表受孕月份）			$k_{6x} = 1 + \ln3(m - 2)$	

表达式（3 - 36）、式（3 - 37）中的 p、q 代表弱者状态种数；涉及聋、哑、盲人时按一种状态处理；受害女方为被拐卖妇女时对应的弱者指数仅限拐卖者对其实施性侵时使用。

在受害女方为孕妇的情况下，表达式（3 - 36）、式（3 - 37）中的 k_{6x} 值按下式确定：

$$k_{6x} = 1 + \ln3(m - 2) \quad (7/3 \leqslant m \leqslant 10) \tag{3 - 38}$$

上式中 m 代表受害女方的受孕月份，受孕月份不足 7/3 月者取 $k_{6x} = 1$。受害女方为孕妇时其 k_{6x} 的取值如表 3 - 29 所示，当然，更精确的取值可考虑月间小数并通过式（3 - 38）具体计算。

表 3 - 29　性侵案受害女方为孕妇时的弱者指数 k_{6x}

受孕月份 m	1 月	2 月	3 月	4 月	5 月	6 月	7 月	8 月	9 月	10 月
弱者指数 k_{6x}	1.00	1.00	2.10	2.79	3.20	3.48	3.71	3.89	4.04	4.18

加害男方和（或）受害女方处于醉酒、吸毒状态时，因醉酒程度或吸毒状态不一，其相应弱者指数的取值在 1.15 ~ 1.35 之间由法官参照实际情况自由裁量。

（7）情愿指数 k_7

情愿指数 k_7 反映性侵 18 周岁以下未成年女性时其自愿情形下的量刑加权，其值按下式确定：

$$k_7 = \frac{\ln(18 - x + 1)}{\ln 8} \quad (11 \leqslant x < 18)$$

$$k_7 = 1 \quad (x < 11) \qquad\qquad (3-39)$$

$$k_7 = 0 \quad (x \geqslant 18)$$

情愿指数 k_7 的部分计算值如表 3-30 所示。当然，更精确的取值可考虑岁间小数并通过式（3-39）具体计算。由表中加权数值可以看出，性侵 18 周岁以下未成年女性，在女性自愿情形下，对加害方的惩罚力度随受害方年龄的逐渐减小而逐渐加大，从而完全避免了原来成文法定罪跳跃性的弊端。

表 3-30　性侵案情愿指数 k_7 的部分计算值

受害方年龄 x	17	16	15	14	13	12	11	<11
情愿指数 k_7	0.33	0.53	0.67	0.77	0.86	0.94	1	1

而当女性年龄小于 11 周岁时，不再考虑是否自愿，情愿指数 k_7 一律取 1，即无论自愿与否都按完全强奸处理。

对于嫖宿未成年女性的案件，嫖情有约式或色情有约式情节之遭遇指数 k_2 与上述情愿指数 k_7 结合使用，再考虑到体量指数 k_1 的使用，从而可以精细化考量任何嫖宿未成年女性的案件，也使以前广受诟病的嫖宿幼女案的定罪量刑问题得到根本解决。

（8）续奸指数 k_8

续奸指某一性侵案加害方 24 小时以内对同一受害方的连续多次奸淫。续奸指数 k_8 则由性侵案加害方 24 小时内对受害方的奸淫次数决定，其取值由表 3-31 确定。

表 3-31　性侵案续奸指数 k_8 的确定方法

奸淫次数	奸一次	奸二次	奸三次	奸四次以上
续奸指数 k_8	$k_8 = 1.0$	$k_8 = 1.20$	$k_8 = 1.35$	$k_8 = 1.50$

（9）困奸指数 k_9

困奸指某一性侵案加害方 24 小时以上将同一受害方困于一地或秘密转移多地相困，并多次实施奸淫。困奸指数 k_9 则主要由相困时间决定，相困期间不再考虑奸淫次数，其取值由下式计算：

$$k_9 = 1.50 + \ln\left(\frac{t}{24}\right) \qquad (t \geq 24) \qquad (3-40)$$

上式中的 t 代表相困时间，以小时计，每 24 小时为一日。困奸指数 k_9 的部分计算值如表 3-32 所示。

表 3-32　性侵案困奸指数 k_9 的部分计算值

相困时间 t	1 日	2 日	3 日	4 日	5 日	6 日	7 日	8 日	9 日	10 日
困奸指数 k_9	1.50	2.19	2.60	2.89	3.11	3.29	3.45	3.58	3.70	3.80
相困时间 t	11 日	12 日	13 日	14 日	15 日	20 日	25 日	30 日	35 日	40 日
困奸指数 k_9	3.90	3.98	4.06	4.14	4.21	4.50	4.72	4.90	5.06	5.19

（10）轮奸指数 k_{10}

轮奸指多名加害方针对同一受害方在较短时间内轮流实施强奸。轮奸指数 k_{10} 则主要取决于加害方的总数及犯罪行为的实施次序，其取值由下式确定：

$$k_{10} = 1 + \ln(n - j + 2) \qquad (3-41)$$

式中：n ——性侵案加害方的总数，$n \geq 2$

j ——轮奸的实施次序，$j = 1, 2, \cdots, n$

从二人轮奸案到八人轮奸案，轮奸指数 k_{10} 的计算值如表 3-33 所示。

表 3-33　性侵案轮奸指数 k_{10} 的部分计算值

加害方总数 n	首轮	二轮	三轮	四轮	五轮	六轮	七轮	八轮
$n = 2$	2.10	1.69						
$n = 3$	2.39	2.10	1.69					
$n = 4$	2.61	2.39	2.10	1.69				
$n = 5$	2.79	2.61	2.39	2.10	1.69			
$n = 6$	2.95	2.79	2.61	2.39	2.10	1.69		
$n = 7$	3.08	2.95	2.79	2.61	2.39	2.10	1.69	
$n = 8$	3.20	3.08	2.95	2.79	2.61	2.39	2.10	1.69

轮奸实施过程中或实施后，若其中有的加害方有续奸行为，则量刑刑期再考虑通过续奸指数 k_8 加权；若有的加害方有困奸行为，则量刑刑期还可以通过困奸指数 k_9 加权。

（11）后果指数 k_{11}

后果指数 k_{11} 反映性侵案加害方实施犯罪时对受害方所采取的如表3-27所示的各种胁迫、暴力手段及性行为，造成了其他许多严重后果。这些严重后果可分为两大类：一类是生理层面的严重后果，如导致受害方人身器官损伤、流产、重伤、经治疗无效死亡或当场死亡等；另一类是精神层面的严重后果，如导致受害方婚姻破裂、精神失常、自杀等。

仅造成生理层面严重后果的，除按前述强奸案的量化处理方法通过加权处理获得针对强奸行为的量刑刑期外，需再按故意伤害罪或致人死亡罪量刑，然后按数罪并罚原则确定总刑期。

仅造成精神层面严重后果的，通过后果指数 k_{11} 对量刑刑期进一步加权放大，而不再通过数罪并罚原则确定总刑期。后果指数 k_{11} 的确定方法如表3-34所示。

表3-34　性侵案精神层面后果指数 k_{11} 的确定方法

婚姻破裂	精神失常			自杀	
	轻度	中度	重度	未遂	既遂
$k_{11}=1.40$	$k_{11}=1.20$	$k_{11}=1.35$	$k_{11}=1.50$	$k_{11}=1.25$	$k_{11}=3.00$

选择后果指数 k_{11} 时，若同时出现婚姻破裂、精神失常、自杀未遂等情形，则将其对应后果指数相乘作为总的后果指数；若出现自杀既遂情形，则不再考虑其他精神层面后果指数。

同时造成生理层面和精神层面严重后果的，按上述原则分别考虑，再按数罪并罚原则确定总刑期。

（12）自由裁量指数 k_{12}

上述性侵类案件程序化判案过程中的自由裁量权可以通过两种方法实现：一是在对各具体性侵情节进行加权处理的基础上，在性侵情节总加权系数中再增加一自由裁量指数 k_{12}；二是在确定各具体性侵情节的加权系数大小时，允许在相似情节的级差间取值。为了获得更大的自由裁量权，也可以允许两种方法同时使用，具体如何选择由立法机关确定。

使用第一种方法体现自由裁量权时，自由裁量指数 k_{12} 的大小要予以限定，建议 $k_{12}=0.90\sim1.10$，相当于法官对程序化判案的定罪量刑结果可以有上下各10%的浮动幅度；使用第二种方法体现自由裁量权时，最低与最高级相似情节的加权系数选取也应以 10% 的浮动幅度为宜。

（13）乱奸的处理

乱奸包括三种情形：一是多名加害方对一名受害方实施强奸，简称"多对一"；二是一名加害方对多名受害方实施强奸，简称"一对多"；三是多名加害方对多名受害方实施强奸，简称"多对多"。

对于"多对一"的强奸案，实际上就是前述的轮奸案，按轮奸案处理；若其中有的加害方有续奸、困奸情形，再单独考虑续奸指数、困奸指数进行加权处理。

对于"一对多"的强奸案，针对每一受害方分别按前述一对一的强奸案的处理方法，对量刑刑期进行加权处理，同时考虑是否有续奸、困奸情形，首先获得针对每一受害方的量刑刑期，最后再根据对所有受害方的不同量刑刑期，按数罪并罚原则确定总刑期。

对于"多对多"的强奸案，针对每一受害方分别按前述轮奸案的处理方法，对量刑刑期进行加权处理，同时考虑是否有续奸、困奸情形，首先获得针对每一受害方所涉加害方的量刑刑期，最后再根据每一加害方所涉受害方的不同量刑刑期，按数罪并罚原则确定总刑期。

三、性侵案程序化定罪量刑的实例验证

显然，如前所述，上述性侵函数的修正计算过程以及各具体性侵情节的加权处理过程，可以通过编制程序在计算机或电脑上实施，从而实现基于数字法律的性侵案的程序化定罪量刑。下面通过几个实例来验证说明本书无情节性侵函数的选择及具体性侵情节的加权处理的合理性。

实例验证 [1]

引子案例 [1] 中，设涉案张三处长年龄 45 岁，身高 180cm，体重 85kg；李四司机年龄 35 岁，身高 160cm，体重 49kg；陪侍女王小五年龄 13.75 岁，身高 160cm，体重 65kg；赵小六年龄 14.25 岁，身高 149cm，体重 49kg。

针对张三处长与赵小六的嫖娼案，由表 3－23 查得其相应的无情节性侵函数值为 $T_{x1} = 4.48$ 年（若由无情节性侵函数式（3－28）计算则会更精确）。体量指数 k_1 计算如下：

$$k_1 = \left(\frac{H_y}{H_x} + \frac{G_y}{G_x}\right)\Big/2 = \left(\frac{180}{149} + \frac{85}{49}\right)\Big/2 = 1.47$$

由表 3－24 知遭遇指数 $k_2 = 0.60$，由表 3－25 知暴露指数 $k_3 = 1.00$，由表 3－30 知情愿指数 $k_7 = 0.77$（若由式（3－39）计算则会更精确），自由裁量指数 $k_{12} = 1.00$（即法官放弃自由裁量权）。则最终的定罪量刑参考结果为：

$$T_1 = k_1 \cdot k_2 \cdot k_3 \cdot k_7 \cdot k_{12} \cdot T_{x1} = 3.04 \text{（年）}$$

同理，针对李四司机与王小五的嫖娼案，由表 3－23 查得其相应的无情节性侵函数值为 $T_{x2} = 3.87$ 年（若由无情节性侵函数式（3－28）计算则会更精确）。体量指数 k_1 计算如下：

$$k_1 = \left(\frac{H_y}{H_x} + \frac{G_y}{G_x}\right)\Big/2 = \left(\frac{160}{160} + \frac{49}{65}\right)\Big/2 = 0.88$$

同理，遭遇指数 $k_2 = 0.60$，暴露指数 $k_3 = 1.00$，情愿指数 $k_7 = 0.77$，自由裁量指数 $k_{12} = 1.00$。则最终的定罪量刑参考结果为：

$$T_2 = k_1 \cdot k_2 \cdot k_3 \cdot k_7 \cdot k_{12} \cdot T_{x2} = 1.57 \text{（年）}$$

分析上述两个定罪量刑结果的形成过程可以看出，张三处长的量刑刑期之所以较大，一是因为其与赵小六的年龄差距较大，其相应的无情节性侵函数值较大，二是因为两人的身高体重差别较大，其相应的体量指数较大。而李四司机与王小五的情况正好相反。

另外，从李四司机的定罪量刑结果来看，似乎比常规的嫖宿幼女案的量刑低很多，但这一量刑结果却是合情合理的。这是因为，一方面从李四司机本身来考虑，他去娱乐场所消费是盲目的、无固定目标的，而且无论哪一位陪侍女接客对消费方而言都相当于自愿接受了"有偿服务协议"，因而嫖情有约式遭遇指数 $k_2 = 0.60$ 的选取就是对这一客观情节的具体反映；另一方面从王小五本身来考虑，她因此次嫖娼所受到的伤害不是单由李四司机一人造成的，若她是自愿进入娱乐场所进行有偿服务，那她本人也对要受到的伤害承担一定的责任；若还存在容留、介绍、引诱、强迫等情况，则容留、介绍、引诱、强迫组织者也要承担相应的责任。总之，把一项由多方促成的整体伤害仅判定由一方来承担全部责任是不公平的。上述李四司机的定罪量刑结果恰恰说明了其与王小五之间的嫖娼事件对受害方的整体伤害较小，且其只需承担整体伤害中的部分责任。

另外，若上述涉案陪侍女的年龄都达到了 18 周岁及以上，则由表达式（3 - 39）可知，其情愿指数 k_7 取值为 0，此时案件不再是刑事案件，按一般治安管理案件处理即可。可见，表达式（3 - 39）所确定的情愿指数 k_7，可以使涉及常规年龄段与非常规年龄段受害人的性侵案的定罪量刑实现无缝对接，从而彻底消除了性侵案的定罪跳跃性的先天法律缺陷。

实例验证〔2〕

引子案例〔2〕中，设涉案时孙七身高 170cm，体重 65kg，周小八身高 155cm，体重 52kg。因案发时男女双方年龄分别无限接近 18 周岁和 14 周岁，由表 3 - 23 查得其相应的无情节性侵函数值为 $T_x = 2.49$ 年。体量指数 k_1 计算如下：

$$k_1 = \left(\frac{H_y}{H_x} + \frac{G_y}{G_x} \right) \bigg/ 2 = \left(\frac{170}{155} + \frac{65}{52} \right) \bigg/ 2 = 1.17$$

男女相约过生日，按多情有约式遭遇处理，则遭遇指数 $k_2 = 0.80$；设遮蔽率 $z_b \geq 90\%$，则暴露指数 $k_3 = 1.00$；强奸时胁迫、暴力手段为捂嘴卡脖级，则手段指数 $k_5 = 1.10$；因受害方有醉意，法官自由裁量确定弱者指数 $k_6 = k_{6x} = 1.15$；自由裁量指数 $k_{12} = 1.00$（即法官放弃自由裁量权）。则最终的定罪量刑参考结果为：

$$T = k_1 \cdot k_2 \cdot k_3 \cdot k_5 \cdot k_6 \cdot k_{12} \cdot T_x = 2.95（年）$$

由此可见，这种在成文法模式下十分纠结的"分水岭"式的性侵案件，在数字法律模式下却很容易定罪量刑。

实例验证〔3〕

引子案例〔3〕中，设案发时赵某 25 岁，身高 172cm，体重 67kg，马某 20 岁，身高 160cm，体重 55kg。由表 3 - 23 查得其相应的无情节性侵函数值为 $T_x = 3.03$ 年。体量指数 k_1 计算如下：

$$k_1 = \left(\frac{H_y}{H_x} + \frac{G_y}{G_x} \right) / 2 = \left(\frac{172}{160} + \frac{67}{55} \right) / 2 = 1.15$$

男女相约取票、还手机，按无情有约式遭遇处理，则遭遇指数 $k_2 = 0.90$；设遮蔽率 $z_b \geq 90\%$，则暴露指数 $k_3 = 1.00$；强奸时有威胁殴打行为，则按捂、卡、殴情节选择手段指数 $k_5 = 1.30$；因 24 小时内两次强奸，则由

表3-31选择续奸指数 $k_8 = 1.20$；考虑到第一次会面赵某就有欲强行发生性关系行为，法官可选择自由裁量指数 $k_{12} = 1.10$。则最终的定罪量刑参考结果为：

$$T = k_1 \cdot k_2 \cdot k_3 \cdot k_5 \cdot k_8 \cdot k_{12} \cdot T_x = 5.38 \text{（年）}$$

实例验证〔4〕

40 岁男强奸 5 岁女，设涉案男身高 174cm，体重 68kg，涉案女身高 105cm，体重 18kg；按偶遇式遭遇处理，遭遇指数 $k_2 = 1.00$；女性 12 周岁以下，暴露指数 $k_3 = 1.00$；强奸时胁迫、暴力手段为捂嘴卡脖级，手段指数 $k_5 = 1.10$；法官选择自由裁量指数 $k_{12} = 1.10$。

由表3-23查得其相应的无情节性侵函数值为 $T_x = 6.79$ 年，体量指数 k_1 计算如下：

$$k_1 = \left(\frac{H_y}{H_x} + \frac{G_y}{G_x}\right)/2 = \left(\frac{174}{105} + \frac{68}{18}\right)/2 = 2.72$$

则最终的定罪量刑参考结果为：

$$T = k_1 \cdot k_2 \cdot k_3 \cdot k_5 \cdot k_{12} \cdot T_x = 22.35 \text{（年）}$$

四、非强奸类性侵案的处理及性侵案的刑期分割

通过实例验证，可以看出基于数字法律的性侵类案件的程序化定罪量刑方法，在判决各种复杂强奸类性侵案方面的可行性与合理性。

对于强制猥亵、侮辱妇女罪与猥亵儿童罪等没有发生性交关系的性侵案（包括发生性交关系前因故终止的性侵案），这类案件可称之为非强奸类性侵案，其处理程序与强奸类性侵案的程序化定罪量刑方法完全类似，只是把其中的续奸、困奸、轮奸、乱奸等情节替换成续猥、困猥、轮猥、乱猥等情节，同时把自由裁量指数 k_{12} 的大小限定在一定范围内（如 $k_{12} = 0.35 \sim 0.55$，具体如何选择由立法机关确定，再由法官在确定的范围内自由裁量），则可形成对所有类型性侵案定罪量刑的一揽子解决方案。

基于数字法律的性侵类案件的程序化定罪量刑程序给出的刑罚实施结果是一个总刑期，但按照基于罪责刑相适应原则的刑期分割机制，也可以对这一总刑期进行结构划分，即划分为针对具体受害对象的赔偿刑期和针对抽象受害对象的补偿刑期。但是，因为性侵类案件的具体受害对象所遭受的危害后果主要是精神损害和生理伤害，精神损害又是不便量化的，所以具体实施时建议立法机关或司法解释对上述总刑期确定一个分割比例，如赔偿刑期和补偿刑期按 2：1 的比例分割，即相当于总刑期的 2/3 为赔偿刑期，总刑期的 1/3 为补偿刑期。以上述实例验证 [3] 中的总刑期计算结果为例，赵某最终的定罪量刑总刑期为 5.38 年，则其中的 2/3 即 3.59 年为赔偿刑期，服刑时在先执行，服刑期间的劳动收益逐年或分月通过某种途径向具体受害对象支付，或者基于隐私保护目的，通过资金的时间价值转换，在服刑初期向具体受害对象一次性支付；另外 1/3 即 1.79 年为补偿刑期，服刑时在后执行，服刑期间的劳动收益用于补偿国家利益体。同样，赔偿刑期按案发所在地的年最低工资标准也可以部分或全部折算为赔偿金从而得以消减，但补偿刑期必须在监执行。

基于数字法律的定罪量刑程序只能给出一个刑罚参考结果，在我国刑罚体系没有与其他国家刑罚体系接轨而还保留非有期徒刑的情况下，其本身并不能表明最终的刑罚实施结果。如前述 40 岁男强奸 5 岁女案件，通过数字法律程序确定的刑罚参考结果是 22.35 年，至于是执行有期徒刑，还是执行无期徒刑或死刑，这要根据立法机关或司法解释所规定的徒刑期限阈值确定，若徒刑期限阈值规定为单一罪名 20 年以上为无期徒刑或死刑，则上述案件的刑罚实施结果就是无期徒刑或死刑。显而易见，若把上述徒刑期限阈值编制于定罪量刑程序中，则基于数字法律的程序化定罪量刑程序给出的结果就是最终的刑罚实施结果。

顺便指出，基于数字法律刑期分割机制的刑事案件的程序化定罪量刑模式，从其定罪量刑结果方面来考虑，十分有利于我国目前的刑罚体系与国际上其他废除死刑的自由刑刑罚体系接轨。

第五节　基于数字法律的彩礼纠纷案的
处理方案及应用范例①

一、数字法律与彩礼纠纷案

本章前述几节所涉及的应用，主要是数字法律原理在处理刑事司法案件方面的应用。基于数字法律原理不但能够客观公正地处理刑事司法案件的定罪量刑问题②，也同样能够客观公正地处理民事司法案件中涉案当事人的民事权利义务关系，保护涉案当事人的合法权益。

在当前大数据背景下，数字化或精细化技术在各行各业的兴起与普及将是大势所趋。在当今的科技时代，针对刑事司法案件，在对犯罪情节侦查核定确凿的基础上，可以实现对罪犯定罪、量刑、判决的数字化或精细化；针对民事司法案件，在证据确凿、事实清楚的基础上，也可以实现对涉案当事人的民事权利义务关系的数字化或精细化。

彩礼纠纷在我国当前的民事纠纷中占有一定的比例，且彩礼的给付与收受涉及因素多，彩礼返还的法律依据过于笼统、粗疏，彩礼纠纷案处理不当，就有可能旧的矛盾没有解决，又产生了新的矛盾，徒然增加了社会不稳定因素。而将数字法律原理应用于彩礼纠纷案的处理中，可以形成规范化、程式化的彩礼纠纷案的处理方案，如此一来，彩礼纠纷案的处理不但更加客观、公正，而且更加简洁、高效。

"彩礼"，有的地方也称为"纳彩""聘礼"等，一般来说，是以结婚为目的的男方及其家庭按照当地习俗向女方及其家庭支付的一定数额的金钱或者实物。婚前给付彩礼是我国几千年来的一种婚嫁习俗。目前，在我国广大农村及经济欠发达地区，婚前给付彩礼的现象仍然比较普遍。

---

① 高举成. 基于数字法律的彩礼纠纷案的处理方案及应用范例 [J]. 法制博览，2017（1 上）：1－6.

② 高举成. 基于数字法律的侵犯财产类案件定罪量刑的一揽子解决方案 [J]. 信阳师范学院学报（哲学社会科学版），2016（3）：44－49.

但是，"彩礼"的表述并非一个规范的法律用语，人民法院审理彩礼纠纷案的案由是"婚约财产纠纷"。同时，在彩礼纠纷案审理过程中，众所周知，面临着法律依据过于笼统粗疏、彩礼性质甄别难、彩礼范围界定难、返还额度确定难等问题。

在彩礼纠纷案的审理方面，主要依据是2004年4月1日起施行的《最高人民法院关于适用〈中华人民共和国婚姻法〉若干问题的解释（二）（婚姻法解释二）》，其中第十条规定：当事人请求返还按照习俗给付的彩礼的，如果查明属于以下情形，人民法院应当予以支持：

（一）双方未办理结婚登记手续的；

（二）双方办理结婚登记手续但确未共同生活的；

（三）婚前给付并导致给付人生活困难的。

适用前款第（二）、（三）项的规定，应当以双方离婚为条件。

在彩礼性质甄别方面，长期以来，在我国的司法实践中一直以赠予来对待彩礼问题。但为了区别于一般的赠予，根据其特殊性又有了"特殊赠予"说、"无偿赠予"说。

在彩礼范围界定方面及彩礼返还额度确定方面，不同地区、不同法院甚至同一法院的一、二审都存在着巨大的差别，从而导致彩礼纠纷案的民事判决结果存在很大的争议，引发了更多的民事纠纷，增加了社会矛盾，影响了社会和谐。

本节拟基于数字法律原理，以恋爱阶段划分为主线，以占有彩礼时长为参考，在考虑毁约主张秩序、当地风俗习惯、法官自由裁量权等因素的基础上，构建彩礼返还模型，核算彩礼返还额度，从而形成彩礼纠纷案的规范化、程式化处理方案。

二、彩礼返还模型的构建

1. 彩礼返还模型构建的几项约定

为了比较理想化地构建彩礼返还模型，需要对涉及彩礼纠纷案的各种因素进行如下约定。

（1）本节所讨论的彩礼纠纷仅指办理结婚登记手续之前的彩礼纠纷，即所构建的彩礼返还模型仅对纠纷双方当事人婚前恋爱关系中止有效。办理结婚登记手续之后的彩礼纠纷，并入离婚案的财产纠纷。

（2）构建彩礼返还模型时，约定给付彩礼的一方统称为给付方，收受彩礼的一方统称为收受方。给付方与收受方不区分男女，既可以是男方为给付方，对应女方为收受方；也可以是女方为给付方，对应男方为收受方。当然，随着社会情感关系模式的发展，本节所建立的彩礼返还模型对于男方给付、男方收受或女方给付、女方收受的情形也完全适用。

（3）本节所讨论的彩礼，是指涉事双方办理结婚登记手续之前恋爱关系存续期间，给付方给付给收受方的所有主要由收受方自由支配或消费或登记在其名下的动产，以及收受方收受后登记在自己名下的不动产或知识产权。即对于不涉及财产登记制度的彩礼部分，以收受方能否自由支配或消费为准；对于涉及财产登记制度的彩礼部分，以登记在收受方名下为准。

2. 彩礼返还模型构建的几个原则

为了尽量缩小彩礼纠纷范围，消减彩礼纠纷影响，同时也为了尽快地恢复涉及彩礼纠纷的法事关系，构建彩礼返还模型时，主要遵循的总体原则是有利于收受方原则、原物优先返还原则和不计彩礼次生损益原则。当这些原则相互之间有矛盾或有冲突时，以有利于收受方原则为主要原则。

上述各项约定及总体原则可以由如下几个彩礼返还分则得到具体体现。

彩礼返还分则 I：给付方不要求返还的部分彩礼，收受方可以不返还；

彩礼返还分则 II：给付方不要求返还但收受方执意要求返还的部分彩礼，给付方必须接受或妥善处理，但按原物现状返还原则返还；

彩礼返还分则 III：给付方要求返还的部分彩礼若为金钱、金银首饰、文物、有价证券等收藏物时，收受方有原物的，按原物优先返还原则返还，并按给付时的价值通过彩礼返还模型确定返还额度；

彩礼返还分则 IV：给付方要求返还的部分彩礼若为手表、自行车、缝纫机、摩托车、拖拉机、汽车等使用物时，按收受方意愿确定是否遵循原物优先返还原则返还，并按要求返还时的价值通过彩礼返还模型确定返还额度；

彩礼返还分则 V：给付方要求返还的部分彩礼若为猪、马、牛、羊、宠物狗、宠物猫等活物时，按收受方意愿确定是否遵循原物优先返还原则返还，并按给付时的价值通过彩礼返还模型确定返还额度；

彩礼返还分则 VI：给付方要求返还的部分彩礼若为不动产或知识产权

时，按原物优先返还原则返还，并按给付时的价值通过彩礼返还模型确定返还额度。

3. 彩礼返还模型

在建立彩礼返还模型时，针对每一份彩礼，给付方给付彩礼的时机及收受方占有彩礼的时长是两个重要时间节点或时间概念。为了准确确定给付方给付彩礼的时机及收受方占有彩礼的时长，将彩礼纠纷案双方当事人的恋爱过程划分为如下七个阶段，并将每个阶段分别进行取值加以标识，用 q 表示，称其为恋爱阶段标识值，如表 3 - 35 所示。

表 3 - 35　彩礼纠纷案双方当事人的恋爱阶段划分及收受方占有彩礼时长

恋爱阶段	眉目传情期	拉拉扯扯期	秘密接触期	亲密接触期	私密接触期	偷尝禁果期	同床共枕期
恋爱阶段标识值	$q = 1$	$q = 2$	$q = 3$	$q = 4$	$q = 5$	$q = 6$	$q = 7$
彩礼 c_{01}							t_1
彩礼 c_{02}							t_2
彩礼 c_{03}							t_3
……				……			

彩礼纠纷案双方当事人在恋爱过程中，给付方可能给付给收受方多份主要由收受方自由支配或消费或登记在收受方名下的动产、不动产或知识产权，将其逐项列入表 3 - 35 中，如表中的 c_{01}、c_{02}、c_{03}……所示，c_{01}、c_{02}、c_{03}……同时代表各份彩礼给付时的价值，右侧框中的横线起点代表各份彩礼给付的时间节点，横线终点代表双方当事人感情终止并要求返还彩礼的时间节点（当感情终止或要求返还彩礼的时间节点不明确、有分歧时，以向法院递交起诉状的时间节点为准），再将收受方对各份彩礼的占有时长标示在横线的右侧，如表中的 t_1、t_2、t_3……所示，其单位以"月"表示。

则针对每一份彩礼，其在双方当事人感情终止并要求返还时的返还额度可由如下的彩礼返还模型进行核算确定：

$$C_i = k_1 \cdot k_2 \cdot k_3 \cdot k_4 \cdot k_5 \cdot c_i \tag{3-42}$$

式中：k_1——毁约指数；

　　　k_2——风俗习惯指数；

　　　k_3——偷尝禁果指数；

k_4 ——占有彩礼时长指数；

k_5 ——法官自由裁量指数；

c_i ——某一份彩礼给付时的价值或要求返还时的价值；

C_i ——某一份彩礼 c_i 在要求返还时的返还额度。

注意，彩礼返还模型式（3-42）中，c_i 的确定要根据前述彩礼返还分则 Ⅲ~Ⅵ所对应的不同情况具体问题具体分析，如涉及彩礼返还分则Ⅲ、Ⅴ、Ⅵ的彩礼，c_i 应以给付时的价值代入；而涉及彩礼返还分则Ⅳ的彩礼，c_i 应以要求返还时的价值代入。

若共有 n 份彩礼，则所有彩礼在要求返还时的返还额度总和为：

$$C_z = \sum_{i=1}^{n} C_i \qquad (3-43)$$

4. 各项指数的确定

下面给出上述彩礼返还模型中各项指数的确定方法。

（1）毁约指数 k_1

毁约指数 k_1 反映毁约主张秩序，即反映双方当事人谁首先提出中止恋爱进程而导致双方感情终止，同时也反映另一方当事人对毁约方毁约主张的态度或附和情况，其取值如表 3-36 所示。

表 3-36　毁约主张秩序及毁约指数 k_1 的确定

	彩礼给付方态度	彩礼收受方态度
彩礼给付方先毁约		同意，$k_1 = 0.85$
		不同意，$k_1 = 0.78$
彩礼收受方先毁约	同意，$k_1 = 1.00$	
	不同意，$k_1 = 1.10$	

（2）风俗习惯指数 k_2

给付彩礼是民间婚约的一种习俗，婚约当事人一方毁约后彩礼是否返还及返还额度大小也自然而然受到民间习俗的影响，风俗习惯指数 k_2 就是为了反映这种影响程度而设置的。

但是也应该注意到，从法律的规范性、引导性、调整性的社会作用角度出发，风俗习惯指数 k_2 大小的确定应具有削弱民间封建习俗的倾向性，因此风俗习惯指数 k_2 的总体确定原则是倾向于彩礼较大额度返还，同时考虑城乡地区差异、发达地区与非发达地区差异而有所区别，其取值如表3-37所示。

表3-37 风俗习惯指数 k_2 的确定

	发达地区	中等地区	欠发达地区
城市	$k_2 = 1.00$	$k_2 = 0.95$	$k_2 = 0.90$
乡村	$k_2 = 0.95$	$k_2 = 0.90$	$k_2 = 0.85$

当然，由于各地区发展的不平衡，城乡差别往往很大，表3-37中各地风俗习惯指数 k_2 应由立法机关具体确定，也可以通过司法解释适时更改或调整。而在程式化的计算机处理程序中，这种更改或调整非常方便。

当彩礼给付方与收受方非同一地区时，以收受方居住证所在地或户籍所在地为准按表3-37确定风俗习惯指数的取值。

（3）偷尝禁果指数 k_3

偷尝禁果指数 k_3 的取值与双方当事人感情终止时所处的恋爱阶段进程有关。如表3-35所示，若双方当事人感情终止时所处的恋爱阶段标识值 $q \le 5$，则不考虑偷尝禁果指数 k_3，或者说此种情况下的偷尝禁果指数 k_3 取值为1.00；若双方当事人感情终止时所处的恋爱阶段标识值 $q \ge 6$，则偷尝禁果指数 k_3 按表3-38取值。

表3-38 偷尝禁果指数 k_3 的确定

$q \ge 6$ 恋爱阶段内平均每周偷尝禁果次数	1次以内	1~2次	2~3次	3~4次	4~5次以上
偷尝禁果指数 k_3	$k_3 = 0.95$	$k_3 = 0.88$	$k_3 = 0.77$	$k_3 = 0.66$	$k_3 = 0.55$

需要注意的是，实际彩礼纠纷案审理过程中，往往遇到 $q \ge 6$ 恋爱阶段内双方当事人对平均每周偷尝禁果次数陈述不一致的情形，此种情形下确定偷尝禁果指数时，取双方陈述结果对应偷尝禁果指数的平均值。如一方陈述为平均每周1次以内，另一方陈述为平均每周2~3次，则最终的偷尝禁果指数确定为 $k_3 = 0.86$。

（4）占有彩礼时长指数 k_4

占有彩礼时长指数 k_4 按下式确定：

$$k_4 = \frac{1}{\ln(3 + \ln(\sqrt[q]{t_i}))} \tag{3-44}$$

式中：q——某一份彩礼给付时对应的恋爱阶段标识值；

　　t_i——收受方对某一份彩礼的占有时长，单位以"月"表示。

按式（3-44）确定占有彩礼时长指数 k_4 时，t_i 的最小取值为 1，即彩礼给付后的 1 月之内双方感情终止要求返还彩礼时，t_i 取 1 计算占有彩礼时长指数 k_4；1 月之后 2 月之内要求返还彩礼时，t_i 取 2 计算占有彩礼时长指数 k_4；依此类推。按式（3-44）确定的占有彩礼时长指数 k_4 每隔 2 月的计算结果如表 3-39 所示。当然，在程式化的计算机处理程序中，可以得到占有时长为任意值时的占有彩礼时长指数 k_4。

（5）法官自由裁量指数 k_5

由于彩礼纠纷案的复杂多样性，总可能存在前述加权指数不能完全覆盖的纠纷情节，因此必须再给审理法官一定的自由裁量权。法官自由裁量指数建议取值为 $k_5 = 0.90 \sim 1.00$。

三、彩礼返还模型应用范例

案例［1］：某中等地区城市男王贵与乡村女李香经人介绍恋爱至私密接触期，王贵因故提出分手并要求返还彩礼，李香不同意分手，王贵遂向法院提出彩礼返还诉讼。经法庭调查双方当事人恋爱期间彩礼给付情况如表 3-40 所示，其中针对定情戒指王贵不要求李香返还。

1. 各份彩礼返还额度的确定

（1）针对定情戒指 $c_{01} = 1000$ 元，因王贵不要求返还，按前述彩礼返还分则 I 之规定，李香不必返还。

（2）针对见面礼 $c_{02} = 2000$ 元，根据彩礼属性，按前述彩礼返还分则 III 之规定，按给付时的价值通过彩礼返还模型式（3-42）确定返还额度。按表 3-36 毁约指数 $k_1 = 0.78$；按表 3-37 风俗习惯指数 $k_2 = 0.90$；由表 3-40 知双方当事人感情终止时所处的恋爱阶段标识值 $q \leqslant 5$，则偷尝禁果指数 $k_3 = 1.00$；按表达式（3-44）或表 3-39，$q = 3$、$t = 10$ 情形下的占有彩礼时长指数 $k_4 = 0.75$；若法官放弃自由裁量权则取自由裁量指数 $k_5 = 1.00$。则针对见面礼 $c_{02} = 2000$ 元最终的返还额度为：

表 3－39 占有彩礼时长指数 k_4 的确定

q \ t	1	2	4	6	8	10	12	14	16	18	20	22	24	26	28	30	32	34
1	0.91	0.77	0.68	0.64	0.62	0.60	0.59	0.58	0.57	0.56	0.56	0.55	0.55	0.55	0.54	0.54	0.54	0.53
2	0.91	0.83	0.77	0.74	0.72	0.70	0.69	0.68	0.68	0.67	0.67	0.66	0.66	0.65	0.65	0.65	0.64	0.64
3	0.91	0.85	0.81	0.78	0.77	0.75	0.75	0.74	0.73	0.73	0.72	0.72	0.71	0.71	0.71	0.70	0.70	0.70
4	0.91	0.87	0.83	0.81	0.79	0.78	0.78	0.77	0.77	0.76	0.76	0.75	0.75	0.75	0.74	0.74	0.74	0.74
5	0.91	0.87	0.84	0.83	0.81	0.81	0.80	0.79	0.79	0.78	0.78	0.78	0.77	0.77	0.77	0.77	0.77	0.76
6	0.91	0.88	0.85	0.84	0.83	0.82	0.81	0.81	0.81	0.80	0.80	0.80	0.79	0.79	0.79	0.79	0.78	0.78
7	0.91	0.88	0.86	0.85	0.84	0.83	0.83	0.82	0.82	0.81	0.81	0.81	0.81	0.80	0.80	0.80	0.80	0.80

$$C_2 = k_1 \cdot k_2 \cdot k_3 \cdot k_4 \cdot k_5 \cdot c_{02} = 0.78 \times 0.90 \times 1.00 \times 0.75 \times 1.00 \times 2000$$

$$= 1053.00 \,(\text{元})$$

表 3-40 案例 [1] 双方当事人的恋爱阶段划分及收受方占有彩礼时长

恋爱阶段	眉目传情期	拉拉扯扯期	秘密接触期	亲密接触期	私密接触期	偷尝禁果期	同床共枕期
恋爱阶段标识值	$q=1$	$q=2$	$q=3$	$q=4$	$q=5$	$q=6$	$q=7$
定情戒指1000元 见面礼2000元 订婚彩礼16666元 端酒钱800元 下车礼2222元					$t_1=12$ $t_2=10$ $t_3=4$ $t_4=4$ $t_5=4$		

（3）针对订婚彩礼、端酒钱、下车礼合计 $c_{03}=19688$ 元，因给付时这三份彩礼对应的恋爱阶段标识值及收受方的占有彩礼时长均相同，核算时合并在一起考虑。同样根据彩礼属性，按前述彩礼返还分则Ⅲ之规定并通过彩礼返还模型式（3-42）确定返还额度。k_1、k_2、k_3 取值的确定同上；按表达式（3-44）或表3-39，$q=4$、$t=4$ 情形下的占有彩礼时长指数 $k_4=0.83$；若法官放弃自由裁量权则取自由裁量指数 $k_5=1.00$。则针对订婚彩礼、端酒钱、下车礼 $c_{03}=19688$ 元最终的返还额度为：

$$C_3 = k_1 \cdot k_2 \cdot k_3 \cdot k_4 \cdot k_5 \cdot c_{03} = 0.78 \times 0.90 \times 1.00 \times 0.83 \times 1.00 \times 19688$$

$$= 11471.41 \,(\text{元})$$

根据式（3-43），则最终李香的彩礼返还额度总和为12524.41元。

2. 定情戒指的返还方案

还是上述案例，若针对定情戒指王贵也要求返还，如何处理呢？

根据彩礼属性，定情戒指属于收藏物范畴，按前述彩礼返还分则Ⅲ之规定，按给付时的价值通过彩礼返还模型式（3-42）确定返还额度。k_1、k_2、k_3 取值的确定同上；按表达式（3-44）或表3-39，$q=3$、$t=12$ 情形下的占有彩礼时长指数 $k_4=0.75$；若法官放弃自由裁量权则取自由裁量指数 $k_5=1.00$。则针对定情戒指 $c_{01}=1000$ 元最终的返还额度为：

$$C_1 = k_1 \cdot k_2 \cdot k_3 \cdot k_4 \cdot k_5 \cdot c_{01} = 0.78 \times 0.90 \times 1.00 \times 0.75 \times 1.00 \times 1000$$

$$= 526.50 \,(\text{元})$$

据此核算结果，李香返还定情戒指时有两种返还方案：

（1）若定情戒指还有原物，则按原物优先返还原则返还，李香将定情戒指返还王贵，同时王贵向李香退补473.50元；

（2）若定情戒指没有原物，则李香向王贵返还526.50元现金。

3. 感情终止期不同时彩礼返还额度的确定

还是针对上述案例［1］，若双方当事人的感情终止期处于偷尝禁果期，且据法庭调查这期间双方当事人平均每周偷尝禁果次数为2～3次，针对定情戒指王贵还是不要求返还，其他基本情节不变，如表3-41所示，则重新确定彩礼返还额度如下。

表3-41　案例［1］双方当事人的恋爱阶段划分及收受方占有彩礼时长

恋爱阶段	眉目传情期	拉拉扯扯期	秘密接触期	亲密接触期	私密接触期	偷尝禁果期	同床共枕期
恋爱阶段标识值	$q=1$	$q=2$	$q=3$	$q=4$	$q=5$	$q=6$	$q=7$
定情戒指1000元 见面礼2000元 订婚彩礼16666元 端酒钱800元 下车礼2222元							$t_1=12$ $t_2=10$ $t_3=4$ $t_4=4$ $t_5=4$

（1）针对见面礼 $c_{02}=2000$ 元，k_1、k_2 取值的确定同上；按表3-38偷尝禁果指数 $k_3=0.77$；按表达式（3-44）或表3-39，$q=4$、$t=10$ 情形下的占有彩礼时长指数 $k_4=0.78$；若法官在 $0.90～1.00$ 范围内取自由裁量指数 $k_5=0.95$，则其最终的返还额度为：

$$C_2 = k_1 \cdot k_2 \cdot k_3 \cdot k_4 \cdot k_5 \cdot c_{02} = 0.78 \times 0.90 \times 0.77 \times 0.78 \times 0.95 \times 2000 = 801.08（元）$$

（2）针对订婚彩礼、端酒钱、下车礼合计 $c_{03}=19688$ 元，k_1、k_2 取值的确定同上；按表3-38偷尝禁果指数 $k_3=0.77$；按表达式（3-44）或表3-39，$q=5$、$t=4$ 情形下的占有彩礼时长指数 $k_4=0.84$；若法官在 $0.90～1.00$ 范围内取自由裁量指数 $k_5=0.95$，则其最终的返还额度为：

$$C_3 = k_1 \cdot k_2 \cdot k_3 \cdot k_4 \cdot k_5 \cdot c_{03} = 0.78 \times 0.90 \times 0.77 \times 0.84 \times 0.95 \times 19688 = 8492.44（元）$$

根据式（3-43），在新的感情终止期情况下，则最终李香的彩礼返还额度总和为 9293.52 元。

案例［2］：某欠发达地区农民刘二白与邻村小芳经人介绍恋爱至私密接触期，期间彩礼给付情况如表 3-42 所示，后因小芳进城务工另有所爱，遂提出与刘二白分手，刘二白同意分手但与小芳就彩礼返还协商不成，遂向法院提出彩礼返还诉讼。

表 3-42　案例［2］双方当事人的恋爱阶段划分及收受方占有彩礼时长

恋爱阶段	眉目传情期	拉拉扯扯期	秘密接触期	亲密接触期	私密接触期	偷尝禁果期	同床共枕期
恋爱阶段标识值	$q=1$	$q=2$	$q=3$	$q=4$	$q=5$	$q=6$	$q=7$
定情物手表 800 元 电动自行车 1600 元 拖拉机 11600 元 （补贴后）					$t_1=10$ $t_2=8$ $t_3=4$		

因上表中各项彩礼如定情物手表、电动自行车、拖拉机等都属于使用物，使用物在使用过程中自然会有耗损、折旧，给付方在给付彩礼时选择给付使用物而不直接给付金钱，一方面表达了满足收受方使用的初衷，另一方面也默认了使用过程中自然会有耗损、折旧的后果。因此，根据前述彩礼返还分则Ⅳ，对于手表、自行车、缝纫机、摩托车、拖拉机、汽车等使用物彩礼，返还时应按收受方意愿确定是否遵循原物优先返还原则返还，并按要求返还时的价值通过彩礼返还模型确定返还额度。

经专业机构评估或根据同类物品盲估，案例［2］中所给付彩礼物品在要求返还时的价值分别为：定情物手表 650 元；电动自行车 1200 元；拖拉机 9100 元。下面按彩礼返还模型确定各份彩礼的返还额度。

（1）针对定情物手表 $c_{01}=800$ 元，要求返还时价值 $c_1=650$ 元。按表 3-36 毁约指数 $k_1=1.00$；按表 3-37 风俗习惯指数 $k_2=0.85$；由表 3-42 知双方当事人感情终止时所处的恋爱阶段标识值 $q\leqslant5$，则偷尝禁果指数 $k_3=1.00$；按表达式（3-44）或表 3-39，$q=3$、$t=10$ 情形下的占有彩礼时长指数 $k_4=0.75$；若法官放弃自由裁量权则取自由裁量指数 $k_5=1.00$。则针对定情物手表的返还额度为：

$C_1 = k_1 \cdot k_2 \cdot k_3 \cdot k_4 \cdot k_5 \cdot c_1 = 1.00 \times 0.85 \times 1.00 \times 0.75 \times 1.00 \times 650 = 414.38$（元）

（2）针对电动自行车 $c_{02} = 1600$ 元，要求返还时价值 $c_2 = 1200$ 元。k_1、k_2、k_3 取值的确定同上；按表达式（3-44）或表 3-39，$q = 3$、$t = 8$ 情形下的占有彩礼时长指数 $k_4 = 0.77$；若法官放弃自由裁量权则取自由裁量指数 $k_5 = 1.00$。则针对电动自行车的返还额度为：

$C_2 = k_1 \cdot k_2 \cdot k_3 \cdot k_4 \cdot k_5 \cdot c_2 = 1.00 \times 0.85 \times 1.00 \times 0.77 \times 1.00 \times 1200 = 785.40$（元）

（3）针对拖拉机 $c_{03} = 11600$ 元，要求返还时价值 $c_3 = 9100$ 元。k_1、k_2、k_3 取值的确定同上；按表达式 3-44 或表 3-39，$q = 4$、$t = 4$ 情形下的占有彩礼时长指数 $k_4 = 0.83$；若法官放弃自由裁量权则取自由裁量指数 $k_5 = 1.00$。则针对拖拉机的返还额度为：

$C_3 = k_1 \cdot k_2 \cdot k_3 \cdot k_4 \cdot k_5 \cdot c_3 = 1.00 \times 0.85 \times 1.00 \times 0.83 \times 1.00 \times 9100 = 6420.05$（元）

据此核算结果，小芳返还刘二白彩礼时有如下几种返还方案：

（1）若愿意返还原物，则小芳返还上述三件彩礼时，刘二白应同时分别向小芳退补 235.62 元、414.60 元、2679.95 元现金，合计退补金额为 3330.17 元；

（2）若不愿意返还原物，则小芳应针对上述三件彩礼分别向刘二白返还 414.38 元、785.40 元、6420.05 元现金，合计返还金额为 7619.83 元。

（3）当然，也可以针对每一件彩礼，单独确定按原物返还还是不按原物返还。如针对定情物手表和拖拉机，确定为按原物返还，则返还时刘二白向小芳退补 2915.57 元现金；针对电动自行车，确定为不按原物返还，则小芳应向刘二白返还 785.40 元现金。

案例［3］：某发达地区 52 岁的城市女潘银莲偶然认识了 28 岁的进城务工男东门庆（未办居住证，户籍在原乡下），双方频繁接触不久便偷尝禁果并很快同床共枕，但东门庆不久便提出分手，潘银莲同意分手但要求东门庆退还恋爱及同居期间赠予的各种礼物及房产，东门庆无意返还，潘银莲遂向法院提出彩礼返还诉讼。经法庭调查两人从相识至同居期间的礼物给付情况如表 3-43 所示，双方当事人平均每周偷尝禁果次数为 2~3 次，在东门庆名下的轿车经专业机构评估或根据同类车型盲估，至要求返还时的价值为 332000 元。

表 3 – 43 案例 [3] 双方当事人的恋爱阶段划分及收受方占有彩礼时长

恋爱阶段	眉目传情期	拉拉扯扯期	秘密接触期	亲密接触期	私密接触期	偷尝禁果期	同床共枕期
恋爱阶段标识值	$q=1$	$q=2$	$q=3$	$q=4$	$q=5$	$q=6$	$q=7$
宠物狗 1800 元							$t_1=8$
轿车 360000 元							$t_2=6$
房产 900000 元（已登记在收受方名下）							$t_3=4$
房产 1200000 元（未登记在收受方名下）							$t_4=2$

下面按彩礼返还模型确定各份彩礼的返还额度及返还方案。

（1）针对宠物狗 $c_{01}=1800$ 元，根据前述彩礼返还分则 V，按给付时的价值通过彩礼返还模型核算返还额度。按表 3 – 36 毁约指数 $k_1=1.00$；按表 3 – 37 风俗习惯指数 $k_2=0.95$；按表 3 – 38 偷尝禁果指数 $k_3=0.77$；按表达式（3 – 44）或表 3 – 39，$q=3$、$t=8$ 情形下的占有彩礼时长指数 $k_4=0.77$；若法官放弃自由裁量权则取自由裁量指数 $k_5=1.00$。则针对宠物狗的返还额度为：

$$C_1 = k_1 \cdot k_2 \cdot k_3 \cdot k_4 \cdot k_5 \cdot c_{01} = 1.00 \times 0.95 \times 0.77 \times 0.77 \times 1.00 \times 1800$$
$$= 1013.86（元）$$

（2）针对轿车 $c_{02}=360000$ 元，要求返还时价值为 $c_2=332000$ 元。根据前述彩礼返还分则 IV，按要求返还时的价值通过彩礼返还模型确定返还额度。k_1、k_2、k_3 取值的确定同上；按表达式（3 – 44）或表 3 – 39，$q=6$、$t=6$ 情形下的占有彩礼时长指数 $k_4=0.84$；若法官放弃自由裁量权则取自由裁量指数 $k_5=1.00$。则针对轿车的返还额度为：

$$C_2 = k_1 \cdot k_2 \cdot k_3 \cdot k_4 \cdot k_5 \cdot c_2 = 1.00 \times 0.95 \times 0.77 \times 0.84 \times 1.00 \times 332000$$
$$= 204000.72（元）$$

（3）针对房产 $c_{03}=900000$ 元，根据前述彩礼返还分则 VI，按给付时的价值通过彩礼返还模型确定返还额度。k_1、k_2、k_3 取值的确定同上；按表达式

（3-44）或表 3-39，$q=7$、$t=4$ 情形下的占有彩礼时长指数 $k_4=0.86$；若法官放弃自由裁量权则取自由裁量指数 $k_5=1.00$。则针对房产 $c_{03}=900000$ 元礼物的返还额度为：

$$C_3 = k_1 \cdot k_2 \cdot k_3 \cdot k_4 \cdot k_5 \cdot c_{03} = 1.00 \times 0.95 \times 0.77 \times 0.86 \times 1.00 \times 900000$$
$$= 566181.00（元）$$

（4）针对房产 $c_{04}=1200000$ 元，因属于未登记在收受方名下的不动产，所有权仍归潘银莲而不归东门庆，因此不存在彩礼返还问题。若东门庆执意占有而不退还，可以财产侵占罪按刑事诉讼案件处理。

根据上述各份礼物的返还额度，结合不同属性礼物所对应的彩礼返还分则，同时考虑礼物收受方意愿，即可确定各份礼物的返还方案。

（1）针对宠物狗的返还，根据前述彩礼返还分则 V，若东门庆愿意返还宠物狗原物，则返还时潘银莲需向东门庆退补 786.14 元现金；若东门庆觉得与宠物狗已有感情而不愿意返还原物，则其应向潘银莲返还 1013.86 元现金。

（2）针对轿车的返还，根据前述彩礼返还分则 Ⅳ，若东门庆愿意返还轿车原物，则返还时潘银莲需向东门庆退补 127999.28 元现金；若东门庆不愿意返还轿车原物，则其应向潘银莲返还 204000.72 元现金。

（3）针对 $c_{03}=900000$ 元房产的返还，根据前述彩礼返还分则 Ⅵ，按原物优先返还原则返还，返还时潘银莲需向东门庆退补 333819.00 元现金。

案例［4］：某偏远地区乡村男潘成亲经人介绍认识了邻村女魏淑芬，潘成亲家境不好又急于结婚，于是认识没几天就将自家猪圈里的 3 立方有机肥送到了未来老丈人家的田间地头，以助来年春耕春播，又许诺春节前将自家猪圈里的两头猪送来作为彩礼。两人拉拉扯扯交往了近两个月后，魏淑芬进城务工，认识了某化肥厂老板并坠入爱河，遂提出与潘成亲分手，潘成亲开始不同意分手。

此案例可能产生的婚约财产纠纷有如下几种情形，根据前述彩礼返还分则，结合前述彩礼返还模型，请读者自行确定彩礼返还方案：

（1）若潘成亲感觉两人和好无望最终同意分手，并要求魏淑芬返还 3 立方猪圈有机肥（经当地评估机构聘请经验老农估价，至要求返还时 3 立方猪圈有机肥相当于当地化肥厂出售的 3 袋化肥，作价共计 450 元），女方如何返还？若魏淑芬父亲已将 3 立方猪圈有机肥撒施于田间，女方又如何返还？

（2）若潘成亲感觉两人和好无望最终同意分手，且不要求魏淑芬返还3立方猪圈有机肥，但是魏淑芬执意要求潘成亲将3立方猪圈有机肥从自家的田间地头移走，法院该如何判决处置？若魏淑芬父亲已将3立方猪圈有机肥撒施于田间，魏淑芬还执意要求潘成亲将3立方猪圈有机肥从自家的地里移走，法院又该如何判决处置？

四、处理彩礼纠纷案的法理依据

如前所述，长期以来，在我国的司法实践中，一直以赠予来对待彩礼问题，且把这种赠予人为地区别于"一般赠予"，冠之曰"特殊赠予"①。其解释是，赠送彩礼的目的在于缔结婚姻，而一般赠予不会带有什么特殊目的。显然，这种解释是有牵强附会之嫌的。

实际上，从广义上来看，在世间的人情往来中，任何赠予都是有"目的"的，且其"目的"也没有"一般"与"特殊"之分。向情人赠予彩礼是以缔结婚姻为目的，向朋友赠予礼物是以增进友谊为目的，向上司赠予礼物是以答谢关照或求得日后多多关照为目的，向街坊邻里赠予礼物是以求得关系和睦为目的，甚至向路边乞丐施舍也是以显示自己大度或求得心灵安慰为目的。这些名目繁多的"目的"之间，很难也没有必要区分哪些是"一般目的"哪些是"特殊目的"。举个简单的例子，特殊环境下，有人愿意拿一金镯赠予他人，以求对方施舍一个馒头解决饥饿维持生计，此种情形下，什么赠予彩礼、缔结婚姻、洞房花烛、生儿育女等都抛到九霄云外了，还有什么"一般"或"特殊"可言？

因此，解决彩礼纠纷问题，不能从赠予的一般性与特殊性的角度出发寻求解决方案。本节前文从法的规范作用和社会作用的角度出发②，基于数字法律原理构建了彩礼返还模型，并以此为基础形成了彩礼纠纷案的规范化、程式化处理方案，通过应用范例显示该处理方案能够比较客观公正地处理有关彩礼的民事纠纷，最大限度地消除源于彩礼纠纷的社会不稳定

① 许冬梅．彩礼返还法律问题研究［D］．吉林：吉林大学硕士学位论文，2015：7.

② 张文显．法理学［M］．4版．北京：高等教育出版社，2011：49.

因素。

因此，本节前文基于数字法律的彩礼纠纷案的处理方案的法理依据就很容易被理解了。

首先，通过赠予彩礼追求缔结婚姻是一种封建习俗，随着社会的发展这种封建习俗应该逐渐被削弱，进入更高级别社会之后这种封建习俗应该最终被消灭。据此，解决彩礼纠纷的法律设计应起到抑制彩礼习俗的规范作用和社会作用。

其次，在当前社会生产力水平及利益分配体制下，加之封建习俗的惯性使然，彩礼习俗又不可能完全禁止。据此，处理彩礼纠纷案时，要遵循"既不能倾向于全部返还，也不能倾向于全部不还"的原则。因为若倾向于全部返还，会导致给付方"滥付"，若倾向于全部不还，会导致收受方"滥收"。

当然，处理彩礼纠纷案时遵循"既不能倾向于全部返还，也不能倾向于全部不还"原则的现实层面原因还在于，针对每一份纠纷彩礼，对给付方而言尽管没有达到"缔结婚姻"的"最终目的"，但达到了满足自己生理心理需求、感受人文关怀的"部分目的"；而对收受方而言尽管没有尽到"缔结婚姻"的"最终义务"，但尽到了满足对方生理心理需求、付出人文关怀的"部分义务"。从这一现实层面角度考虑，针对每一份纠纷彩礼，"全部返还"不合适，"全部不还"也不合适。

既然处理彩礼纠纷案"既不能倾向于全部返还，也不能倾向于全部不还"，那么，其核心工作就是一个确定"返还额度"的技术问题了。本节基于数字法律原理，以恋爱阶段划分为主线，以占有彩礼时长为参考，在考虑毁约主张秩序、当地风俗习惯、法官自由裁量权等因素的基础上，构建彩礼返还模型，核算彩礼返还额度，从而形成彩礼纠纷案的规范化、程式化处理方案，通过模拟的应用范例显示其能够比较客观公正地处理各种各样的彩礼纠纷案。

通过基于数字法律的彩礼纠纷案处理方案的顶层设计及模拟应用，可以预见，无论多么复杂的民事纠纷，在数字法律模式下，都会得到比较客观公正的解决。可见，基于数字法律原理不但能够客观公正地处理刑事案件的定罪量刑问题，也同样能够客观公正地处理民事案件中涉案当事人的民事权利义务关系。同时，在大数据背景下，基于数字法律所建立的规范化、程式化法事处理方案，可以最大限度实现法律的实体正义与形式正义的统一，也为将来司法人工智能的应用与普及，特别是刑事案件人工智能定罪量刑系统与民事案件人工智能审理判决系统的建立，指明了发展方向，奠定了坚实基础。

第四章

基于数字法律的数罪并罚算法研究及应用

第一节 引 子

一、一道印错的司法考试题引出的问题

有一道有关数罪并罚的司法考试单选题，题目的设计本来是为了考查考生对我国刑法数罪并罚制度的了解情况，但试题印错后却成了如下结果：

张三因犯抢劫罪、故意伤害罪和盗窃罪分别被判处有期徒刑12年、7年和6年，则张三数罪并罚后应服刑（ ）。（单选题）

A.13年 B.14年 C.15年 D.16年 E.17年 F.18年 G.19年H.20年

作为单选题目，本来应只有一个正确答案，结果试题印错后，出现了8个正确答案。实际上，依照刑法修正案（八）之前的刑法，若以半年为量刑阶梯，针对张三的三罪并罚，并不是仅有一个合法判决结果，也不是只有8个合法判决结果，而是可以出现16个都是合法的判决结果。若以三个月为量刑阶梯，则最多可以出现32个合法的判决结果。若以一个月为量刑阶梯，则最多可以出现96个合法的判决结果。而依照刑法修正案（八）之后的刑法，合法的判决结果更多。

面对这一单选题，"悲观"的考生眉头紧锁、思绪万千：呜呜，这样的法律制度，与"橡胶图章""橡皮尺"有何区别？

面对这一单选题，"乐观"的考生眉开眼笑、想入非非：哈哈，终于找到"吃了原告吃被告"的法律漏洞了。

二、法院实习生的司法游戏引出的问题

刚结婚不久妻已怀孕的李四因犯五罪分别被判处有期徒刑 7 年、6 年、5 年、4 年和 3 年。即将裁定李四的数罪并罚服刑刑期之际，法庭休息，恰巧法院里新分来了五位法学专业实习生王一、王二、王三、王四和王五，法院院长灵机一动，想让五位实习生现场做个游戏，于是就请五位实习生分别给出李四的数罪并罚服刑刑期，结果王一、王二、王三、王四、王五给出的答案分别是：8 年；11 年；14 年；17 年；20 年。

正在一旁休息的犯罪人李四坐不住了，霍地站起身来冲着五位实习生大声嚷嚷起来："按照你王一的判决结果，我出狱时我儿子还穿开裆裤；按照你王五的判决结果，我出狱时我儿子又快要娶媳妇了，你们这哪是判案，分明是视法律为儿戏！"

但无奈的是，按照目前的数罪并罚量刑制度，五位实习生给出的数罪并罚服刑刑期结果，却都是合法判决结果。

三、变疯的杨白老汉引出的问题

杨白（化名）老汉 69 岁，因属于"五保户"，一年仅靠 600 元的生活补助度日，经常衣不蔽体、食不果腹。万般无奈之下突发奇想：干点坏事进监狱养老。①② 于是开始频繁抢劫、诈骗、盗窃、侵占直至案发。在法庭上听到法官宣判："杨白，男，69 岁，因某年某月某日在某地犯抢劫罪判处有期徒刑 5 年，某年某月某日在某地犯诈骗罪判处有期徒刑 4 年，某年某月某日在某地犯盗窃罪判处有期徒刑 3 年，某年某月某日在某地犯侵占罪判处有期徒刑 2 年……"杨白老汉一边听心里一边得意地盘算着：5 年、4 年、3 年、2 年，总共 14 年，出狱时 83 岁了，够养老了。谁知法官话锋一转："……数

---

① 杨洋. 入狱养老记［J］. 中国周刊，2012（7）.

② 宋玉波，王金文. 法治背景下的民生出路——以付达信案为例［J］. 河北法学，2013（2）：22 – 27. 为了建立数字法律模型的需要，本书对原实际案例进行了重新创作与改编。

罪并罚，最终判处有期徒刑7年！"

杨白老汉听到这里着急了，问："不是总共14年吗？怎么成7年了？什么叫数罪并罚？"法官答："数罪并罚就是打折。"杨白老汉又问："为什么要打折？"法官答："法律就是这么规定的。"

"这是谁定的法律？"……杨白老汉越问越急、越想越气，嘴里还不停地念叨着："算好的14年，怎么成了7年了？无缘无故少了一半，7年后出狱咋办？"

杨白老汉被收监后，对此事仍耿耿于怀，于是在服刑期间不停地向全国各地的著名法律专家、律师、学者寄信询问：为什么总和刑期14年的有期徒刑变成了7年？那剩下的7年哪儿去了？结果无一回应。杨白老汉还是不停地发信求助：那剩下的7年哪儿去了？是被谁偷去了吗？再给我留下3年也好呀。结果还是无一回应。由于天天想着自己7年后出狱咋办，最终，杨白老汉在监狱里疯了。

这种"打折"的数罪并罚制度，究竟有什么法理依据？这有必要搞明白，否则杨白老汉疯得有点不明不白。

第二节　当前刑法之数罪并罚制度存在的问题

上述引子中的几个例子，已经比较感性直观地反映了目前我国刑法之数罪并罚制度存在的问题，下面主要针对有期自由刑的情形，从较为理性客观的角度进行较为深入的分析。

刑法的数罪并罚原则，是指对一人犯数罪后的合并处罚原则。我国刑法所采取的数罪并罚原则主要有并科原则、吸收原则、限制加重原则与混合原则。

我国刑法规定，对于判处有期徒刑、拘役和管制的数罪实行并罚，采取限制加重原则。对于限制加重原则，其"限制"表现为两个方面：一是并罚后的刑期受总和刑期的限制，二是并罚后的刑期受数罪并罚法定最高刑的限制。其"加重"也表现为两个方面：一是在所判数罪中的最高刑期以上决定执行的刑期，二是可以超过有期徒刑、拘役、管制的一般法定最高刑期决定执行的刑期。

从上述限制加重原则的表述不难看出，针对有期自由刑的数罪并罚规定，使用"限制加重原则"这一术语进行概括，是有失偏颇的，是对有期自由刑的数罪并罚规定的曲解。其中"限制"的表述是确切的，而"加重"的表述是似是而非的，甚至是南辕北辙的。从数罪并罚的处罚结果来看，目前我国针对有期自由刑的数罪并罚制度，本质上是一种有关各分罪刑期的"折扣制度"，即假若某一犯罪人犯有数罪，其并罚后的刑期是在原来各分罪的总和刑期的基础上进行了打折处理，而不是"加重"。这一"折扣制度"明显存在如下几方面的问题。

一、数罪并罚刑期"折扣"的法理依据不明确

限制加重原则下的数罪并罚为什么要对总和刑期进行"打折"处理呢？至今查阅不到有说服力的法理依据。一般教科书是如此解释的："如果采取相加原则，就显得过严，而且不符合实际；如果采取吸收原则，就显得过宽，不利于预防犯罪。"① 显然，这一解释是牵强附会的，甚至不符合一般的社会公理。

下面基于一般的社会公理认知角度举例说明：犯罪人甲犯 A 罪被判有期徒刑 6 年，出狱后又犯 B 罪被判有期徒刑 5 年。这样犯罪人甲被分次判决数罪，共受到了 11 年的惩罚；犯罪人乙被抓获后发现同时或先后犯有同样的 A 罪和 B 罪，其中 A 罪也被判处有期徒刑 6 年，B 罪也被判处有期徒刑 5 年，这样犯罪人乙被一次判决数罪，假定数罪并罚后其有期徒刑刑期被定为 8 年，则犯罪人乙最终共受到了 8 年的惩罚。假定犯罪人甲与乙所犯 A 罪和 B 罪的案情相同、对受害人危害程度相同、对社会危害结果相同，但在数罪并罚的"折扣制度"下，犯罪人乙所受到的惩罚却永远不会大于犯罪人甲所受到的惩罚，甚至绝大多数情况下犯罪人乙所受到的惩罚要比犯罪人甲所受到的惩罚小很多。这样的处理结果，明显有悖于一般的社会公理。

正因如此，由本章第一节引子中的例子不难看出，一项没有法理依据或

---

① 曲新久，陈兴良，张明楷，等．刑法学［M］．北京：中国政法大学出版社，2008：134.

法理依据不明确的法律制度，导致的司法结果可能大相径庭。

二、数罪并罚刑期"折扣"与罪责刑相适应原则相冲突

一般而言，在有期自由刑情形下，如果单罪的刑罚结果是与犯罪行为的危害后果准确对等的，那么，除并科原则下的数罪并罚量刑结果外，其他数罪并罚原则诸如吸收原则、限制加重原则下的数罪并罚量刑结果都是与罪责刑相适应原则相冲突的。

从上面的举例中也不难看出这一点，如表4-1所示，在假定犯罪人甲与乙所犯A罪和B罪的案情相同、对受害人危害程度相同、对社会危害结果相同的情况下，即犯罪人甲与乙的"罪责"相当，但其"刑"却不一样。

表4-1 数罪并罚刑期"折扣"与罪责刑相适应原则的矛盾

犯罪人甲与乙所犯A罪和B罪：案情相同、危害程度相同、危害结果相同 ↓ "罪"相同	犯罪人甲：分次判决数罪，没有适用数罪并罚，有期徒刑11年	→ "刑"不同
	犯罪人乙：一次判决数罪，适用数罪并罚，有期徒刑8年	

根据上述对比，针对相同的"罪"，是犯罪人甲的刑罚结果满足罪责刑相适应原则，还是犯罪人乙的刑罚结果满足罪责刑相适应原则呢？或者说针对案情相同、危害程度相同、危害结果相同的A罪和B罪，是11年的有期徒刑与其"罪"吻合，还是8年的有期徒刑与其"罪"更吻合呢？显然，上述两种情形，要么只有一种情形满足罪责刑相适应原则，要么两种情形都不满足罪责刑相适应原则，而不可能两种情形都满足罪责刑相适应原则。

因此可以断定，在法院针对某一犯罪人一次判决数罪的情况下，假定法官针对数罪中各分罪的定罪量刑都适用了罪责刑相适应原则，则"打折处理"后的数罪并罚结果肯定违背了罪责刑相适应原则。

三、数罪并罚量刑结果的非唯一性

既然目前针对有期自由刑的数罪并罚制度本质上是一种"折扣制度"，而且"折扣"的幅度还由法官自由裁量，这就必然导致数罪并罚量刑结果的非唯一性。那么，针对某一犯罪人有期自由刑的数罪并罚案情，按照目前的

数罪并罚量刑制度，最多可以得到多少个合法判决结果呢？下面给出其估算方法。

一般地，针对某一犯有数罪的犯罪人，假定其数罪中最高刑期为 T_m，数罪总和刑期为 T_Σ，法定最高刑期为 T_e，则针对该犯罪人的数罪并罚量刑刑期的合法判决结果数量为：

$$[n] = C(T_\Sigma - T_m) \qquad (T_\Sigma \leqslant T_e) \qquad\qquad (4-1)$$

或为：

$$[n] = C(T_e - T_m) \qquad (T_\Sigma > T_e) \qquad\qquad (4-2)$$

式中：$[n]$——数罪并罚合法判决结果数量；

C——量刑阶梯系数，其值从表 4-2 中选取。

表 4-2　量刑阶梯系数取值表

量刑阶梯	1 年	半年	四个月	三个月	两个月	一个月
系数 C	$C=1$	$C=2$	$C=3$	$C=4$	$C=6$	$C=12$

根据上述估算方法，考察前述引子中的第一个实例可能出现的合法判决结果数量。数罪中最高刑期 $T_m = 12$ 年，数罪总和刑期 $T_\Sigma = 25$ 年，法定最高刑期 $T_e = 20$ 年。若以半年为量刑阶梯，由表 4-2 取 $C=2$，则由式（4-2）可得合法判决结果数量为：

$$[n] = C(T_e - T_m) = 2 \times (20 - 12) = 16$$

若以三个月为量刑阶梯，由表 4-2 取 $C=4$，则由式（4-2）可得合法判决结果数量为：

$$[n] = C(T_e - T_m) = 4 \times (20 - 12) = 32$$

同理，若以一个月为量刑阶梯，由表 4-2 取 $C=12$，则由式（4-2）可得合法判决结果数量为：

$$[n] = C(T_e - T_m) = 12 \times (20 - 12) = 96$$

再来考察前述引子中的第二个实例可能出现的合法判决结果数量。数罪中最高刑期 $T_m = 7$ 年，数罪总和刑期 $T_\Sigma = 25$ 年，法定最高刑期 $T_e = 20$ 年，若以半年为量刑阶梯，由表 4-2 取 $C=2$，则由式（4-2）可得合法判决结果数量为：

$$[n] = C(T_e - T_m) = 2 \times (20 - 7) = 26$$

同理，若以一个月为量刑阶梯，则最多可以得到 156 个合法判决结果。

在如此众多的合法判决结果中，按目前的数罪并罚制度，不可能唯一地确定最终的数罪并罚量刑刑期，从而导致数罪并罚量刑结果的非唯一性，即针对同样的数罪事实，不同地区的法院或不同的法官，甚至必然会给出多种多样、五花八门的数罪并罚量刑结果。而数罪并罚量刑结果的非唯一性，一方面，为司法者留下了巨大的自由裁量空间，而针对这巨大的自由裁量空间，司法者却没有任何的法定量刑情节可供参考；另一方面，这一巨大的自由裁量空间的存在，又使司法者对数罪中各分罪的精确量刑的努力变为徒劳。

当然，上述针对数罪并罚量刑刑期的合法判决结果数量的计算，仅适用于犯罪人所犯数罪皆为有期自由刑的情形。所犯数罪涉及死刑或无期徒刑时，数罪并罚后的判决结果只有一个，即是死刑或是无期徒刑。

四、数罪并罚量刑结果之执行率与吸收率的非恒定性

由于针对有期自由刑的数罪并罚制度本质上是一种"折扣制度"，其最终的数罪并罚量刑结果，即其执行刑期必然要少于数罪总和刑期，或者可以认为反映犯罪人犯罪危害后果的一部分刑期被吸收了。为了衡量数罪并罚"折扣"的幅度，这里给出执行率与吸收率的概念。

假定犯罪人所犯数罪总和刑期为 T_{Σ}，数罪并罚后的执行刑期为 T_z，则其相应的执行率 τ_z 为：

$$\tau_z = \frac{T_z}{T_{\Sigma}} \times 100\% \qquad (4-3)$$

而其相应的吸收率 τ_x 为：

$$\tau_x = \frac{T_{\Sigma} - T_z}{T_{\Sigma}} \times 100\% \qquad (4-4)$$

显然，针对某一既定的数罪并罚量刑结果，必然有下式成立：

$$\tau_z + \tau_x = 1 \qquad (4-5)$$

针对前述本章第一节引子中的第二个实例，数罪总和刑期为 $T_{\Sigma} = 25$ 年，可以就五位法学专业实习生王一、王二、王三、王四和王五给出的数罪并罚量刑结果，分别计算其相应的执行率和吸收率，计算结果如表 4-3 所示。

表 4 - 3 不同的数罪并罚量刑结果对应的执行率与吸收率

实习生	王一	王二	王三	王四	王五
量刑结果（年）	8	11	14	17	20
执行率 τ_z	32%	44%	56%	68%	80%
吸收率 τ_x	68%	56%	44%	32%	20%

可见，当不同的法官针对相同的数罪状况进行并罚判决时，随着数罪并罚量刑结果的不同，其相应的执行率和吸收率具有非恒定性，甚至呈现很大的差别。如上述五位法学专业实习生给出的数罪并罚量刑结果，其最高与最低执行率或吸收率竟然相差近50%。

需要说明的是，上述针对数罪并罚量刑结果执行率与吸收率的概念，适用于犯罪人所犯数罪皆为有期自由刑的情形，所犯数罪涉及死刑或无期徒刑时，其执行率与吸收率在一般数学意义上无法表达。

第三节 基于数字法律的数罪并罚执行刑期算法

前述提及的当前刑法之数罪并罚制度存在的四个方面的问题，实际上是互相关联的：正是因为当前的数罪并罚制度本质上是一种"折扣制度"，且"折扣"的法理依据不明确，必然导致其与罪责刑相适应原则相冲突，从而导致数罪并罚量刑结果的非唯一性，也必然导致数罪并罚量刑结果执行率与吸收率的非恒定性。

为了解决当前刑法有关数罪并罚量刑结果的非唯一性问题，同时也从根本上限制法官在裁量数罪并罚量刑结果时滥用二次自由裁量权，现以当前数罪并罚基本制度为前提，在基于数字法律的背景下，构建几种数罪并罚执行刑期算法。

一、余罪固定执行率法

1. 限制加重原则下的余罪固定执行率法

假设某一犯罪人犯有 n 项罪（$n \geq 2$），各分罪的量刑结果分别为 T_1，T_2，

T_3，…，T_n，将各分罪的量刑结果按降序排列，即各分罪的量刑结果排列为 $T_{(1)} \geqslant T_{(2)} \geqslant T_{(3)} \geqslant \cdots \geqslant T_{(n)}$。设排在首位的分罪即数罪中最高刑期为 $T_{(1)}$ 的分罪称之为首罪，其余刑期为 $T_{(2)}$，$T_{(3)}$，…，$T_{(n)}$ 的分罪称之为余罪，数罪总和刑期为 T_Σ。

基于此，仔细分析当前的数罪并罚"折扣制度"不难发现，限制加重原则下的数罪并罚"折扣制度"的本质，是对首罪不折扣，对余罪进行"打折"处理，然后将两部分相加，再对相加结果按法定最高刑期 T_e 进行"封顶"处理，其最终结果就是数罪并罚后的执行刑期。因此，目前基于限制加重原则的数罪并罚制度，说白了就是一种"下有保底、上有封顶"的"折扣制度"。

因此，为了使最终得到的数罪并罚执行刑期只有唯一的结果，在保持首罪刑期不变的情况下，对余罪选定某一固定执行率进行"打折处理"，再将两部分相加，并同时考虑相加结果是否超过法定最高刑期。这就是确定数罪并罚执行刑期的余罪固定执行率算法，简称"余罪固定执行率法"，用公式表示如下：

$$T_z = T_{(1)} + \tau_z(T_\Sigma - T_{(1)}) = (1 - \tau_z)T_{(1)} + \tau_z T_\Sigma \qquad (4-6)$$

固定执行率 τ_z 的取值可由立法机关确定，也可以通过司法解释适时更改或调整。

以上述算法为基础，可以对有法定最高刑期限制的有期自由刑数罪并罚制度进行数学表述。如对于刑法修正案（八）之前的有期自由刑数罪并罚制度，在数罪并罚单一上限规定下，基于限制加重原则的余罪固定执行率法得到的数罪并罚量刑刑期结果 T_z 表示为：

$$T_z = \begin{cases} (1 - \tau_z)T_{(1)} + \tau_z T_\Sigma & (T_z \leqslant 20) \\ 20 & (T_z > 20) \end{cases} \qquad (4-7)$$

而针对刑法修正案（八）的有期自由刑数罪并罚制度，在数罪并罚双重上限规定下，基于限制加重原则的余罪固定执行率法得到的数罪并罚量刑刑期结果 T_z 表示为：

$$T_z = \begin{cases} (1 - \tau_z)T_{(1)} + \tau_z T_\Sigma & (T_\Sigma \leq 35, T_z \leq 20) \\ 20 & (T_\Sigma \leq 35, T_z > 20) \\ (1 - \tau_z)T_{(1)} + \tau_z T_\Sigma & (T_\Sigma > 35, T_z \leq 25) \\ 25 & (T_\Sigma > 35, T_z > 25) \end{cases} \quad (4-8)$$

下面针对前述本章第一节引子中的数罪并罚案例，运用余罪固定执行率法确定其相应的数罪并罚执行刑期。

针对前述第一节引子中的第一个实例，张三所犯数罪中的首罪刑期为 $T_{(1)} = 12$ 年，数罪总和刑期为 $T_\Sigma = 25$ 年，假设给定的固定执行率 τ_z 为 55%，则根据余罪固定执行率法，由式（4-7）可得其数罪并罚后的执行刑期为：

$$T_z = (1 - \tau_z)T_{(1)} + \tau_z T_\Sigma = (1 - 0.55) \times 12 + 0.55 \times 25 = 19.15(年)$$

针对前述第一节引子中的第二个实例，李四所犯数罪中的首罪刑期为 $T_{(1)} = 7$ 年，数罪总和刑期也为 $T_\Sigma = 25$ 年，假设给定的固定执行率 τ_z 也为 55%，则根据余罪固定执行率法，由式（4-7）可得其数罪并罚后的执行刑期为：

$$T_z = (1 - \tau_z)T_{(1)} + \tau_z T_\Sigma = (1 - 0.55) \times 7 + 0.55 \times 25 = 16.90（年）$$

由此可见，运用余罪固定执行率法，在限制加重原则下，两个数罪并罚案例都各自得到了唯一的数罪并罚执行刑期结果。

对比计算结果还可以看出，在某一既定的余罪固定执行率下，虽然张三与李四所犯数罪的总和刑期相同，但因张三所犯数罪中的首罪要比李四之首罪重，所以张三数罪并罚后的执行刑期要比李四数罪并罚后的执行刑期长两年多，相信这样的判决结果是比较客观公正的。

2. 其他数罪并罚原则下的余罪固定执行率法

上述是在限制加重原则下讨论数罪并罚的余罪固定执行率法，实际上，在并科原则、吸收原则下，式（4-6）所表达的数罪并罚的余罪固定执行率法同样适用，只是其相应的余罪固定执行率 τ_z 的取值范围不同而已。下面给出各种数罪并罚原则下的余罪固定执行率法的统一表达式：

$$T_z = T_{(1)} + \tau_z(T_\Sigma - T_{(1)})$$

$$= (1 - \tau_z)T_{(1)} + \tau_z T_\Sigma \begin{cases} 0 < \tau_z < 1 & 限制加重原则 \\ \tau_z = 0 & 吸收原则 \\ \tau_z = 1 & 并科原则 \end{cases} \quad (4-9)$$

由此可见，当余罪固定执行率 τ_z 的取值范围不同时，各种数罪并罚原则下的余罪固定执行率算法在数学表达形式上得到了统一。也就是说，当余罪固定执行率 τ_z 在 0 与 1 之间取值时，式（4-9）对应的就是前面所讨论的限制加重原则下的数罪并罚的余罪固定执行率算法；当余罪固定执行率 τ_z 取值为 0 时，式（4-9）对应的就是吸收原则下数罪并罚的余罪固定执行率算法；当余罪固定执行率 τ_z 取值为 1 时，式（4-9）对应的就是并科原则下数罪并罚的余罪固定执行率算法。

各种原则下数罪并罚的余罪固定执行率算法在数学表达形式上的统一，对于今后基于程序化或电算化的计算机辅助量刑系统的建立具有十分重要的意义。

3. 非有期自由刑情形下的余罪固定执行率法

在此基础上，下面进一步讨论非有期自由刑情形下数罪并罚的余罪固定执行率算法问题。讨论非有期自由刑情形下的数罪并罚算法，看似没有什么实际意义，但在今后基于程序化或电算化的计算机辅助量刑系统的建立方面，其理论意义是重要的。

若各分罪量刑结果中包含有死刑或无期徒刑，则按各分罪刑期降序排列应有 $T_{(1)} = $ 死刑或 $T_{(1)} = $ 无期徒刑。

若各分罪量刑结果中同时包含有死刑和无期徒刑，则按各分罪刑期降序排列应有 $T_{(1)} = $ 死刑，$T_{(2)} = $ 无期徒刑。

无论属于上述哪种情况，都可令 $T_{(1)} = \infty$，相应地必有 $T_{\Sigma} = \infty$。则根据 IEEE（美国电气与电子工程师协会）的标准运算法则[①]，式（4-9）在 $0 < \tau_z < 1$ 的情况下仍然适用，最终结果为 $T_z = \infty$。

这说明非有期自由刑情形下数罪并罚的余罪固定执行率算法，与有期自由刑情形下数罪并罚的余罪固定执行率算法，在数学表达形式上也具有统一性，在运算结果上都具有可描述性。这对于基于程序化或电算化的计算机辅助量刑系统的建立，也是一个具有重要意义的结论。

---

① 陈怀琛. MATLAB 及其在理工课程中的应用指南 [M]. 2 版. 西安：西安电子科技大学出版社，2004：14.

二、分罪降序缩减法

1. 限制加重原则下的分罪降序缩减法

假设某一犯罪人犯有 n 项罪（ $n \geqslant 2$ ），各分罪的量刑结果分别为 T_1，T_2，T_3，$\cdots$，T_n，将各分罪的量刑刑期按降序排列并形成一向量 T，即：

$$T = \left[T_{(1)}, T_{(2)}, T_{(3)}, \cdots, T_{(n)} \right] \qquad (4-10)$$

向量 T 可称之为分罪刑期降序向量，其中：$T_{(1)} \geqslant T_{(2)} \geqslant T_{(3)} \geqslant \cdots \geqslant T_{(n)}$。数罪总和刑期记为：

$$T_{\Sigma} = T_{(1)} + T_{(2)} + T_{(3)} + \cdots + T_{(n)} \qquad (4-11)$$

再选择一系数向量 A，即：

$$A = \left[a_1, a_2, a_3, \cdots, a_n \right] \qquad (4-12)$$

当各分罪量刑刑期都为有期自由刑时，系数向量的取值规定如下：

$$a_1 = 1, \; a_i < 1 \quad (2 \leqslant i \leqslant n) \qquad (4-13)$$

考虑到系数向量 A 中 $a_i < 1$ （ $2 \leqslant i \leqslant n$ ）的规定，系数向量 A 可称之为数罪并罚缩减向量。

所谓数罪并罚的分罪降序缩减法，就是将上述分罪刑期降序向量与数罪并罚缩减向量进行矩阵乘法运算，从而唯一地确定数罪并罚后的执行刑期的算法。基于限制加重原则的分罪降序缩减法得到的数罪并罚量刑刑期结果 T_z 可表示为：

$$T_z = AT^T = a_1 T_{(1)} + a_2 T_{(2)} + a_3 T_{(3)} + \cdots + a_n T_{(n)} \qquad (4-14)$$

数罪并罚缩减向量 $A = \left[a_1, a_2, a_3, \cdots, a_n \right]$ 的具体取值，可遵循式（4-13）的规定由立法机关确定，也可以通过司法解释适时更改或调整。

以上述算法为基础，可以对有法定最高刑期限制的有期自由刑数罪并罚制度进行数学表述。如对于刑法修正案（八）之前的有期自由刑数罪并罚制度，在数罪并罚单一上限规定下，基于限制加重原则的分罪降序缩减法得到的数罪并罚量刑刑期结果 T_z 表示为：

$$T_z = \begin{cases} AT^T = a_1 T_{(1)} + a_2 T_{(2)} + a_3 T_{(3)} + \cdots + a_n T_{(n)} & (T_z \leqslant 20) \\ 20 & (T_z > 20) \end{cases}$$

$$(4-15)$$

而针对刑法修正案（八）的有期自由刑数罪并罚制度，在数罪并罚双重上限规定下，基于限制加重原则的分罪降序缩减法得到的数罪并罚量刑刑期结果 T_z 表示为：

$$T_z = \begin{cases} AT^T = a_1 T_{(1)} + a_2 T_{(2)} + a_3 T_{(3)} + \cdots + a_n T_{(n)} & (T_\Sigma \leq 35, T_z \leq 20) \\ 20 & (T_\Sigma \leq 35, T_z > 20) \\ AT^T = a_1 T_{(1)} + a_2 T_{(2)} + a_3 T_{(3)} + \cdots + a_n T_{(n)} & (T_\Sigma > 35, T_z \leq 25) \\ 25 & (T_\Sigma > 35, T_z > 25) \end{cases} \quad (4-16)$$

由此可见，当犯罪人犯有数罪且各分罪的量刑刑期确定后，若系数向量 A 即数罪并罚缩减向量 $A = [a_1, a_2, \cdots, a_n]$ 按式（4-13）$a_1 = 1$，$a_i < 1(2 \leq i \leq n)$ 的规定取值，则按式（4-15）或式（4-16）可基于限制加重原则确定该犯罪人数罪并罚后唯一的执行刑期。

针对各分罪量刑刑期都为有期自由刑的情形，下面具体给出数罪并罚缩减向量 A 的一种取值方法。对于式（4-13），若规定：

$$a_i = \frac{1}{i} \quad (1 \leq i \leq n) \quad (4-17)$$

则式（4-14）、式（4-15）和式（4-16）分别变为：

$$T_z = AT^T = T_{(1)} + \frac{1}{2}T_{(2)} + \frac{1}{3}T_{(3)} + \cdots + \frac{1}{n}T_{(n)} \quad (4-18)$$

$$T_Z = \begin{cases} AT^T = T_{(1)} + \frac{1}{2}T_{(2)} + \frac{1}{3}T_{(3)} + \cdots + \frac{1}{n}T_{(n)} & (T_z \leq 20) \\ 20 & (T_z > 20) \end{cases}$$
$$(4-19)$$

$$T_Z = \begin{cases} AT^T = T_{(1)} + \frac{1}{2}T_{(2)} + \frac{1}{3}T_{(3)} + \cdots + \frac{1}{n}T_{(n)} & (T_\Sigma \leq 35, T_z \leq 20) \\ 20 & (T_\Sigma \leq 35, T_z > 20) \\ AT^T = T_{(1)} + \frac{1}{2}T_{(2)} + \frac{1}{3}T_{(3)} + \cdots + \frac{1}{n}T_{(n)} & (T_\Sigma > 35, T_z \leq 25) \\ 25 & (T_\Sigma > 35, T_z > 25) \end{cases}$$
$$(4-20)$$

下面针对前述本章第一节引子中的数罪并罚案例，运用分罪降序缩减法确定其相应的数罪并罚执行刑期。

针对前述第一节引子中的第一个实例，将张三所犯数罪的量刑刑期按降序排列并形成分罪刑期降序向量 $T = [12, 7, 6]$，则根据分罪降序缩减法，由式（4－19）可得其数罪并罚后的执行刑期为：

$$T_z = T_{(1)} + \frac{1}{2}T_{(2)} + \frac{1}{3}T_{(3)} = 12 + \frac{1}{2} \times 7 + \frac{1}{3} \times 6 = 17.50 \text{（年）}$$

针对前述第一节引子中的第二个实例，将李四所犯数罪的量刑刑期按降序排列并形成分罪刑期降序向量 $T = [7, 6, 5, 4, 3]$，则根据分罪降序缩减法，由式（4－19）可得其数罪并罚后的执行刑期为：

$$T_z = T_{(1)} + \frac{1}{2}T_{(2)} + \frac{1}{3}T_{(3)} + \frac{1}{4}T_{(4)} + \frac{1}{5}T_{(5)}$$

$$= 7 + \frac{1}{2} \times 6 + \frac{1}{3} \times 5 + \frac{1}{4} \times 4 + \frac{1}{5} \times 3 = 13.27 \text{（年）}$$

由此可见，运用分罪降序缩减法，在限制加重原则下，两个数罪并罚案例也都各自得到了唯一的数罪并罚执行刑期结果。

上述运用分罪降序缩减法得到的数罪并罚执行刑期结果，与前述运用余罪固定执行率法得到的数罪并罚执行刑期结果相比显得偏小，或者说运用前述余罪固定执行率法得到的数罪并罚执行刑期结果显得偏大。可见，要调整数罪并罚后的执行刑期结果的大小，对于余罪固定执行率法而言，选择合适的余罪固定执行率 τ_z 取值是关键；而对于分罪降序缩减法而言，选择合适的数罪并罚缩减向量 A 取值是关键。

依据式（4－17）所示的数罪并罚缩减向量 A 的取值方法，基于分罪降序缩减法再列举一些数罪并罚算法实例。表4－4所示为各分罪量刑刑期都为有期自由刑情形时，根据式（4－20）得到的数罪并罚执行刑期。显然，在各分罪量刑刑期确定的情况下，这些数罪并罚执行刑期结果都是唯一的，但执行率却各有不同，且分罪数量越多执行率有越偏低的趋势。

表4-4 基于分罪降序缩减法的数罪并罚执行刑期

$T_{(1)}$	$T_{(2)}$	$T_{(3)}$	$T_{(4)}$	$T_{(5)}$	$T_{(6)}$	T_{Σ}	T_Z	执行率 τ_z（%）	吸收率 τ_x（%）
9	6					15	12	80.00	20.00
14	7	6				27	19.5	72.22	27.28
14	8	6	6			34	20	58.82	41.18
11	9	9	8	4		41	21.3	51.95	48.05
15	10	8	6	6	3	48	25	52.08	47.92

2. 其他数罪并罚原则下的分罪降序缩减法

上述是在限制加重原则下讨论数罪并罚的分罪降序缩减法，实际上，在并科原则、吸收原则下，式（4-14）所表达的数罪并罚的分罪降序缩减法也同样适用，只是其相应的数罪并罚缩减向量 $A = [a_1, a_2, a_3, \cdots, a_n]$ 的具体取值不同而已。下面给出各种数罪并罚原则下的分罪降序缩减法的统一表达式：

$$T_z = a_1 T_{(1)} + a_2 T_{(2)} + \cdots + a_n T_{(n)}$$

$$\begin{cases} a_1 = 1, a_i < 1 & (2 \leq i \leq n) & \text{限制加重原则} \\ a_1 = 1, a_i = 0 & (2 \leq i \leq n) & \text{吸收原则} \\ a_i = 1 & (1 \leq i \leq n) & \text{并科原则} \end{cases} \quad (4-21)$$

同样可以看出，当数罪并罚缩减向量 $A = [a_1, a_2, a_3, \cdots, a_n]$ 的具体取值不同时，各种数罪并罚原则下的分罪降序缩减算法在数学表达形式上也得到了统一。

同样可以证明，非有期自由刑情形下的数罪并罚的分罪降序缩减算法，与有期自由刑情形下的数罪并罚的分罪降序缩减算法，在数学表达形式上也具有统一性，在运算结果上都具有可描述性，即当各分罪量刑结果中包含有死刑或（和）无期徒刑时，都可令 $T_{(1)} = \infty$ 或 $T_{(1)} = \infty$，$T_{(2)} = \infty$，最终得到 $T_z = \infty$ 的可描述性结果。这说明分罪降序缩减算法对建立基于程序化或电算化的计算机辅助量刑系统来说也是一种具有重要意义的算法。

总而言之，上述所构建的两种数罪并罚量刑刑期算法，都可以确定数罪并罚唯一的执行刑期，也都可以使各种数罪并罚原则下的算法在数学表达形式上得到统一，还都可以在数罪中涉及非有期自由刑即涉及死刑或无期徒刑时得到可描述性结果，因而两种算法不但都有很好的实用性和可靠性，而且对于将来建立基于程序化或电算化的计算机辅助量刑系统都具有十分重要的意义。

仔细推敲两种算法，还是有一定的区别：使用余罪固定执行率法时，只需要选择一个常数，即选择固定执行率 τ_z；而使用分罪降序缩减法时，需要根据分罪数量选择多个常数，即选择一个数罪并罚缩减向量 $A = [a_1, a_2, a_3, \cdots, a_n]$，但当按式（4 - 17）的方法选择数罪并罚缩减向量时，缩减向量 $A = [a_1, a_2, a_3, \cdots, a_n]$ 不需要特意确定，可以在算法程序中自动生成。

第四节　刑期分割机制下的数罪并罚执行刑期算法

上述第三节第一小节与第二小节两种数罪并罚执行刑期算法的构建，很好地解决了当前刑法中数罪并罚量刑刑期的非唯一性问题，也解决了前述本章第一节引子中的第一、二个实例所暴露出来的问题。但对于前述本章第一节引子中的第三个实例所暴露出来的问题，却不能给予合理解释，究其原因在于上述以"折扣制度"为核心的数罪并罚制度及其相应的算法，找不到合适的法理依据。而一项找不到合适的法理依据的法律制度，为什么能够长期执行却没有异议呢？这是因为，以"折扣制度"为核心的数罪并罚制度，对于几乎所有的涉及数罪并罚的犯罪人而言，都是一项"利好制度"，即几乎所有的涉及数罪并罚的犯罪人，都希望自己少判几年刑，少坐几天牢，因而对于数罪并罚后的执行刑期的"打折"处理，几乎所有的涉及数罪并罚的犯罪人都处于"利好默认"状态。

而与此相反，前述本章第一节引子中的第三个实例中的杨白老汉，与以前几乎所有的涉及数罪并罚的犯罪人的"利好趋向"不同，他不是希望自己少判几年刑，少坐几天牢，而是希望自己多判几年刑，多坐几天牢，从而达到长期待在监狱生活有着落、养老有保障的目的。

犯罪人"利好趋向"的逆转，暴露了当前我国刑法之数罪并罚制度法理依据的缺失。因此，对以"折扣制度"为核心的数罪并罚制度的法理依据进行探索和分析，对于彰显司法公平公正具有十分重要的理论意义与现实意义。

一、数罪并罚"折扣制度"的法理依据

为了探索和分析以"折扣制度"为核心的数罪并罚制度的法理依据，同时也为了进一步探索和分析什么情况下的数罪可以实行并罚，什么情况下的数罪不宜实行并罚，必须联系与依靠前述数字法律模式下的刑期分割机制进行法理分析。

依据数字法律模式下的刑期分割机制，任何犯罪活动，从犯罪受体方面来讲，都要有受害对象，同时要有相应的危害后果。在受害对象方面，一般包括具体受害对象和抽象受害对象，进而对犯罪人的量刑刑期划分为赔偿刑期和补偿刑期两部分，针对具体受害对象的量刑刑期称为赔偿刑期，针对抽象受害对象的量刑刑期称为补偿刑期。

基于上述数字法律模式下的刑期分割机制，就可以进一步探索与分析数罪并罚的"折扣制度"的法理依据，主要探索与分析哪一部分刑期能够实行并罚，哪一部分刑期不能实行并罚，进而探索与分析什么情况下的数罪可以实行并罚，什么情况下的数罪不宜实行并罚。

假定某犯罪人同时或先后犯有数罪，数罪中每一分罪都是分别定罪量刑的，即各分罪的定罪量刑都是相对独立完成的，每一分罪刑期都可以分割为赔偿刑期 $T_{p(i)}$ 与补偿刑期 $T_{b(i)}$ 两部分。那么现在的问题是，依据以"折扣制度"为核心的数罪并罚制度在对数罪进行"打折"处理时，是对其中的哪一部分刑期进行"打折"呢？

首先，数罪中的赔偿刑期 $T_{p(i)}$ 部分在进行并罚处理时，是不能进行"打折"处理的。这是因为，犯罪人在赔偿刑期内的劳动所得，是通过某种劳酬对应关系以及对等转换机制来赔偿具体受害对象的经济损失、精神损害或生理伤害的，所以审判机关无权对用于赔偿具体受害对象的这部分刑期进行"打折"处理；若对这部分刑期进行了"打折"处理，则无法实现被犯罪行为破坏了的显式法事关系的恢复、修复或复原，这与前述基于刑期分割机制的刑罚属性及其刑罚目的是背道而驰的。

其次，数罪中的补偿刑期 $T_{b(i)}$ 部分在进行并罚处理时，是能够进行"打折"处理的。但"打折"处理的充分必要条件是犯罪人的数罪在同一个司法

流程内被同时进行刑事审判处理，亦即犯罪人的数罪是被"批处理"。

为了说明这其中的法理，还是以前述本章第一节引子中的第三个实例进行分析。假定实例中杨白老汉刑期各为 5 年、4 年、3 年、2 年的四项罪不是由其一人实施完成，而是由杨一、杨二、杨三、杨四等四位老汉分别实施完成，则数人数罪与一人数罪相比，其司法流程的对比如表 4－5 所示。

表 4－5　数人数罪与一人数罪的司法流程对比

犯罪人	司法流程	罪名	刑期（年）
杨一	侦查→批准逮捕→执行逮捕→预审→公诉→审判→收监	抢劫	5
杨二	侦查→批准逮捕→执行逮捕→预审→公诉→审判→收监	诈骗	4
杨三	侦查→批准逮捕→执行逮捕→预审→公诉→审判→收监	盗窃	3
杨四	侦查→批准逮捕→执行逮捕→预审→公诉→审判→收监	侵占	2
四人	四个司法流程	四项罪	14
杨白	侦查→批准逮捕→执行逮捕→预审→公诉→审判→收监	抢劫 诈骗 盗窃 侵占	5 4 3 2
一人	一个司法流程	四项罪	14

从表 4－5 中不难发现，虽然从犯罪情节和对具体受害对象与抽象受害对象所造成的危害后果方面考虑，抢劫、诈骗、盗窃、侵占四项罪的危害后果都与总量 14 年的有期徒刑相当，但是当这四项罪由杨一、杨二、杨三、杨四等四位老汉分别实施完成时，则要耗费司法机关四个"侦查→批准逮捕→执行逮捕→预审→公诉→审判→收监"司法流程；而当这四项罪由杨白老汉一人单独实施完成时，只要耗费司法机关一个"侦查→批准逮捕→执行逮捕→预审→公诉→审判→收监"司法流程。须知，少一次司法流程，即少实施一次侦查、逮捕、预审、公诉、审判、收监，就会少消耗一份司法资源。另外，犯罪人数量的减少，也会间接使政府在国家制度建设、社会稳定维护、公序良俗养成等方面的经济投入降低。因此，处理一人犯数罪与处理数人犯数罪相比，司法资源有所节约，经济投入有所减少。而这司法资源的节约与经济投入的减少，与对应赔偿具体受害对象的赔偿刑期没有关系，只与对应补偿抽象受害对象的补偿刑期有关，这正是对一人犯数罪可以对其各分罪的补偿刑期部分进行"打折"处理的法理所在。

综上所述，数罪并罚"折扣制度"的法理依据在于，当一名犯罪人于一个司法流程内被发现犯有数罪，因其对应的司法流程相对于数名犯罪人犯同样数罪的司法流程而言得到了节约或简化，相应地节约了司法资源，减少了经济投入，则其各分罪的补偿刑期部分可以实行数罪并罚，即可以进行"打折"处理。但其各分罪的赔偿刑期部分，因其与具体受害对象所遭受的危害后果相对应，司法流程是否节约或简化对这部分危害后果又没有什么影响，则其各分罪的赔偿刑期部分不能实行数罪并罚，即不能进行"打折"处理。

上述"一个司法流程"的表述，对于犯罪人而言，也可以理解为"一次受控状态"，即若在犯罪人的"一次受控状态"下处理数罪，则可以对其各分罪的补偿刑期部分实行数罪并罚；相反，若在犯罪人的"多次受控状态"下处理数罪，则不能对其各分罪的补偿刑期部分实行数罪并罚。

例如，目前刑法规定，对判决宣告后又犯新罪的犯罪分子，按"先减后并"原则实行数罪并罚。但在基于数字法律模式的刑期分割机制下，这要具体情况具体分析。如若犯罪分子在监狱内又犯新罪，因属于在"一次受控状态"下处理数罪，则所犯新罪可以与前罪实行数罪并罚；如若犯罪分子越狱逃跑了又被抓回，因属于在"二次受控状态"下处理数罪，则所犯新罪不能与前罪实行数罪并罚。

为什么呢？因为按照上述数罪并罚"折扣制度"的法理依据，犯罪分子越狱逃跑后，司法机关又要对其实施另一个相对独立的司法流程，即司法机关又要对其实施侦查、逮捕、预审、公诉、审判、收监等一系列司法程序，这与犯罪分子在监狱内又犯新罪相比，无疑直接加大了司法资源损失，同时也间接加大了抽象受害对象即国家利益体在国家制度建设、社会稳定维护、公序良俗养成等方面的经济投入，自然不能对其所犯新罪之补偿刑期部分进行"打折"处理了。

二、基于刑期分割机制的数罪并罚算法的改进

依照上述基于刑期分割机制的数罪并罚"折扣制度"的法理依据，可以对前述数罪并罚算法进行改进，以建立与数字法律模式下的刑期分割机制相适应的数罪并罚制度。

1. 基于刑期分割机制的余罪固定执行率法

假设某一犯罪人在一个司法流程内或一次受控状态下处理 n 项罪（$n \geq$

2)，各分罪的有期自由刑量刑结果分别为 T_1 , T_2 , T_3 , $\cdots$, T_n 。因各分罪量刑刑期都由两部分组成，即赔偿刑期 $T_{p(i)}$ 和补偿刑期 $T_{b(i)}$ ，则各分罪的赔偿刑期之和与补偿刑期之和分别表示为：

$$T_{p\Sigma} = \sum_{i=1}^{n} T_{p(i)}$$

$$T_{b\Sigma} = \sum_{i=1}^{n} T_{b(i)}$$

将各分罪量刑结果的补偿刑期部分按降序排列，即各分罪量刑结果的补偿刑期部分排列为 $T_{b(1)} \geqslant T_{b(2)} \geqslant T_{b(3)} \geqslant \cdots \geqslant T_{b(n)}$ ，则在数字法律模式的刑期分割机制下，基于余罪固定执行率法，其数罪并罚后的量刑刑期 T_z 表示为：

$$T_z = T_{p\Sigma} + T_{b(1)} + \tau_z(T_{b\Sigma} - T_{b(1)}) = T_{p\Sigma} + (1 - \tau_z)T_{b(1)} + \tau_z T_{b\Sigma}$$

$$(4-22)$$

上式中 $T_{p\Sigma}$ 部分表示各分罪的赔偿刑期之和，可以看出没有进行"打折"处理；而式中 $(1 - \tau_z)T_{b(1)} + \tau_z T_{b\Sigma}$ 部分表示对各分罪的补偿刑期部分按照余罪固定执行率法进行了"打折"处理。

2. 基于刑期分割机制的分罪降序缩减法

假设某一犯罪人在一个司法流程内或一次受控状态下处理 n 项罪（$n \geqslant$ 2)，各分罪的有期自由刑量刑结果分别为 T_1 , T_2 , T_3 , $\cdots$, T_n ，考虑到各分罪量刑刑期都由赔偿刑期 $T_{p(i)}$ 和补偿刑期 $T_{b(i)}$ 两部分组成，将各分罪的补偿刑期按降序排列并形成一向量 T_b ，即：

$$T_b = [T_{b(1)}, T_{b(2)}, T_{b(3)}, \cdots, T_{b(n)}] \qquad (4-23)$$

向量 T_b 可称之为分罪补偿刑期降序向量，其中 $T_{b(1)} \geqslant T_{b(2)} \geqslant T_{b(3)} \geqslant \cdots \geqslant T_{b(n)}$ 。

再选择数罪并罚缩减向量 A_b ，即：

$$A_b = [a_1, a_2, a_3, \cdots, a_n] \qquad (4-24)$$

同样，其取值规定如下：

$$a_1 = 1 , a_i < 1 \quad (2 \leqslant i \leqslant n) \qquad (4-25)$$

则在数字法律模式的刑期分割机制下，基于分罪降序缩减法，其数罪并罚后的量刑刑期 T_z 表示为：

$$T_z = T_{p\Sigma} + A_b T_b^T = T_{p\Sigma} + a_1 T_{b(1)} + a_2 T_{b(2)} + \cdots + a_n T_{b(n)} \qquad (4-26)$$

同样，上式中 $T_{p\Sigma}$ 部分表示各分罪的赔偿刑期之和，可以看出没有进行"打折"处理；而式中 $a_1 T_{b(1)} + a_2 T_{b(2)} + \cdots + a_n T_{b(n)}$ 部分表示对各分罪的补偿刑期部分按照分罪降序缩减法进行了"打折"处理。

上述两种基于刑期分割机制的数罪并罚算法也可以理解为，在数字法律模式的刑期分割机制下，对犯有数罪的犯罪人的最终量刑，其赔偿刑期部分适用了并科原则，而其补偿刑期部分适用了限制加重原则。

下面针对前述本章第一节引子中的第三个实例，即针对杨白老汉的数罪并罚问题，分别应用基于数字法律之刑期分割机制的余罪固定执行率法和分罪降序缩减法，确定其数罪并罚后的量刑刑期。假设杨白老汉各分罪的量刑刑期结构划分分别为：$T_1 = 0.085 + 4.915$，$T_2 = 0.080 + 3.920$，$T_3 = 0.375 + 2.625$，$T_4 = 0.367 + 1.633$，即各分罪量刑刑期中前一部分代表赔偿刑期，后一部分代表补偿刑期，单位以年计。

根据余罪固定执行率法，各分罪的补偿刑期按降序排列形成的分罪补偿刑期降序向量为：

$$T_b = [4.915, 3.920, 2.625, 1.633]$$

则有：$T_{p\Sigma} = 0.907$ 年，$T_{b(1)} = 4.915$ 年，$T_{b\Sigma} = 13.093$ 年。假设给定的固定执行率 τ_z 为 55%，则由式（4 - 22）可得其数罪并罚后的执行刑期为：

$$T_z = 0.907 + (1 - 0.55) \times 4.915 + 0.55 \times 13.093 = 10.320 \,(\text{年})$$

而根据分罪降序缩减法，设数罪并罚缩减向量 A_b 按前述式（4 - 17）的规定取值，即：

$$A_b = \left[1, \frac{1}{2}, \frac{1}{3}, \frac{1}{4}\right]$$

则由式（4 - 26）可得其数罪并罚后的执行刑期为：

$$T_z = 0.907 + 4.915 + \frac{1}{2} \times 3.920 + \frac{1}{3} \times 2.625 + \frac{1}{4} \times 1.633 = 9.065 \,(\text{年})$$

可见，在数字法律模式的刑期分割机制下，无论是应用余罪固定执行率法还是应用分罪降序缩减法，都得到了唯一的数罪并罚执行刑期结果。最终执行刑期结果的差别是因为两种方法中固定执行率 τ_z 及数罪并罚缩减向量 A_b 取值的不同造成的，而它们的取值可由立法机关确定，也可以通过司法解释适时更改或调整。

第五章

数字法律理念下的刑法面貌及发展趋势

综合前述第二章至第四章的内容不难发现：从广义上讲，数字法律是处理刑事法事关系和民事法事关系的一种新理念、新思维；从狭义上讲，数字法律是刑事案件定罪量刑或民事案件审理判决的一种新方法、新模式。

本专著的大部分篇幅主要涉及应用数字法律理念处理刑事法事关系，亦即主要涉及应用数字法律方法解决刑事案件的定罪量刑问题。数字法律理念或方法在刑法体系中的应用，又以刑期分割机制为核心、为精髓、为灵魂。也正是数字法律理念或方法的应用，使刑法体系平添了许多既有别于成文法又有别于判例法的司法特色。

毫无疑问，以数字法律为特色的刑法体系，对于建设中国特色社会主义法治体系，对于建设社会主义法治国家，对于发展中国特色社会主义法治理论，进而对于坚持全面依法治国，① 都具有十分重要的理论意义与现实意义。

第一节　数字法律理念下的刑法体系特色

如前所述，数字法律模式下以刑期分割机制为核心、为精髓、为灵魂的刑法体系，在刑罚的属性与刑罚的目的性之间实现了高度的统一。具体来讲，在刑罚的本质属性方面，强调了刑罚的赔偿性、补偿性与惩罚性的结

---

① 习近平．决胜全面建成小康社会，夺取新时代中国特色社会主义伟大胜利（在中国共产党第十九次全国代表大会上的报告）［M］．北京：人民出版社，2017：22.

合；在刑罚的目的性方面，既以实现被犯罪行为破坏了的显式法事关系的恢复、修复或复原为目标，又以实现对国家制度建设、社会稳定维护、公序良俗养成等方面的经济投入及打击犯罪方面的司法资源损失的补偿为目标，还以惩罚罪犯本人、警示他人、预防犯罪为目标。

由此可见，数字法律模式下以刑期分割机制为核心、为精髓、为灵魂的刑法体系，与当前的刑法体系相比，在刑罚的目的、刑罚的功能、刑罚的体系、刑罚的裁量、刑罚的执行等诸多方面，都具有鲜明的特色，而这些特色归纳总结起来，又主要集中体现于刑罚法理层面与刑罚技术层面上。

一、数字法律理念下法理层面上的刑法体系特色

数字法律模式下以刑期分割机制为核心、为精髓、为灵魂的刑法体系，在法理层面上，遵循着许多朴素的司法理念，这些散见于本专著各章而集中于本专著扉页的司法理念，有些是古老法则，有些是普世公理，有些是现代法理，而其中的许多现代法理，又是从一些古老法则与普世公理中推演而来的。如**"杀人偿命、欠债还钱"** 的司法理念，是司法领域的古老法则；**"借东西要还、损坏东西要赔"** 的司法理念，也是人们广为接受的普世公理；**"劳动有酬，按劳分配"** 的理念，更是目前我国宪法的基本司法理念之一。又如"正义对任何人均不拒绝"的司法理念，**"一人不公，人人不公；一人公平，人人公平"** 的司法理念，"天理永远大于公理、公理永远大于法理"的司法理念，更是摆脱了阶级枷锁、摆脱了国家藩篱、摆脱了主义桎梏的普世公理与直白法理。

根据上述古老法则与普世公理，可以从中推演出许多现代法理。如前述第三章中"有过错就要承担过错后果的一定责任或损失"的司法理念，就是典型的"天理永远大于公理、公理永远大于法理"理念的再现；再如有关"刑罚的赔偿性、补偿性与惩罚性相结合"的本质属性理念，这既与"杀人偿命、欠债还钱"的古老法则相呼应，又与"借东西要还、损坏东西要赔"的普世公理相吻合。

如此一来，大道至简，道法自然，在法理层面上，数字法律理念下的刑法体系，通俗、浅显、直观、简洁、明了。

二、数字法律理念下技术层面上的刑法体系特色

数字法律模式下以刑期分割机制为核心的刑法体系，在技术层面上，由前述各章数学模型的构建及相关案例的应用可知，由于数字化或精细化技术的引入，实现了刑法体系的无跳跃化、无阶梯化、精确化、程序化（电算化）、分割化等技术特色。其中，无跳跃化主要是指定罪的无跳跃化；无阶梯化主要是指量刑的无阶梯化；精确化主要是指量刑刑期裁定的精细化；程序化（电算化）主要是指对犯罪人的定罪量刑可以通过基于计算机技术的计算机辅助量刑系统程式化地高效实施。这些技术特色的形成是通过所构建的定罪量刑数学模型的连续性、可离散化、可编程化等技术特点而实现的，下面举例说明。

如第三章第四节第二小节性侵类犯罪无情节性侵函数式（3 – 28）的构建，其表达式如下：

$$T_x = a_1 + a_2 \lg(1 + \mid x - y \mid) \cdot \lg((\frac{x}{y} + \frac{y}{x})/2)$$

可以看出，无情节性侵函数本身在 14 周岁、16 周岁、18 周岁、22 周岁等各年龄节点前后是连续的，经表达式（3 – 29）至表达式（3 – 32）修正后，其函数性态依然保持连续性。显然，这为性侵类案件定罪的无跳跃化及量刑的无阶梯化奠定了基础。

显而易见，上述无情节性侵函数同样具备可离散化、可编程化特点。

又如第三章第一节第四小节侵犯财产类犯罪补偿刑期数学模型式（3 – 5）的构建，其表达式如下：

$$T_b = \ln(100 b_i) \left(\frac{y}{Y}\right)^{\frac{1}{k_i}} \cdot k_{cj} \cdot k_z$$

从上述表达式可以看出：

（1）数学模型本身具有连续性，因而在涉案金额方面，不必再具体区分数额较大、数额巨大、数额特别巨大等定罪追诉标准，从而实现了定罪的无跳跃化及量刑的无阶梯化；

（2）数学模型与案发所在地的年最低工资标准 Y 挂钩，从而保证了在同样涉案金额的情况下，案发所在地的发达程度不同，补偿刑期的量刑结果不

同，也保证了在同样涉案金额的情况下，案发时期不同，补偿刑期的量刑结果也不同；

（3）为了应对各种新情况、新问题以及日益多变的客观现实，最高司法机关每年出台各种司法解释、意见、通知、决定、规定、批复、答复、复函、纪要等，其数量、内容之庞杂已远远超过一部刑法典。由上述数学模型的构建可以看出，由于数学模型所涉变量本身具有动态性，大多数司法解释在数字法律模式下将再没有出台的必要。

例如，之所以定期或不定期出台有关涉案金额的司法解释，是因为随着社会生产力的发展及社会财富的积聚，涉案金额也会出现"缩水"现象。如原来 1 万元算数额巨大，后来 3 万元才算数额巨大，再后来 5 万元、10 万元可能才算数额巨大。而由类似上述表达式（3-5）的补偿刑期数学模型可以看到，案发所在地的年最低工资标准 Y 的引进，使有关涉案金额的司法解释再没有出台的必要了，因为随着社会生产力的发展及社会财富的积聚，案发所在地的年最低工资标准 Y 也将"水涨船高"，可见上述补偿刑期数学模型具有很好的动态适应性。

综合法理层面的大道至简与技术层面的细致入微，数字法律模式下以刑期分割机制为核心的刑法体系，具有"淡化罪名、注重量刑；有害则赔、有罪则补；不溯既往、不涉未来；一害一衡、一罪一结"的现代司法特点。

三、数字法律理念下的分割化技术

在技术层面上，前面主要针对数字法律理念下刑法体系的无跳跃化、无阶梯化、精确化、程序化（电算化）等技术特色进行了归纳总结，下面着重归纳总结数字法律理念下刑法体系的分割化技术。

在本专著中，分割化技术是一个广泛、笼统的术语，分割化、分解化、离散化、阶段化等术语具有大致相同的含义。目前我国司法理论界与实务界人士不善于应用分割化技术，这主要是由于长期受中国传统文化的影响，已经习惯于宏观把握，习惯于整体操控，习惯于全局统领。

而数字法律理念下的刑法体系，在技术层面上大量地使用了分割化技术。如作为数字法律理念下刑法体系的核心、精髓、灵魂的刑期分割机制，就是分割化技术应用最重要的体现。在理论层面上，正是由于刑期分割机制的建立，才使作为刑法基本原则的罪责刑相适应原则首次实现了定性适应与定量适应的统一，从而使罪责刑相适应原则实至名归；在实务层面上，也正是由于刑期分割机制的建立，才首次实现了犯罪人对不同受害对象即具体受害对象与抽象受害对象的责任担当。另外，借助于刑期分割机制，还为以"折扣制度"为核心的数罪并罚制度找到了法理依据。可见，刑期分割机制确实是数字法律理念下刑法体系的核心、精髓、灵魂。

又如自动交易设备的空间分割机制，也是分割化技术的典型应用。在第三章第二节第三小节，通过对自动交易设备进行虚拟空间以及物理空间的分割，发现了自动交易设备之交易人或当事人的虚拟空间或物理空间的使用归属权可变性，亦即使用归属权暂时转移或使用归属权暂时私有化，从而为众多的"许某案"的定罪与量刑找到了"金钥匙"，也使各式各样的涉及自动交易设备的违法犯罪行为的定罪简单易行。

下面再通过一个构思的案例，来说明基于数字法律理念下的分割化技术，可以使复杂的刑事案件的定罪量刑更科学、更合理、更公平；通过基于数字法律理念下的分割化技术，也可以清楚地看出当前传统刑法体系的定罪量刑存在的问题。

王一盗掘乡村古墓，获得一宝物昆仑刀，藏于家中准备倒卖出手。同村王二道听途说王一家中有宝物，遂于深夜潜入王一家中，将宝物昆仑刀盗走藏于自家中。同村王三夜间小解看到王二盗得昆仑刀，遂于次日晚间将昆仑刀又从王二家中偷走。如此轮回，王四又将昆仑刀从王三家中偷走，王五又将昆仑刀从王四家中偷走，王六又将昆仑刀从王五家中偷走……最终，王九九又将昆仑刀从王九八家中偷走，王一百又将昆仑刀从王九九家中偷走。随后，盗掘古墓案及昆仑刀连环盗窃案告破，警方从王一百家中起获昆仑刀，该刀经文物鉴定委员会鉴定为国家二级文物，经文物专家估价市场价格为8万元人民币。

在当前传统的刑法体系下，法院的判决结果可能如下：被告人王一犯盗掘古墓葬罪，判处有期徒刑12年并处罚金12万元；被告人王二、王三、王四至王九八、王九九、王一百，犯盗窃罪各判处有期徒刑6年并处罚金6万元。国家二级文物昆仑刀被上交归国家所有。可见，在传统刑法体系下，盗掘古墓案及昆仑刀连环盗窃案定罪量刑后的整体效果是：一口价值8万元的昆仑刀，经人盗掘并历经近百人连环盗窃，案件顺利告破后，昆仑刀被收归国有，国家利益体同时获得 606 万元的罚金上缴国库，且 100 人合计 606 年的服刑劳动收益也归国家利益体所有。

而在基于刑期分割机制的数字法律模式的刑法体系下，结合数字法律理念下的分割化技术，首先要把王一、王二、王三至王九八、王九九、王一百这一百个犯罪人的罪行进行分割，使各犯罪人的罪行相对独立（此案例中暂时把王一的盗掘古墓葬罪简化为简单的盗窃罪）。然后，针对每一犯罪人，依据刑期分割机制，分别计算其相应的赔偿刑期与补偿刑期。

假设王一至王一百皆为成年人，盗掘、盗窃的昆仑刀属于国家二级文物案值 $y = 80000$ 元，则由第三章第一节第四小节表 3 - 6，假定特别财产指数由法官自由裁量为 $k_2 = 1.15$，法官自由裁量指数 $k_{12} = 1.00$，在无其他特别情节的情况下，则犯罪情节总加权系数 $k_z = 1.15$。

对于盗窃罪，由第三章第一节第三小节表 3 - 4，赔偿系数取值 $\ln[4 + \ln(8b_i)]) = 1.166$，基准刑取值 $\ln(100b_i) = 1.735$，其他各常量取值从第三章第一节第五小节规定。则由第三章第一节第四小节表达式（3 - 3）、表达式（3 - 5），王一至王一百各犯罪人的赔偿刑期与补偿刑期分别为：

$$T_p = \frac{1.166 \times 80000}{0.80 \times 19440} = 6.00（年）$$

$$T_b = 1.735 \times \left(\frac{80000}{19440}\right)^{\frac{1}{3.00}} \times 1.15 = 3.20（年）$$

根据第二章第四节第四小节赔偿刑期的可执行性规定，若犯罪人所获得的原物还在，则应遵循原物优先的原则进行赔偿。上述昆仑刀连环盗窃案因最终昆仑刀被追回，说明连环盗窃案的原物还在，则名义上昆仑刀应该由王一百向王九九，王九九向王九八……王四向王三，王三向王二，王二向王一逐级原物返还，同时，下一级盗窃犯罪人向上一级盗窃犯罪人，应该比具体的涉案金额多付 16.6% 的赔偿金，相当于精神损害赔偿，也应该随之逐级上传。相当于精神损害赔偿的赔偿金额为：

0.166 × 80000 = 13280（元）

如此一来，各级盗窃犯罪人逐级向上返还昆仑刀及 13280 元现金，则其各自相应的 6.00 年的赔偿刑期不再具体执行，仅需分别执行 3.20 年的补偿刑期，期间的劳动收益归国家利益体所有。上述连环盗窃案基于分割化技术的处理方法及法事关系的恢复、修复或复原过程如图 5 - 1 所示。

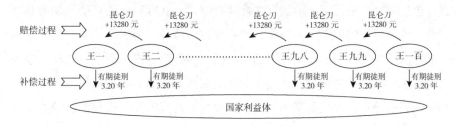

图 5 - 1　昆仑刀连环盗窃案基于分割化技术的处理方法
及法事关系的恢复、修复或复原过程

由图 5 - 1 所示的定罪量刑处理方法与过程可以看出有如下两个问题需要解释。

第一个问题：在相应于赔偿刑期的赔偿方面，王一百相对于王一，王二……王九八，王九九而言，多付出了 13280 元，为什么呢？这是因为，13280 元是与 8 万元失窃物昆仑刀相对应的精神损害赔偿，在近百名犯罪人当中，除王一百之外，其他盗窃犯罪人都因盗窃昆仑刀行为而对别人造成了精神损害，同时也因昆仑刀失窃而遭受了精神损害，唯独只有王一百因盗窃昆仑刀行为只对别人造成了精神损害，而自己没有遭受昆仑刀失窃的精神损害，因而其多付出 13280 元精神损害赔偿金是合情合理的。由此可见，在数字法律模式下，针对不同犯罪人的任何一点犯罪情节差别，都可以在最终的定罪量刑方面得到体现。

第二个问题：在图 5 - 1 所示的定罪量刑结果中，王一的盗掘古墓葬罪没有体现出来。根据前述暂时把王一的盗掘古墓葬罪简化为简单的盗窃罪的假定，确实没有考虑王一的盗掘古墓葬罪。实际上，王一的定罪量刑应该是盗掘古墓葬罪与盗窃罪的数罪并罚。

在上述连环盗窃案基于分割化技术的处理过程及法事关系的恢复、修复或复原过程中，单就王一的盗窃罪而言，王一得到了从王二案返还的昆仑刀及 13280 元的精神损害赔偿金后，若被盗掘古墓为有主墓，须再向墓主返还赔偿，墓主收回昆仑刀后按国家文物管理相关规定再行处理，墓主获得13280 元精神损害赔偿金后归己所有。若被盗掘古墓为无主墓，则昆仑刀收归国有，13280 元精神损害赔偿金归王一所有。

在上述连环盗窃案基于分割化技术的处理过程及法事关系的恢复、修复或复原过程中，单就王一的盗掘古墓葬罪而言，其所对应的赔偿刑期与补偿刑期，通过另外的数学模型核算，本专著暂未涉及。但无论其数学模型及相应的计算结果如何，其赔偿刑期用于赔偿盗掘行为对古墓葬造成的经济损失及对墓主造成的精神损害，如盗掘行为造成的墓碑的破坏或棺椁的损毁以及墓主的悲伤等；其补偿刑期用于补偿盗掘行为对国家文物管理制度等造成的破坏。

由上述定罪量刑过程可以看出，在基于刑期分割机制的数字法律模式下，结合数字法律理念下的分割化技术，对复杂的刑事案件的定罪量刑，遵循的是一种**有限法律责任原则或阶段式法律责任原则**，这充分体现了"一害一衡、一罪一结"的现代司法特点。

第二节　未来刑法面貌及发展趋势——简约化

综上所述，在基于数字法律模式的刑期分割机制下，刑法的面貌将会发生巨大的改观。法理层面的大道至简与技术层面的细致入微，最终使数字法律理念下的刑法体系实现了简约化。技术层面上有关数字法律模式下的刑法体系的无跳跃化、无阶梯化、精确化、程序化（电算化）、分割化特点，在前述章节中都得到了具体体现，不再赘述。至于简约化，主要是指数字法律模式下刑法体系所涉及的刑罚的目的、功能、体系、裁量、执行等方面的简约化。

在简约化的数字法律模式下的刑法体系中，当前刑法体系中的某些法律名词、法律术语、法律条款、司法规定、司法制度将会消失或应做重大调整，其中有些法律条款的消失或调整还因其有"霸王条款"之嫌。现把数字法律模式下的刑法体系中将会消失或应做重大调整的一些法律名词、法律术语、法律条款、司法规定、司法制度等简单陈列如下：

①劳改、劳教、拘役、管制；②赔偿经济损失、没收犯罪物品、罚金、没收财产、剥夺政治权利；③惯犯、累犯；④从重处罚、从轻处罚、减轻处

罚、免除处罚；⑤并科原则、吸收原则、限制加重原则、混合原则、先并后减、先减后并、法定最高刑；⑥缓刑、减刑、假释、保外就医；⑦追诉时效、赦免。

结合前述数字法律的基本特征以及基于数字法律的刑期分割机制的基本原理，现对上述当前刑法体系中相关法律名词、法律术语、法律条款、司法规定、司法制度消失的原因做简单分析。

一、劳改、劳教、拘役、管制消失的原因

1. 劳改、劳教消失的原因

需要说明的是，此处所称"劳改""劳教"的消失，不是指"劳改""劳教"此类刑罚种类或刑罚活动的消失，而是指"劳改""劳教"此类刑罚名词或刑罚术语在数字法律模式下的刑法体系中消失。

首先，根据基于数字法律模式的刑期分割机制，犯罪人的服刑刑期分为赔偿刑期与补偿刑期两部分，赔偿刑期主要以赔偿具体受害对象所遭受的经济损失、精神损害和生理伤害为主，补偿刑期主要以补偿抽象受害对象在国家制度建设、社会稳定维护、公序良俗养成等方面的经济投入为主，同时补偿因具体犯罪情节所导致的额外司法资源的损失。因此，在数字法律模式下以刑期分割机制为特色的刑法体系中，原来的"劳动改造""劳动教育"都应转变为"劳动赔偿"与"劳动补偿"，或者简称为"劳赔""劳补"。

其次，在当今现代社会，任何一项社会活动是否取得成效，都有一定的评价指标，都对应一定的评价体系，如体力劳动可以用产量评价，脑力劳动可以用产值或科技成果评价，教育活动可以通过考试或考核评价，甚至社会经济活动也可以用 GDP 指标、CPI 指标、空气质量指标、耗电量指标、货物运量指标、银行贷款量指标等进行评价。然而，当前刑法体系中针对犯罪人的"劳动改造"或"劳动教育"活动，即所谓的"劳改""劳教"活动，既没有一定的成效评价指标，也没有形成一定的成效评价体系，即达到什么程度算"劳动改造"好了，达到什么程度算"劳动教育"成功了，这些都没有人说得清楚，都没有单位或组织解释得明白。为什么呢？因为这是一个两难推理过程：倘若司法行政机关认为犯罪人"劳动改造"好了或者"劳动教育"成功了，那么怎么又有许多"劳改""劳教"人员释放后再次犯罪呢？

相反，倘若司法行政机关认为"劳动改造"或"劳动教育"还没有成功，那么为什么又要把"劳改""劳教"人员到期释放呢？更进一步，如果现实中有人遭受"劳改""劳教"释放人员重新犯罪的伤害，那么受害人是否可以申请司法行政机关赔偿或国家赔偿呢？因为经过"劳改""劳教"活动后的释放人员重新犯罪，说明曾经的"劳改""劳教"活动没有成功，至少没有完全成功，而对于没有成功或者没有完全成功的刑罚活动，相应司法行政机关应当承担一定责任。可见，当前刑法体系中的"劳动改造""劳动教育"制度，既使司法行政机关陷入两难，又使司法行政机关"背黑锅"。

再次，在刑罚体系中不同种类刑罚（死刑除外）的执行情况，是以时间为尺度主要通过量变进行考察与度量的；而对于"劳改"或"劳教"的实施情况，又是以效果为尺度主要通过质变进行考察与度量的（既然强调"改造""教育"，就应该有最终的效果评价）。显然，实质上的一种刑罚活动，以两种尺度、两种指标体系进行考察与度量，既导致刑罚过程控制的困难，又导致刑罚目的性的错乱。

但是，如果将"劳改""劳教"制度转变为"劳赔"与"劳补"制度，则其成效评价指标及成效评价体系的确立就单一化了，即若犯罪人通过劳动完成了对具体受害对象与抽象受害对象所造成的危害后果的赔偿或补偿，则其服刑活动圆满结束，司法行政机关亦大功告成。至于犯罪人是否"劳动改造"好，是否"劳动教育"成功，那不应是司法行政机关的主要目标，也不应是刑法体系所要解决的主要问题。

另外，根据"劳动有酬、按劳分配"的宪法精神，除少量自愿、短暂的义务劳动之外，任何不计报酬或虽有报酬但不按劳付酬的强迫劳动都是违宪的。从这一意义出发，当前刑法体系中针对犯罪人的"劳动改造""劳动教育"活动，虽然其名义上是为了"改造"或"教育"，但其本质上是一种不计报酬或虽有报酬但不按劳付酬的强迫劳动，因而，当前刑法体系中针对犯罪人的"劳动改造""劳动教育"活动，本质上是一种国家利益体层面的"违宪"。而在数字法律模式的刑期分割机制下，原来的"劳动改造""劳动教育"变为"劳动赔偿"或"劳动补偿"后，犯罪人的劳动活动虽然仍然是一种强迫劳动，但本质上变成了一种按劳付酬的强迫劳动，其"强迫"与"按劳付酬"的主要目的是为了强制实现犯罪人的劳动收益与其犯罪行为危害后果之间的对等转换，是为了尽快恢复、修复或复原被犯罪行为破坏了的法事关系，这也与"劳动有酬、按劳分配"的宪法精神实现了完美对接。

基于以上原因，当前刑法体系中的"劳改""劳教"等刑罚名词或刑罚术语应该退出历史舞台，数字法律意义上的"劳动赔偿"与"劳动补偿"意识应该深入人心。

2. 拘役、管制消失的原因

拘役、管制同有期徒刑、无期徒刑一样，都属于不同层次的自由刑，拘役、管制、有期徒刑、无期徒刑的划分，是对自由刑的人为的阶梯化分割。在数字法律模式下，拘役、管制应该消失的原因很简单，因为如前所述，数字法律模式下的刑法体系，将实现定罪量刑的无跳跃化、无阶梯化、精确化、程序化（电算化）、简约化。也就是说，无论犯罪行为针对具体受害对象与抽象受害对象造成了多大或多小的危害后果，在数字法律模式下，都可以很精确地同时也很公正地确定犯罪人相应的赔偿刑期与补偿刑期（根据精度要求，可以精确到月、天或者小时），犯罪人也都可以根据精确确定的赔偿刑期与补偿刑期的年数、月数、天数或小时数参加相应的"劳动赔偿"或"劳动补偿"活动。如此一来，不需要再对自由刑进行人为的阶梯化分割，自然就不再存在拘役、管制了。

3. 数字法律模式下的刑罚差别化体系

结合上述刑期分割机制下的"劳动赔偿"与"劳动补偿"理念，以及自由刑的无阶梯化理念，再对刑罚制度进行顶层延伸设计，可以构建数字法律模式下的刑罚差别化体系。

当前的刑罚体系，在刑罚差别化方面存在很大的问题，也引发了很多社会矛盾。这些问题与矛盾的根源在于对特殊犯罪人的刑罚差别化对待。

（1）刑罚差别化

对特殊犯罪人的刑罚差别化对待主要体现在两个方面：一是刑事责任年龄的差别化对待；二是刑事责任能力的差别化对待。

如前已述及的犯罪人不满14周岁为无刑事责任年龄段；不满18周岁为从宽责任年龄段；已满75周岁的人犯罪，可以或者应当从轻或者减轻处罚。无论具体年龄段如何划分，这都属于刑事责任年龄的差别化对待。

又如精神病人在不能辨认或者不能控制自己行为的时候造成危害后果，

不负刑事责任；又聋又哑的人或盲人犯罪，可以从轻或者减轻处罚。这些都属于刑事责任能力的差别化对待。

（2）司法问题与社会矛盾

刑事责任年龄的差别化对待与刑事责任能力的差别化对待的结果，其派生的司法问题与社会矛盾，可能要比特殊犯罪人的犯罪本身所导致的司法问题与社会矛盾还要严重得多。

例如，针对刑事责任年龄的差别化，更改户籍资料篡改年龄以争取逃避或减轻处罚者有之；基于刑事责任年龄的差别化，专门组建少年法庭，执行有利于保护少年儿童被告权益的特别程序和规定，如与案件无关的人士和记者不得出席少年法庭，报道少年犯罪案件不透露姓名、不透露住址、不透露就读学校、不透露身份资料图片，少年犯罪案件不得公开开庭审理，少年犯罪以圆桌审判方式进行审判；基于刑事责任年龄的差别化，专门成立少管所，除设置与监狱、劳改队基本相同的职能机构之外，还要设置教研机构，还要配备教师和心理医生，并且只能让少年犯从事轻微的体力劳动，还要注意对少年犯采取诱导、关怀、鼓励、感化的教育方法，要保证少年犯在劳教期间德、智、体、美得到全面发展，少年犯劳教先进事迹还要拍成电影电视剧，谱成歌曲，走遍大江南北宣传汇演……

又如，针对刑事责任能力的差别化，无精神病的犯罪人托关系走后门被鉴定成精神病患者，轻度精神病的犯罪人想方设法被鉴定成重度精神病患者，耳聪目明的犯罪人费尽心机转变成聋哑人。诸如此类的乱象，均助长了歪风邪气，增加了社会负能量。

另外，为了实现刑事责任年龄的差别化对待与刑事责任能力的差别化对待，不得不出台各种专门法律规范及各种司法解释、意见、通知、决定、规定等，如既有专门的《中华人民共和国预防未成年人犯罪法》，又有《公安机关办理未成年人违法犯罪案件的规定》《人民检察院办理未成年人刑事案件的规定》，还有《最高人民法院关于审理未成年人刑事案件的若干规定》《最高人民法院关于审理未成年人刑事案件具体应用法律若干问题的解释》……

凡此种种，派生了两个方面的司法问题与社会矛盾：

一是为了维护未成年犯罪人或被告人以及特殊人员的合法权益，额外配置了多少司法力量？额外消耗了多少社会资源？额外催生了多少幕后交易？

额外产生了多少漏洞与猫腻？其中的司法问题，可能一门新的"刑法经济学"教程也难以解决；

二是在维护未成年犯罪人或被告人以及特殊人员的合法权益的同时，其犯罪行为所涉及的受害对象特别是具体受害对象的合法权益切实得到维护了吗？其犯罪行为所涉及的具体受害对象的切身感受得到充分考虑了吗？

由此也似乎可以认为，在刑事责任年龄的差别化对待与刑事责任能力的差别化对待方面，当前的刑罚体系本质上是一种以犯罪人为本的刑罚体系。

（3）数字法律模式下的刑罚差别化体系设计

在数字法律理念下，有一条很重要的法理，即对于任何法律体系或规范，环节越多，漏洞就越多；特例越多，猫腻就越多。刑事责任年龄的差别化对待与刑事责任能力的差别化对待所派生的司法问题与社会矛盾，为这条法理提供了很好的诠释。

在数字法律理念下，还有一条很重要的法理，即**无辜者的权益保护具有首要性，作祟者的权益保护具有次要性**。在刑事责任年龄的差别化对待与刑事责任能力的差别化对待方面，当前的以犯罪人为本的刑罚体系违背了这一基本法理。

而在数字法律模式下的刑法体系中，其基于刑期分割机制的刑罚体系本质上是一种以受害对象为本的刑罚体系。即对于任何犯罪人所导致的受害对象特别是具体受害对象所遭受的危害后果，必须通过刑罚的执行得到赔偿或补偿。亦即**对于任何被犯罪行为所破坏了的法事关系，必须通过刑罚的执行得到恢复、修复或复原**。

实际上，在基于刑期分割机制的刑罚差别化体系下，可以在兼顾未成年犯罪人或被告人以及特殊人员的合法权益的同时，本着以受害对象为本特别是以具体受害对象为本的原则，对刑罚制度进行顶层延伸设计。

例如，对于原来刑事责任年龄的差别化对待所涉及的案件，亦即对于未成年人犯罪案件，在遵守当前诉讼程序的基础上，其最终的刑罚制度设计要点为：

（1）按正常刑事案件定罪量刑程序确定相应的赔偿刑期与补偿刑期。

（2）对于处于义务教育过程中的未成年犯罪人，赔偿刑期可以由未成年犯罪人之监护人通过经济赔偿的方式进行赔付，不能赔付的部分由监护人替代服刑进行"劳动赔偿"；补偿刑期可由监护人替代服刑进行"劳动补偿"，也可以暂时缓刑待犯罪人结束义务教育过程后择机亲自服刑。

（3）对于脱离义务教育过程的未成年犯罪人，赔偿刑期可以由未成年犯罪人之监护人通过经济赔偿的方式进行赔付，不能赔付的部分可由监护人替代服刑进行"劳动赔偿"，也可以由未成年犯罪人本人亲自服刑进行"劳动赔偿"；补偿刑期可由监护人替代服刑进行"劳动补偿"，也可以由未成年犯罪人本人亲自服刑进行"劳动补偿"。

（4）未成年人犯罪的补偿刑期部分，根据未成年人的年龄状况，可以在刑罚相关规定下进行部分或全部赦免，但是，未成年人犯罪的赔偿刑期部分，必须通过经济赔偿，或者通过相应监护人的在监服刑，或犯罪人本人的延后在监服刑足额执行。

同样道理，对于原来刑事责任能力的差别化对待所涉及的案件，亦即对于特殊人员犯罪案件，其最终的刑罚制度设计要点与上述规定类似。如此规定，充分体现了基于刑期分割机制的刑罚体系本质上是一种以受害对象为本的刑罚体系，而不是一种以犯罪人为本的刑罚体系。

二、赔偿经济损失、罚金、没收财产、特别没收消失的原因

1. 赔偿经济损失消失的原因

在数字法律模式的刑期分割机制下，赔偿刑期是主要以赔偿具体受害对象所遭受的经济损失、精神损害和生理伤害为主的服刑刑期，且赔偿刑期在执行顺序上在先执行，在具体执行方式上，赔偿刑期的赔偿额度可以通过直接经济赔偿的方式由犯罪人或其亲属部分或全部赔付或代付给具体受害对象。这说明赔偿刑期的确定已经包含了当前刑法体系中赔偿经济损失的功能，单独的赔偿经济损失的司法规定也应退出历史舞台。

2. 罚金消失的原因

第一章第五节就曾提到了当前刑罚体系之罚金制度存在明显的法理缺陷。罚金是人民法院判处犯罪分子向国家缴纳一定数额金钱的刑罚方法，是一种附加刑。在数字法律模式的刑期分割机制下，罚金的刑罚方法消失是自然而然的。因为根据赔偿刑期与补偿刑期的结构划分，犯罪分子所获得的赔偿刑期与补偿刑期已经实现了与其犯罪行为所造成的危害后果之间的对等转换，罚金的判处毫无法理依据。也就是说，如果犯罪分子所获得的赔偿刑期

与补偿刑期已经与其犯罪行为所造成的危害后果之间实现了"罪责刑相适应"，再判处罚金必然导致无法在"罪责刑相适应"原则下为法事关系各方损益对等化找到平衡点与自圆点。

3. 没收财产消失的原因

第一章第五节就曾提到了当前刑罚体系之没收财产制度也存在明显的法理缺陷。在基于数字法律模式的刑期分割机制下，依据上述罚金消失的原理，没收财产制度的消失也是自然而然的。

实际上，即使不在数字法律模式的刑期分割机制下进行考量，没收财产制度也是没有法理依据的，甚至也不符合一般的社会公理。原因在于，"我国刑法中的没收财产是没收犯罪人合法所有并且没有用于犯罪的财产，理论上称之为一般没收"①。

因此，从罚金与没收财产作为一种附加刑应该消失的基本法理出发，可以延伸总结出多条现代司法制度的法理准则：

（1）法律只能否定违法行为与后果，而不能连带否定合法行为与后果；

（2）法律应该"以理服人"，而不应该"以牙还牙"；

（3）法律应该尽量"大事化小""息事宁人"，而不应该"惹是生非""节外生枝"。

总而言之，如图5-2、图5-3所示，若在基于数字法律模式的刑期分割机制下通过罪责刑相适应原则确定了量刑刑期，如果再考虑罚金、没收财产等附加刑，则原来处于罪责刑相适应的刑罚平衡状态必然被破坏。

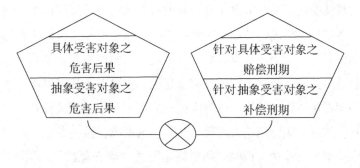

图5-2　刑期分割机制下的罪责刑相适应

---

① 曲新久. 刑法学［M］. 3 版. 北京：中国政法大学出版社，2011：219.

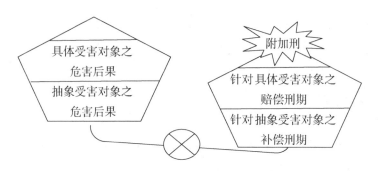

图 5 - 3　考虑附加刑后的罪责刑不适应

4. 特别没收消失的原因

《刑法》第六十四条规定："犯罪分子违法所得的一切财物，应当予以追缴或者责令退赔；对被害人的合法财产，应当及时返还；违禁品和供犯罪所用的本人财物，应当予以没收。"刑法理论中将上述规定中的没收称为"特别没收"。

在数字法律模式的刑期分割机制下，"特别没收"不但没有必要实施，而且一旦实施了这几个方面的"没收"，就违背了刑法的"罪责刑相适应"的基本原则，且使以法事关系各方损益对等化为基础的刑期分割机制无法确立。

分析犯罪分子违法所得不能实施没收的原因。在数字法律模式的刑期分割机制下，无论犯罪分子通过违法犯罪行为得到了多少财物，其违法所得总是与针对具体受害对象或抽象受害对象的危害后果相关联的，而危害后果又是与针对具体受害对象与抽象受害对象的赔偿刑期与补偿刑期相关联的。因此在基于数字法律模式的刑期分割机制下，只要对犯罪人执行了赔偿刑期与补偿刑期，其犯罪行为所造成的危害后果就自然而然得到了消除，相应的其违法所得就自然而然得到了归还。也就是说，犯罪人及其家属通过选择使用或必须使用违法所得与其犯罪行为所造成的危害后果之间进行对等转换，即通过选择使用或必须使用违法所得与其赔偿刑期或补偿刑期之一部分进行对等转换，从而实现违法所得的"物归原主"或"价归原位"，亦即实现被其犯罪行为破坏了的法事关系的恢复、修复或复原。由此可见，在基于数字法律模式的刑期分割机制下，对犯罪分子的违法所得没有必要实施没收；相反，如果提前实施了没收，则无法计量对犯罪人的赔偿刑期和补偿刑期，亦即无法在"罪责刑相适应"原则下为法事关系各方损益对等化找到平衡点与自圆点。

如第三章第三节第四小节表达式（3－24）所示，在不刻意没收或追回犯罪分子违法所得的情况下，犯罪人及其家属最终对抢劫赃款的返还额度不同，自然其对应的赔偿刑期不同。

分析供犯罪所用的本人财物不能实施没收的原因。犯罪分子用于犯罪的本人财物不能实施没收的原因非常简单，因为用于犯罪的本人财物与犯罪行为所造成的危害后果之间没有必然的因果关系，亦即用于犯罪的本人财物与犯罪人的赔偿刑期和补偿刑期之间没有必然的因果关系。因此，对犯罪分子用于犯罪的本人财物也没有必要实施没收；相反，如果实施了没收，则因其无法与赔偿刑期或补偿刑期之一部分进行对等转换，亦导致无法在"罪责刑相适应"原则下为法事关系各方损益对等化找到平衡点与自圆点。

实际上，犯罪分子用于犯罪的本人财物可分为两大类，一类是管制类物品，如枪支、弹药、管制刀具等，另一类是非管制类物品。对于管制类物品，应予以追缴并列入另一法事关系中处理；对于非管制类物品，应返还犯罪分子本人或其家属自行处理。

下面以"供犯罪所用的本人财物"的没收为例，说明特别没收的不合理以及实施特别没收之后罪责刑相适应原则的荡然无存。先看如下三个盗窃案例。

（1）某大城市低保户王老汉为了给爱吃羊肉的老伴弄点纯正的羊肉，拿着一条10来米长价值约10元钱的粗麻绳，骑着一辆价值200元的人力三轮车，日夜兼程赶到了内蒙古呼伦贝尔大草原，悄悄来到某蒙古包外的羊群旁，抡起粗麻绳，套了一只足有150斤的肥羊（市场价整羊出售每斤20元），抱上三轮车连夜赶回。警方通过对沿途摄像头录像资料进行人工智能识别，最终将王老汉抓获。

（2）某大城市一富二代想吃纯正羊肉火锅，拿着一条10来米长价值约5万元的银手链，开着一辆价值1200万元的劳斯莱斯轿车，日夜兼程赶到了内蒙古呼伦贝尔大草原，悄悄来到某蒙古包外的羊群旁，抡起银手链，套了一只足有150斤的肥羊（市场价整羊出售每斤20元），抱上劳斯莱斯轿车连夜赶回。警方通过对沿途摄像头录像资料进行人工智能识别，最终将富二代抓获。

（3）某大城市一娱乐明星想吃纯正烤羊肉，拿着一条10来米长价值约50万元的金项链，驾驶一架价值18000万元的飞机，连夜赶到了内蒙古呼伦贝尔大草原，悄悄来到某蒙古包外的羊群旁，抢起金项链，套了一只足有150斤的肥羊（市场价整羊出售每斤20元），抱上私人飞机连夜赶回。警方通过对沿途摄像头录像资料进行人工智能识别，以及对航空管制飞行计划申请材料进行分析，最终将娱乐明星抓获。

被盗150斤的肥羊价值约3000元，符合当地盗窃罪数额较大的定罪标准，王老汉、富二代和娱乐明星分别被判处有期徒刑3年。按照"供犯罪所用的本人财物"予以没收的规定，王老汉的粗麻绳及人力三轮车，富二代的银手链及劳斯莱斯轿车，娱乐明星的金项链及私人飞机，均被没收并一律上缴国库，其判决后各犯罪人的刑罚后果及财产损失情况汇总如表5-1所示。

表5-1　特别没收规定下的犯罪人刑罚后果及财产损失情况对比

案例	受害人危害后果	供犯罪所用的本人财物	犯罪人刑罚后果及财产损失情况
王老汉盗羊案	150斤肥羊1只	粗麻绳、人力三轮车	3年有期徒刑、10元粗麻绳、200元人力三轮车
富二代盗羊案	150斤肥羊1只	银手链、劳斯莱斯轿车	3年有期徒刑、5万元银手链、1200万元劳斯莱斯轿车
娱乐明星盗羊案	150斤肥羊1只	金项链、私人飞机	3年有期徒刑、50万元金项链、18000万元私人飞机

由表5-1可以看出，对于三件对受害人危害后果相同的盗羊案，犯罪人所承受的刑罚后果及财产损失却大相径庭，这充分说明了特别没收的不合理，以及实施特别没收之后罪责刑相适应原则的荡然无存。

三、剥夺政治权利消失的原因

剥夺政治权利是指剥夺犯罪人参加管理国家和政治活动的权利的刑罚方法，其被剥夺的权利包括如下四个方面：①选举权与被选举权；②言论、出版、集会、结社、游行、示威自由的权利；③担任国家机关职务的权利；④担任国有公司、企业、事业单位和人民团体领导职务的权利。

剥夺政治权利作为一种附加刑，其与主刑之间是有矛盾之处和重复之嫌的。首先，上述被剥夺的四个方面的权利，即使没有明确实施剥夺，在死刑、无期徒刑或有期自由刑的情况下，也是几乎不可能实施的权利；其次，除上述四个方面之外的有些权利，即使没有明确实施剥夺，也是几乎不可能实施的权利。例如，夫妻生活的权利，刑罚没有明确实施剥夺，但服刑人员无法实施。又如结婚的权利，当前的刑罚也没有明确实施剥夺，服刑人员能够实施此权利的也寥寥无几。因此，无论是从务虚的角度还是从务实的角度来看，剥夺政治权利都是一种形同虚设、多此一举的刑罚方法。

实际上，关于哪些权利需要剥夺，哪些权利不必要剥夺，在基于数字法律的刑期分割机制下，一句话就可以概括明白：**凡是在刑罚执行时或执行期间不便实施的权利，都需要剥夺；凡是在刑罚执行时或执行期间便于实施的权利，都没有必要剥夺。**

基于此项规定，需要剥夺的权利和不必要剥夺的权利就非常容易划分了，也就非常容易理解了。例如，选举权与被选举权，由于刑罚执行时或执行期间不便实施，即犯罪人强制劳动期间不便于参加选举，万一当选成功后也不便于履职，则选举权与被选举权自然被剥夺；又如集会、结社、游行、示威等权利，也由于刑罚执行时或执行期间不便实施，即犯罪人强制劳动期间不便于外出集会、结社、游行、示威，则这些权利也自然被剥夺；同理，担任国家机关职务的权利以及担任国有公司、企业、事业单位和人民团体领导职务的权利，刑罚执行时或执行期间不便履职，自然被剥夺；言论自由的权利，刑罚执行时或执行期间没有或不提供言论渠道，则这一权利也自然被剥夺；夫妻生活的权利，刑罚执行时或执行期间也不便实施，加之刑罚的主要目的是为了尽快恢复、修复或复原被犯罪行为破坏了的法事关系，则这一权利也自然被剥夺；恋爱的权利，因刑罚执行时或执行期间不太妨碍实施，即可以通过书信往来、通信联络、不定期探监等方式实施，则这一权利没有必要剥夺；出版自由的权利，因刑罚执行时或执行期间不太妨碍实施，即一切出版事宜不需要作者亲赴出版社办理，况且出版物内容通常由出版社责任编辑把关，因此根据"法律只能否定违法行为与后果，而不能连带否定合法行为与后果"的法理准则，这一权利没有必要剥夺；申请专利权利，因一切专利申请事宜不需要申请人亲赴专利局办理，所有手续完全可以通过邮寄申请文件或通过电子申请的方式办理，则这一权利也没有必要剥夺。

由此可见，基于"凡是在刑罚执行时或执行期间不便实施的权利，都需要剥夺；凡是在刑罚执行时或执行期间便于实施的权利，都没有必要剥夺"的准则，哪些权利需要剥夺，哪些权利没有必要剥夺，已经非常简单明了、清楚明白了，没有必要再单独规定"剥夺政治权利"这一附加刑。因此，对于任意主刑，其合乎情理又有法理依据的附加刑的表述应是"同时剥夺在刑罚执行时或执行期间不便实施的任何权利"。

四、惯犯、累犯消失的原因

所谓惯犯，"是指以某种犯罪为常业，以犯罪所得为主要生活来源或者腐化生活来源，或者犯罪已成习性，在较长时间内反复多次实施某种犯罪的形态"[1]。

所谓累犯，"是指被判处一定刑罚的犯罪人，在刑罚执行完毕或者特赦以后，在法定期限内又犯一定之罪的情况"[2]。

目前，我国刑法没有惯犯的规定，"但是，司法实践中，对于形成犯罪习惯的行为人所实施的一系列犯罪，不认为是数罪，量刑时酌情考虑从重处罚"[3]。而对于累犯，当前《刑法》第六十五条第一款规定："被判处有期徒刑以上刑罚的犯罪分子，刑罚执行完毕或者赦免以后，在五年以内再犯应当判处有期徒刑以上刑罚之罪的，是累犯，应当从重处罚。"[4] 可见，无论是对于惯犯或累犯，当前司法实践中都是加重处罚的。

然而，数字法律模式下以刑期分割机制为特色的刑法体系，具有"淡化罪名、注重量刑；有害则赔、有罪则补；不溯既往、不涉未来；一害一衡、一罪一结"的现代司法特点。其中，"不溯既往、不涉未来；一害一衡、一罪一结"的特点，说明了犯罪人的前罪与后罪之间，没有什么联系与瓜葛，也就是说前罪对后罪的定罪量刑及其相应刑罚的执行，没有什么影响。因此，在数字法律模式下，按照罪责刑相适应原则所确定的刑期分割机制实施数字化或精细化量刑，是否惯犯或者是否累犯不应影响量刑结果。

---

① 曲新久. 刑法学 [M]. 3 版. 北京：中国政法大学出版社，2011：177.
② 曲新久. 刑法学 [M]. 3 版. 北京：中国政法大学出版社，2011：234.
③ 曲新久. 刑法学 [M]. 3 版. 北京：中国政法大学出版社，2011：177.
④ 曲新久. 刑法学 [M]. 3 版. 北京：中国政法大学出版社，2011：234.

更进一步，在数字法律理念下，从惯犯或者累犯对整体社会犯罪率的影响以及对司法资源的占用或消耗情况来看，对惯犯或者累犯的量刑，不应该有加重处罚的倾向。下面以惯犯为例进行具体分析。

1. 惯犯与犯罪率

假定某个 10 万人的社区两年内发生 200 起刑事案件，为了考察该社区的犯罪密度情况，在不同的惯犯涉案情形下，分析两年内以 10 万分比为单位的该社区犯罪率情况，如表 5-2 所示。

表 5-2　惯犯涉案情形与犯罪率及司法资源配置

惯犯涉案情形	犯罪人总数（人）	该社区犯罪率	该社区公共安全人员配置（人）
每名犯罪人涉案 1 起	200（即无惯犯涉案）	200/10 万	基数 +1000
每名犯罪人涉案 2 起	100（即 100 名惯犯涉案）	100/10 万	基数 +500
每名犯罪人涉案 4 起	50（即 50 名惯犯涉案）	50/10 万	基数 +250
每名犯罪人涉案 5 起	40（即 40 名惯犯涉案）	40/10 万	基数 +200
每名犯罪人涉案 10 起	20（即 20 名惯犯涉案）	20/10 万	基数 +100
每名犯罪人涉案 20 起	10（即 10 名惯犯涉案）	10/10 万	基数 +50
每名犯罪人涉案 40 起	5（即 5 名惯犯涉案）	5/10 万	基数 +25
每名犯罪人涉案 50 起	4（即 4 名惯犯涉案）	4/10 万	基数 +20
每名犯罪人涉案 100 起	2（即 2 名惯犯涉案）	2/10 万	基数 +10
每名犯罪人涉案 200 起	1（即 1 名惯犯涉案）	1/10 万	基数 +5

由表 5-2 的分析结果可以看出，在某一时空范围内社会犯罪总量一定的情况下，惯犯涉案次数越多，相应的犯罪人总数越少，犯罪率越低。对于两年内发生 200 起刑事案件的该 10 万人社区而言，极端糟糕的情况下，若 200 起刑事案件由 200 名犯罪人所为，即完全没有惯犯、累犯，则该社区犯罪率为 10 万分之 200，相当于该 10 万人的社区内有 200 人因对他人或对社会有贪婪、欲火、仇恨、激愤或不满而实施了犯罪；极端理想的情况下，若 200 起刑事案件仅由 1 名惯犯所为，则该社区犯罪率仅为 10 万分之 1，相当于该 10 万人的社区内仅有 1 人因对他人或对社会有贪婪、欲火、仇恨、激愤或不满而实施了犯罪。相比之下，这是多么和谐、多么安定、多么幸福的社区啊！

2. 惯犯与司法资源配置

还是针对假定平均两年内发生 200 起刑事案件的 10 万人社区，现简单分析惯犯涉案情形与作为司法资源之一的社区公共安全人员的配置情况之间的关系。假定社区公共安全人员的配置策略是，按照社区规模或行政级别首先确定一个公共安全人员基本数（简称"基数"），然后按每 10 万分之 1 犯罪率增加 5 人进行累加配置。则该社区公共安全人员配置情况如表 5-2 最后一栏所示。

由表 5-2 的分析结果可以看出，在某一时空范围内社会犯罪总量一定的情况下，惯犯涉案次数越多，相应的公共安全人员配置数量越少，即相当于所需司法资源配置越少，亦即社会稳定维护成本越低。

由此可见，在某一时空范围内社会犯罪总量一定的情况下，惯犯或累犯的存在，对于降低该区域犯罪率、提高该区域社会和谐水平、减少该区域司法资源配置数量、降低该区域社会稳定维护成本都是有利的。因此在数字法律理念下，对惯犯或者累犯的量刑，至少不应该有加重处罚的感性倾向，即对于惯犯或者累犯，按照与普通犯同样的处罚力度处罚即可，亦即惯犯或者累犯的概念应该消失。

基于数字法律理念得出的上述结论可能有些匪夷所思，实际上联系某一时期国际、国内形势再举一个例子对上述结论就很好理解了。某一时期中印边境对峙，印度扬言准备打 2.5 线战争。联系中国周边地区态势，如东北亚局势、台海局势、东海局势、南海局势、西藏局势，如果一定时期内（如 5 年内）可能发生 5 场战争，那么我们是希望这 5 场战争仅仅针对一个方向，还是希望这 5 场战争针对五个方向呢？显然，如果一定时期内 5 场战争不可避免，最好还是针对一个方向，而不是针对五个方向，即所谓的 5 线战争是最糟糕的，亦即针对上述五个战略防御方向，我们希望在某一个战略防御方向上有战争"惯犯"，而在其他四个战略防御方向上相安无事。

五、从重处罚、从轻处罚、减轻处罚、免除处罚消失的原因

1. 从重处罚与从轻处罚消失的原因

从重处罚，是指在法定刑的限度内判处相对较重的刑罚；从轻处罚，是指在法定刑的限度内判处相对较轻的刑罚。判处从重处罚或从轻处罚，首先

要确定法定刑的限度，其次要确定相对从重或相对从轻的比较点。但是，刑法对于相对从重或相对从轻比较点的确定，"目前尚未取得一致性意见"，"尚处于探索之中"①。

而在基于数字法律模式的刑期分割机制下，犯罪人的赔偿刑期、补偿刑期以及刑罚总刑期，都是根据犯罪人对具体受害对象、抽象受害对象的危害后果的大小，依据罪责刑相适应原则通过数字化技术或精细化技术精确确定的。在应用数字化技术或精细化技术确定算法时，有从重处罚情节时，自然会通过算法程序得到较重的处罚结果；有从轻处罚情节时，自然也会通过算法程序得到较轻的处罚结果。况且，法官自由裁量意义上的从重或从轻，也可以以自由裁量指数的形式编制于量刑算法程序中。因此，在基于数字法律的刑法体系中，从重处罚、从轻处罚无论是在概念上还是在量刑实践上将失去存在的意义。

2. 减轻处罚消失的原因

在基于数字法律模式的刑期分割机制下，由于量刑刑期是应用数字化技术或精细化技术所确定的算法程序计算得来的，因此同样道理，减轻处罚将失去存在的意义。

3. 免除处罚消失的原因

在基于数字法律模式的刑期分割机制下，应用数字化技术或精细化技术所确定的算法程序，无论多么轻微的犯罪情节所造成的多么小的危害后果，都可以通过赔偿刑期或补偿刑期量化表示，如可以将量刑刑期精确到月、天、小时甚至分钟，且基于法事关系的恢复、修复或复原的角度都有执行的必要性。因此同样道理，免除处罚将失去存在的意义，除非具体受害对象有谅解或抽象受害对象有赦免。

六、并科原则、吸收原则、限制加重原则、混合原则消失的原因

第四章基于数字法律的数罪并罚算法研究成果显示，数罪并罚所涉及的并科原则、吸收原则、限制加重原则、混合原则，无非是对一人犯数罪后的总和刑期进行"打折处理"，但"打折处理"的法理依据不明确，"打折处

---

① 曲新久. 刑法学［M］.3 版. 北京：中国政法大学出版社，2011：242.

理"后的量刑结果具有非唯一性（并科原则、吸收原则除外），自然其相对于原来数罪的总和刑期之执行率和吸收率具有非恒定性，从而导致目前的数罪并罚制度与罪责刑相适应的刑法基本原则相冲突。

在基于数字法律理念的背景下，构建了"余罪固定执行率法""分罪降序缩减法"等数罪并罚算法，很好地解决了数罪并罚量刑结果的非唯一性问题。更进一步，在基于数字法律理念的刑期分割机制下，探究并发现了数罪并罚"折扣制度"的法理依据，并据此重新构建了基于刑期分割机制的数罪并罚执行刑期算法。因此，既然数罪并罚量刑结果可以通过具体算法唯一地确定，则原来涉及数罪并罚的比较笼统的原则诸如并科原则、吸收原则、限制加重原则、混合原则，就没有存在的必要了。

七、先并后减、先减后并消失的原因

按《刑法》第七十、七十一条之规定，刑罚执行完毕以前发现漏罪的，数罪并罚时按"先并后减"方法重新确定执行刑期；刑罚执行完毕以前又犯新罪的，数罪并罚时按"先减后并"方法重新确定执行刑期，且理论上认为"先减后并"的结果比"先并后减"的结果要重一些[①]。

实际上，这在很大程度上是文字游戏，由于当前数罪并罚量刑结果具有非唯一性，亦即法官对并罚结果具有自由裁量的选择性，致使"先减后并"的结果与"先并后减"的结果相比孰重孰轻具有不确定性。

现举例来说，如表5-3所示，原罪刑期6年且已执行2年，若又发现漏罪并判刑5年，则按先并后减方法，需要再执行刑期范围为4~9年，实际总执行刑期为6~11年；还是原罪刑期6年且已执行2年，若又犯新罪并同样判刑5年，则按先减后并方法，需要再执行刑期范围为5~9年，实际总执行刑期为7~11年。可见，"先减后并"的结果与"先并后减"的结果孰重孰轻具有不确定性，完全取决于法官的自由裁量之倾向性，并不能在理论上保证"先减后并"的结果比"先并后减"的结果必然重一些。

---

① 曲新久. 刑法学［M］. 3版. 北京：中国政法大学出版社，2011：247.

表5-3 数罪并罚之"先并后减"与"先减后并"结果比较

原罪刑期	已执行刑期	漏罪/新罪刑期	先并/先减	后减/后并	再执行刑期	实际总执行刑期
6年	2年	漏罪5年	先并得6~11年	后减2年	4~9年	6~11年
6年	2年	新罪5年	先减2年剩4年	后并5年	5~9年	7~11年

根据第四章有关数罪并罚算法研究成果，基于数字法律理念，重新构建了基于刑期分割机制的数罪并罚执行刑期算法，参照第四章第四节第一小节及第二小节，依据是否是在"一个司法流程"内或者是否是在"一次受控状态"下处理数罪，从而无论对于漏罪还是新罪，都可以确定是否需要实行数罪并罚，并可以唯一地确定数罪并罚结果。因此，处理漏罪或新罪数罪并罚的传统的"先减后并"与"先并后减"方法，就失去了存在的意义。

八、法定最高刑消失的原因

在基于数字法律模式的刑期分割机制下，刑罚的目的主要是为了使被犯罪行为破坏了的法事关系得到恢复、修复或复原。因此，基于刑期分割机制所确定的赔偿刑期、补偿刑期及总和刑期，是与各种被犯罪行为破坏了的法事关系的恢复、修复或复原周期一一对应的。如此一来，法定最高刑的规定就失去了意义。道理很简单，若在赔偿刑期、补偿刑期还没有执行完毕之前，亦即被犯罪行为破坏了的法事关系还没有得到完全的恢复、修复或复原之前，若法定最高刑期限到了，那么，还未来得及恢复、修复或复原的那部分法事关系所对应的损失、损害或伤害，应该由谁来承担责任呢？

简单举例说明，某犯罪人因故意伤害罪导致受害人失去了一条腿并失去了一只眼造成严重残疾，基于数字法律之刑期分割机制模式进行测算，犯罪人需要通过赔偿刑期为25年的服刑劳动所得，才能实现对受害人安装假肢、义眼及相应精神损害的赔偿。但若法定最高刑限制为20年，法官最高判决犯罪人有期徒刑20年，那么剩余5年的服刑劳动所对应的赔偿额，应该由谁来负责承担呢？

因此，在基于数字法律之刑期分割机制模式下的刑法体系中，基于法事关系恢复、修复或复原的刑罚目的，法定最高刑的规定失去了意义，刑罚裁量应该遵循"下不保底，上不封顶"的无限制有期刑原则。

若基于刑法的谦抑性原则感觉确实有设定法定最高刑的必要，则基于刑期分割机制有关赔偿刑期与补偿刑期的设置本义，至少针对具体受害对象的赔偿刑期不能设定法定最高刑，针对抽象受害对象的补偿刑期可以设定法定最高刑。

九、缓刑、减刑、假释、保外就医消失的原因

1. 缓刑、减刑、假释消失的原因

基于前述有关从重处罚、从轻处罚、减轻处罚、免除处罚及法定最高刑消失的原因之分析理由，在数字法律模式下，缓刑、减刑、假释等规定的消失的原因也就非常容易理解了。

对于缓刑，《刑法》第七十二条规定："……适用缓刑确实不致再危害社会的，可以宣告缓刑。"如此规定至少存在两个问题：一是是否"危害社会"是未来的事，怎样知道犯罪人适用缓刑后未来"确实"不致再"危害社会"呢？这有违最朴素的辩证唯物主义思想；二是假若适用缓刑后，犯罪人又犯了新罪，宣告缓刑的法官或法院是否应该承担一定责任？新罪所涉及的具体受害对象是否应该申请一定的当事法官赔偿、当事法院赔偿或国家赔偿？这是最基本的"权利—义务规则"，即谁有权利宣告缓刑，谁就应该有义务承担相应的缓刑后又"危害社会"的后果或责任。

数字法律模式下的刑法体系，具有"不溯既往、不涉未来"的特点，而且服刑刑期的长短是与被犯罪行为所破坏的法事关系的恢复、修复或复原周期密切相关的，无论多长或多短的服刑刑期只有具体执行，才能达到法事关系的恢复、修复或复原目的。因此，除非国家利益体对犯罪行为所造成的具体受害对象的危害后果提供代偿，对犯罪行为所造成的抽象受害对象的危害后果提供赦免，否则缓刑没有存在的意义。

对于减刑、假释的规定，基于上述类似的理由，也没有存在的意义。至少，按照基于数字法律的刑期分割机制，对于针对具体受害对象的赔偿刑期部分，缓刑、减刑、假释没有存在的意义，因为当前有关缓刑、减刑、假释的规定，居然与犯罪行为所涉及的具体受害对象的主观感受、生存状况变故或改善毫不相干。举例来说，刑罚执行期间，即使犯罪人认真遵守监规、接

受教育改造、确有悔改表现或有重大立功表现，但是，遭受犯罪人盗窃的受害对象的耕牛就能够自动穿越回来吗？遭受犯罪人性侵的受害对象的心理创伤愈合得就又快又好了吗？遭受犯罪人故意伤害而致残的受害对象的腿和眼睛就又自动恢复功能了吗？因此，在数字法律理念下，至少针对具体受害对象的赔偿刑期部分，缓刑、减刑、假释的规定缺乏令人信服的法理依据，同时也为司法不公留下了许多漏洞。

2. 保外就医制度消失的原因

至于保外就医制度，可以参考目前军队系统医疗体制。军队系统的人员有大量的军外就医吗？显然没有。而且随着医疗体系的改革及医疗资源的合理配置，加之技术的进步所带来的远程医疗的普及，保外就医也应该失去意义，这也有利于消除司法体系中的许多漏洞与猫腻。

十、追诉时效消失的原因与赦免的调整

1. 追诉时效规定消失的原因

在基于数字法律模式的刑法体系下，追诉时效规定的消失也是必然的。由数字法律模式下的刑期分割机制可以体会到，刑罚的主要目的，是以被犯罪行为破坏了的法事关系的恢复、修复或复原为目的，因此，只要被其破坏了的法事关系没有得到恢复、修复或复原，犯罪应该无期限追诉，除非被犯罪行为破坏了的法事关系之受害方当事人（或法人）自然灭失，或他们自身以及直系关系者不再有追诉诉求。

2. 赦免的调整

在基于数字法律模式的刑期分割机制下，赦免制度将成为为数不多的刑罚消减或灭失的事由之一。但是，刑罚赦免是有条件的，根据刑期分割机制之赔偿刑期与补偿刑期的设置本义，刑罚赦免的先决条件是，犯罪人的赔偿刑期执行完毕之后，才有可能对其考虑赦免，亦即只能对犯罪人的补偿刑期进行赦免，不能对犯罪人的赔偿刑期进行赦免。赦免的对象与时机，一般在政府换届或国家特殊纪念日等时间节点，由全国人大常委会决定，并由国家主席发布实施。

另外，在基于数字法律模式的刑期分割机制下，律师制度也将发生很大的改观。如对于刑事律师而言，其主要职责不再是实行无罪辩护还是有罪辩

护，也不再是实行罪轻辩护还是罪重辩护，也不必再为量刑刑期的高低与检方、法方进行争辩、协商或合议，而主要是监督、检查、核对各种主客观犯罪情节及危害后果的量化处理是否准确，具体犯罪情节的加权系数的认定是否恰当等。

综上所述，无疑，基于数字法律的刑期分割机制的刑法体系的建立与实施，将会使刑法的面貌发生巨大的改观，同时也有助于形成一套严密、简约、开放的现代司法体系。这是因为，一方面，从系统论的角度考虑，对于一个自然科学系统或工程体系，涉及的单元或部件越少，其系统的可靠性越高；同样，对于一个社会科学系统或制度体系，涉及的环节或节点越少，其系统的有效性越高，其系统的漏洞越少。另一方面，从部门法的立法角度出发，应该遵循一条基本的法理理念，即**法律不能承担过多功能**。

第六章

智慧法院与司法人工智能概论

第一节 人工智能概论

一、人工智能的概念

关于人工智能（Artificial Intelligence，AI），目前还没有一个统一的形式化定义，主要是因为人工智能的定义要依赖于智能的定义，而智能目前还无法严格地定义。

智能主要是指人类的自然智能，一般认为，智能是一种认识客观事物和运用知识解决问题的综合能力。按照认知科学的观点，智能是由神经系统表现出来的一种综合能力，主要由感知能力、记忆与思维能力、学习与自适应能力、行为能力等四个方面组成。

从学科的角度看，人工智能是一门研究如何构造智能机器或智能系统，使它能模拟、延伸或扩展人类智能的学科。①

从能力的角度看，人工智能是指用人工的方法在机器（计算机）上实现的智能；或者说，人工智能是指使用机器代替人类实现认知、识别、分析、决策等功能，其本质是对人的意识与思维的信息过程的模拟。凡是使用了机器代替人类实现认知、识别、分析、决策等功能，均可认为使用了人工智能

---

① 王万森．人工智能原理及其应用［M］．北京：电子工业出版社，2012：3.

技术。

二、人工智能的产生与发展

作为一个学科,人工智能的诞生累积了自远古至今人类科学文明的一些重要思想理论与物质技术基础,并经历了一个相当漫长的过程。从古希腊伟大哲学家亚里士多德(前384—前322年)创立的演绎法,到德国数学家和哲学家莱布尼茨(1646—1716年)奠定的数理逻辑基础;再从英国数学家图灵1936年创立图灵机模型,到美国数学家、电子数字计算机先驱莫克利(1907—1980年)等人1946年研制成功世界上第一台通用电子计算机,都可以看到人工智能的身影。

此外,1943年世界上第一个人工神经网络模型(MP模型)的建立,开创了以仿生学观点和结构化方法模拟人类智能的途径;1948年控制论的创立,为以行为模拟观点研究人工智能奠定了理论与技术基础;1950年图灵的著名论文《计算机能思维吗?》明确提出了"机器能思维"的观点。至此,人工智能的基本雏形已初步形成,人工智能的诞生条件也已基本具备,这一时期通常称为人工智能的孕育期。

1956年夏季,10位来自美国数学、神经学、心理学、信息科学和计算机科学方面的年轻杰出科学家,在达特茅斯大学举行了为期两个月的夏季学术研讨会,一起共同学习和探讨了用机器模拟人类智能的有关问题,并正式采用了"人工智能"这一术语,从此,一个以研究如何用机器来模拟人类智能的新兴学科即人工智能学科诞生了。可见,人工智能诞生于一次历史性的聚会。自此之后的10多年中,人工智能很快就在定理证明、问题求解、博弈论等众多领域取得了一大批重要研究成果。

20世纪70年代初至80年代末,人工智能研究遇到了许多困难,遭受了很大挫折,这段时间被称为人工智能的知识应用期,也被称之为低潮时期。在此期间,专家系统(Expert System,ES)实现了人工智能从理论研究走向实际应用、从一般思维规律探讨走向专门知识运用的重大突破,这是人工智能发展史上的一次重要转折。专家系统的成功,说明了知识在智能系统中的重要性,使人们更清楚地认识到人工智能系统应该是一个知识处理系统,而知识表示、知识获取、知识利用则是人工智能系统的三个基本问题。这一时期，与专家系统同时发展的重要领域还有计算机视觉、机器人、自然语言理解和机器翻译等，一直处于低谷的人工神经网络也开始慢慢复苏。1986 年，鲁梅尔哈特等研制出了具有误差反向传播功能的多层前馈网络，简称"BP网络"（Back Propagation Neural Network，BP），实现了多层网络的设想。

20 世纪 80 年代末到 21 世纪初，随着人工神经网络的再度兴起，人工智能研究形成了相对独立的三大学派，即基于知识工程（Knowledge Engineering，KE）的符号主义学派、基于人工神经网络（Artificial Neural Network，ANN）的联结主义学派和基于控制论（Cybernetics）的行为主义学派。其中，符号主义学派强调知识的表示和推理；联结主义学派强调神经元的联结活动过程；行为主义学派强调对外界环境的感知和适应。随着研究和应用的深入，人们又逐渐认识到，三个学派各有所长，应相互结合、取长补短、综合集成。因此，这段时间被称为从学派分离走向综合的时期。

21 世纪初以来，一个以人工智能为核心，以自然智能、人工智能、集成智能和协同智能为一体的新的智能科学技术学科正在逐渐兴起。

当然，不同的文献对人工智能的发展历史的划分略有不同。如人工智能的诞生期是 1943—1956 年，以 1950 年图灵发表论文并提出"图灵测试"以及 1956 年的达特茅斯会议为标志；人工智能的第一次发展热潮是 1956—1970 年，以符号主义、早期神经网络（联结主义）和专家系统为代表；人工智能的第二次发展热潮是 1980—2000 年，以统计学派、机器学习和神经网络（重获新生的联结主义）为代表；人工智能的第三次发展热潮是 2006 年以后，以大数据的广泛应用和机器视觉、语音识别、机器翻译等领域中深度学习的普遍应用为代表。

三、人工智能研究中的不同学派

就人工智能的研究学派而言，由于智能问题的复杂性，具有不同学科背景或不同研究应用领域的学者，在从不同角度、用不同方法、沿不同途径对人工智能本质进行探索的过程中，逐渐形成了符号主义、联结主义和行为主义三大学派。

1. 符号主义

符号主义（symbolicism）又称逻辑主义（logicism）、心理学派（psychologism）或计算机学派（computerism），是基于物理符号系统假设和有限合理性原理的人工智能学派。符号主义诞生的标志是1956年夏季的那次历史性聚会，也是符号主义者最先正式采用了人工智能这一术语。60多年来，符号主义走过了一条"启发式算法→专家系统→知识工程"的发展道路，并一直在人工智能中处于主导地位，也仍然是人工智能的主流学派。

在理论上，符号主义认为人工智能起源于数理逻辑，人类认知的基本元素是符号，认知过程就是符号表示上的一种运算过程。智能的基础是知识，其核心是知识表示和知识推理，知识可用符号表示，也可用符号进行推理，因而可以建立基于知识的人类智能（自然智能）和机器智能（人工智能）的统一的理论体系。

在研究方法上，符号主义认为人工智能的研究应该采用功能模拟的方法，即通过研究人类认知系统的功能和机理，再用计算机进行模拟，从而实现人工智能。

2. 联结主义

联结主义（connectionism）又称仿生学派（bionicsism）或生理学派（physiologism），是基于神经网络及网络间的联结机制与学习算法的人工智能学派。联结主义从神经元开始，进而研究神经网络模型和脑模型，为人工智能开创了一条用电子装置模仿人脑结构和功能的新途径。联结主义的代表性成果有早期的MP模型，进入20世纪80年代之后霍普菲尔德提出的Hopfield网络模型，以及鲁梅尔哈特提出的BP网络模型，使得多层网络的理论模型有所突破，再加上人工神经网络在图像处理、模式识别等方面表现出来的优势，联结主义在新技术条件下掀起了研究热潮。

在理论上，联结主义认为思维的基元是神经元，而不是符号，思维过程是神经元的联结活动过程，而不是符号运算过程，并提出联结主义的人脑工作模式，以取代符号主义的电脑工作模式。

在研究方法上，联结主义主张人工智能研究应采用结构模拟的方法，即着重于模拟人的生理神经网络结构，并认为功能、结构与智能行为是密切相关的，不同的结构表现出不同的智能行为。

3. 行为主义

行为主义（actionism）又称进化主义（evolutionism）或控制论学派（cyberneticsism），是基于控制论和"感知—动作"控制系统的人工智能学派。行为主义认为人工智能起源于控制论，提出智能取决于感知和行为，取决于对外界复杂环境的适应，而不是表示和推理。

在理论上，行为主义提出了智能行为的"感知—动作"模型，认为智能不需要知识、不需要表示、不需要推理，人工智能可以像人类智能那样逐步进化，智能只有在现实世界中通过与周围环境的交互作用才能表现出来。

在研究方法上，行为主义主张人工智能研究应采用行为模拟的方法，同时也认为功能、结构和智能行为是不可分开的，不同的行为表现出不同的功能和不同的控制结构。

四、人工智能的研究与应用领域

自 21 世纪初，随着人工智能第三次发展热潮的到来，人工智能的研究与应用如火如荼、方兴未艾。2017 年 7 月 20 日，国务院发布《新一代人工智能发展规划》，这是政府第一次发布专门针对"人工智能"的国字号文件，也标志着我国已经将人工智能上升为国家战略。今天，被冠以人工智能的科技领域数不胜数，人工智能已经成为一个极具价值的学术标志和商业标签，并在科技进步和社会发展中扮演着越来越重要的角色。面对人工智能这样一个高度交叉的新兴学科，其研究与应用领域的划分自然存在多种不同的方法。

基于智能的本质，从感知、思维、行为、学习、计算智能等角度出发，不刻意考虑人工智能的应用背景或具体场景，人工智能的研究与应用领域可从如下几方面进行讨论。

1. 机器思维

所谓机器思维就是让机器（计算机）能够对感知到的外界信息和自己产生的内部信息进行思维性加工。由于人类智能主要来自大脑的思维活动，因此机器思维也应该是机器智能的重要组成部分。在人工智能中，机器思维主要模拟人类的思维功能，与机器思维有关的研究主要包括推理、搜索、规划。

（1）推理

推理是人工智能研究中的最基本问题之一。所谓推理是指按照某种策略，从已知事实出发，利用知识推出所需结论的过程。

对于机器推理，根据所用知识的确定性情况，将其分为确定性推理和不确定性推理两大类。所谓确定性推理，是指推理所使用的知识和推出的结论都是可以精确表示的；所谓不确定性推理，是指推理所使用的知识和推出的结论可以是不确定的，所谓不确定性是对非精确性、模糊性和非完备性的统称。

抽象地说，知识是人们在改造客观世界的实践中积累起来的认识和经验；具体地说，知识是对信息进行智能性加工所形成的对客观世界规律性的认识。信息的加工过程，实际上是一种把有关信息关联在一起而形成信息结构的过程。因而，"信息"与"关联"是构成知识的两个关键要素，而实现信息之间关联的形式可以有很多种，其中最常用的一种形式是"如果……，则……"。

因而，基于上述机器推理理念，不妨首先展望一下基于刑法典的司法人工智能。从人工智能的角度考虑，基于数字法律的司法人工智能模式下的刑事案件的定罪量刑是一个简单的机器推理过程，而且应该也必须是一种确定性推理过程。

（2）搜索

搜索也是人工智能研究中的最基本问题之一。所谓搜索是指为了达到某一目标，不断寻找推理线路，以引导和控制推理，使问题得以解决的过程。对于搜索，可根据问题的表示方式将其分为状态空间搜索和与/或树搜索两大类型。其中，状态空间搜索是一种用状态空间法求解问题时的搜索方法；与/或树搜索是一种用问题归约法求解时的搜索方法。

对于搜索问题，人工智能最关心的是如何利用搜索过程所得到的对尽快达到目标有用的信息来引导搜索过程，即启发式搜索方法，它包括状态空间的启发式搜索方法和与/或树的启发式搜索方法。

（3）规划

规划是一种重要的问题求解技术，它是从某个特定问题状态出发，寻求并建立一个操作序列，直到求得目标状态为止的一个行动过程的描述。与一般问题求解技术相比，规划更侧重于问题求解过程，并且要解决的问题一般是真实世界的实际问题，而不是抽象的数学模型问题。

2. 机器学习

所谓机器学习（machine learning）就是让机器（计算机）能够像人那样自动地获取新知识，并在实践中不断地完善自我和增强能力。机器学习是机器获取知识的根本途径，同时也是机器具有智能的重要标志，因而也是人工智能研究的核心问题之一。甚至有人认为，一个计算机系统如果不具备学习功能，就不能称其为智能系统。

机器学习有多种不同的分类方法，如果按照对人类学习的模拟方式划分，机器学习可分为符号学习和联结学习。

（1）符号学习

符号学习是指从功能上模拟人类学习能力的机器学习方法，它是一种基于符号主义学派的机器学习观点。按照这种观点，知识可以用符号来表示，机器学习过程实际上是一种符号运算过程。对于符号学习，可根据学习策略或学习中所使用推理方法的不同，将其分为记忆学习、归纳学习和演绎学习。

记忆学习也叫死记硬背学习，它是一种最基本的学习方法；归纳学习是指以归纳推理为基础的学习，它是机器学习中研究得较多的一种学习类型，像示例学习、决策树学习和统计学习等都是典型的归纳学习方法；演绎学习是指以推理为基础的学习，像解释学习就是一种典型的演绎学习方法。

（2）联结学习

联结学习也称为神经学习，它是一种基于人工神经网络、模拟人脑的学习方法。已有研究表明，人脑的学习和记忆过程都是通过神经系统来完成的，在人的神经系统中，神经元既是学习的基本单位，也是记忆的基本单位。联结学习可以有多种不同的分类方法，比较典型的学习算法有感知器学习、BP 网络学习和 Hopfield 网络学习等。

感知器学习是一种基于纠错学习规则，采用迭代思想对联结权值和阈值进行不断调整，直到满足结束条件为止的学习算法；BP 网络学习是一种误差反向传播的网络学习算法，其学习过程由输出模式的正向传播过程和误差的反向传播过程组成；Hopfield 网络学习实际上是寻求系统的稳定状态，即从网络的初始状态开始，逐渐向其稳定状态过渡，直至达到稳定状态为止。

机器学习的分类始终与其相应算法紧密结合在一起。根据机器学习分类方法的多样性，结合相应算法，目前有的文献将其分类如表6-1所示。

表6-1　人工智能之机器学习算法体系汇总

序号	机器学习	算法
1	监督学习 Supervised learning	人工神经网络 Artificial neural network 贝叶斯 Bayesian 决策树 Decision Tree 线性分类 Linear classifier
2	无监督学习 Unsupervised learning	人工神经网络 Artificial neural network 关联规则学习 Association rule learning 分层聚类 Hierarchical clustering 聚类分析 Cluster analysis 异常检测 Anomaly detection
3	半监督学习 Semi - supervised learning	生成模型 Generative models 低密度分离 Low - density separation 基于图形的方法 Graph - based methods 联合训练 Co - training
4	强化学习 Reinforcement learning	时间差分学习 Temporal difference learning Q学习 Q - learning 学习自动 Learning Automata 状态 - 行动 - 回馈 - 状态 - 行动 State - Action - Reward - State - Action（SARSA）
5	深度学习 Deep learning	深度信念网络 Deep belief machines 深度卷积神经网络 Deep Convolutional neural networks 深度递归神经网络 Deep Recurrent neural networks 分层时间记忆 Hierarchical temporal memory 深度玻尔兹曼机 Deep Boltzmann Machine（DBM） 堆叠自动编码器 Stacked Boltzmann Machine 生成式对抗网络 Generative adversarial networks
6	迁移学习 Transfer learning	传递式迁移学习 Transitive Transfer Learning
7	其他	集成学习算法

3. 机器感知

所谓机器感知就是要让机器（计算机）具有类似于人的感知能力，如视觉、听觉、触觉等。机器感知作为机器获取外界信息的主要途径，是机器智能的重要组成部分。机器感知方面的研究主要有机器视觉、模式识别、自然语言理解等。

（1）机器视觉

机器视觉是一门用机器（计算机）模拟或实现人类视觉功能的新兴学科，其主要研究目标是使计算机具有通过二维图像认知三维环境信息的能力。这种能力不仅包括对三维环境中物体形状、位置、姿态、运动等几何信息的感知，还包括对这些信息的描述、存储、识别与理解。

目前，机器视觉已经在人类社会的许多领域得到了成功应用。如在图形、图像识别方面的字符识别、指纹识别、染色体识别等；在航天与军事方面的成像精确制导、飞行器跟踪、卫星图像处理等；在医疗领域的医学图像分析等；在工业领域的各种监测系统和生产过程监控系统等。

（2）模式识别

所谓模式识别就是让计算机能够对给定的事物进行鉴定，并把其归入与其相同或相似的模式中。被鉴定的事物可以是物理的、化学的、生理的，也可以是文字、图像、声音等。模式识别的一般过程是先采集待识别事物的模式信息，然后对其进行各种变换和预处理，从中抽出有意义的特征或基元，得到待识别事物的模式，然后再与计算机中原有的各种标准模式进行比较，完成对待识别事物的分类识别，最后输出识别结果。

根据给出的标准模式的不同，模式识别可以有多种不同的识别方法，经常采用的方法有模板匹配法、统计模式法、模糊模式法、神经网络法等。

（3）自然语言理解

自然语言理解一直是人工智能的一个重要研究领域。自然语言理解可分为声音语言理解和书面语言理解两大类，其中声音语言的理解过程包括语音分析、词法分析、句法分析、语义分析和语用分析五个阶段；书面语言的理解过程除不包括语音分析外，其他四个阶段与声音语言理解相同。自然语言理解的主要困难在语用分析阶段，原因是它涉及上下文知识，需要考虑语境对语言的影响。

与自然语言理解密切相关的另一个领域是机器翻译，即通过计算机把一种语言翻译成另外一种语言。自然语言理解的研究不仅对智能人机接口有着重要的实际意义，而且对不确定人工智能的研究也具有重大的理论价值。

4. 机器行为

所谓机器行为就是让机器（计算机）能够具有像人那样的行动和表达能

力，如走、跑、拿、说、唱、写、画等。机器行为作为计算机作用于外界环境的主要途径，也是机器智能的主要组成部分。如果把机器感知看成智能系统的输入部分，那么机器行为可看成智能系统的输出部分，如智能控制、智能制造、智能调度、智能机器人等。

（1）智能控制

智能控制是指那种无须或需要尽可能少的人工干预，就能独立地驱动智能机器，实现其目标的控制过程。它是一种把人工智能与传统自动控制技术相结合，研制智能控制系统的方法和技术。

目前常用的智能控制方法主要包括模糊控制、神经网络控制、分层递阶智能控制、专家控制和学习控制等。智能控制的主要应用领域包括智能机器人系统、计算机集成制造系统、复杂工业过程控制系统、航空航天控制系统、社会经济管理系统、交通运输系统、环保及能源系统等。

（2）智能制造

智能制造是指以计算机为核心，集成有关技术，以取代、延伸与强化有关专门人才在制造中的相关智能活动所形成、发展乃至创新了的制造。智能制造中所采用的技术称为智能制造技术，它是指在制造系统和制造过程中的各个环节，通过计算机来模拟人类专家的制造智能活动，并与制造环境中人的智能进行柔性集成与交互的各种制造技术的总称。

在实际智能制造模式下，智能制造系统一般为分布式协同求解系统，其本质特征表现为智能单元的"自主性"与系统整体的"自组织能力"。近年来，智能 Agent 技术被广泛应用于网络环境下的智能制造系统开发。

5. 计算智能

计算智能（Computational Intelligence，CI）是借鉴仿生学的思想，基于人们对生物体智能机理的认识，采用数值计算的方法去模拟和实现人类计算的智能。计算智能的主要研究领域包括神经计算、进化计算和模糊计算等。

（1）神经计算

神经计算也称神经网络（Neural Network，NN），它是通过对大量人工神经元的广泛并行互联所形成的一种人工网络系统，用于模拟生物神经系统的结构和功能。神经计算是一种对人类智能的结构模拟方法，其主要研究内容包括人工神经元的结构和模型、人工神经网络的互联结构和系统模型、基于神经网络的联结学习机制等。

神经网络具有自学习、自组织、自适应、联想、模糊推理等能力，在模仿生物神经计算方面有一定优势。目前，神经计算的研究和应用已渗透到许多领域，如机器学习、专家系统、智能控制、模式识别、计算机视觉、信息处理、非线性系统辨识及非线性系统组合优化等方面。

（2）进化计算

进化计算（Evolutionary Computation，EC）是一种模拟自然界生物进化过程与机制，进行问题求解的自组织、自适应的随机搜索技术，是一种对人类智能的演化模拟方法。

进化计算主要包括遗传算法（Genetic Algorithm，GA）、进化策略（Evolutionary Strategy，ES）、进化规划（Evolutionary Programming，EP）和遗传规划（Genetic Programming，GP）四大分支，其中遗传算法是进化计算中最初形成的一种具有普遍影响的模拟进化优化算法。遗传算法的基本思想是使用模拟生物和人类进化的方法来求解复杂问题，它从初始种群出发，采用优胜劣汰、适者生存的自然法则选择个体，并通过杂交、变异来产生新一代种群，如此逐代进化，直到满足目标为止。

（3）模糊计算

模糊计算也称模糊系统（Fuzzy System，FS），它通过对人类处理模糊现象的认知能力的认识，用模糊集合和模糊逻辑去模拟人类的智能行为。

在模糊系统中，模糊概念通常是用模糊集合来表示的，而模糊集合又是用隶属函数来刻画的。一个隶属函数描述一个模糊概念，其函数值为 [0，1] 区间的实数，用来描述函数自变量所代表的模糊事件隶属于该模糊概念的程度。目前，模糊计算已经在推理、控制、决策等方面得到了非常广泛的应用。

综合而言，从基础理论的角度出发，在更基本的层次上，人工智能的技术体系划分如表 6-2 所示。

表 6-2 人工智能的技术体系

序号	技术类别	技术目录
1	数学基础	微积分、线性代数、概率统计、模糊数学、信息论、集合论与图论、博弈论

序号	技术类别	技术目录
2	计算机基础	计算机原理、程序设计语言、操作系统、分布式系统、算法基础
3	机器学习分类	监督学习、无监督学习、半监督学习、强化学习、深度学习、迁移学习
4	机器学习算法	线性模型、逻辑回归、决策树模型、支持向量机、贝叶斯分类器、神经网络（深度学习）、聚类算法
5	问题领域	语言识别、字符识别、机器视觉、自然语言处理、知识推理、游戏与博弈、数据挖掘、自动控制、专家系统

五、人工智能的典型应用

目前，人工智能的应用领域已经非常广泛，从理论到技术，从产品到工程，从家庭到社会，人工智能无处不在。例如，智能家电、智能家居、智能楼宇、智能社区、智能电力、智能交通、智能控制技术等，都是考虑实际应用背景或具体场景下的人工智能的典型应用。

不同的学者或机构，处于不同的目的，都可以对人工智能的实际应用领域进行不同的划分，而且在人工智能持续发展的背景下，人工智能实际应用领域的划分本身也是动态可变的。如有的文献对人工智能实际应用领域的划分如表6-3所示。

表6-3 人工智能的典型应用领域

序号	应用领域	应用项目
1	互联网和移动互联网	搜索引擎、推荐引擎、精准营销、语音和自然语言交互、图像和视频处理、用户画像、反欺诈
2	交通、出行与物流	自动驾驶、智慧交通、共享出行、智能物流
3	智能金融	银行业、保险业、证券、基金、投行
4	智慧医疗	医学影像判读、辅助诊断、病历理解和检索、手术机器人、智能康复设备、智能制药
5	家用和服务机器人	智能家居、老幼伴侣、生活服务

续表

序号	应用领域	应用项目
6	智能制造业	工业机器人、智能生产系统
7	人工智能辅助教育	学习机器人、智慧课堂
8	智慧农业	智慧农业设备、智慧农业管理系统
9	智慧媒体	写稿机器人、资料收集机器人
10	机器翻译	文字翻译、声音翻译
11	机器仿生	器官仿生、动物仿生
12	智能律师助理	智慧法律咨询、案例数据库机器人
13	人工智能娱乐	
14	人工智能艺术创作	

国务院于 2017 年 7 月 20 日发布的《新一代人工智能发展规划》从人工智能发展的重点任务的角度出发，把人工智能的重点应用领域分为智能经济与智能社会两个大的方面，具体可参考附录《新一代人工智能发展规划》。

第二节　智慧法院与司法人工智能概论

一、智慧法院与司法人工智能的概念

1. 智慧法院

智慧法院这一概念的出现还是近几年来的事，由于是新生事物，不便妄下定义，下面通过百度百科进行大致了解。

"智慧法院是依托现代人工智能，围绕司法为民、公正司法，坚持司法规律、体制改革与技术变革相融合，以高度信息化方式支持司法审判、诉讼服务和司法管理，实现全业务网上办理、全流程依法公开、全方位智能服务的人民法院组织、建设、运行和管理形态。"可见，智慧法院是"人民法院＋人工智能＋互联网"的综合体。

智慧法院的来龙去脉也可从百度百科中略见一斑。

2016 年 1 月 29 日，最高人民法院信息化建设工作领导小组举行 2016 年第一次全体会议，最高人民法院院长、信息化建设工作领导小组组长主持会

议并讲话，首次提出建设立足于时代发展前沿的"智慧法院"。

2016 年 7 月，中共中央办公厅、国务院办公厅印发《国家信息化发展战略纲要》，将建设"智慧法院"列入国家信息化发展战略，明确提出：建设"智慧法院"，提高案件受理、审判、执行、监督等各环节信息化水平，推动执法司法信息公开，促进司法公平正义。

2016 年 11 月 17 日，在第三届世界互联网大会（乌镇峰会）智慧法院暨网络法治论坛上，最高人民法院院长表示，要加快智慧法院建设，实现人民法院工作的全面信息化，促进司法为民、公正司法，努力实现让人民群众在每一个司法案件中感受到公平正义的目标。

2016 年 12 月 15 日，国务院印发《"十三五"国家信息化规划》，明确指出，支持"智慧法院"建设，推行电子诉讼，建设完善公正司法信息化工程，并将电子诉讼占比作为 5 个信息服务指标之一，全国法院电子诉讼占比要在 2020 年超过 15%。

2017 年 5 月 11 日，最高人民法院院长在全国法院第四次信息化工作会议上强调：要统筹兼顾，全面把握智慧法院建设的总体布局。智慧法院建设要以促进审判体系和审判能力现代化，提升司法为民、公正司法水平为目标，充分利用信息化系统，实现人民法院全业务网上办理、全流程依法公开、全方位智能服务。

2. 司法人工智能

"司法人工智能"的概念比"智慧法院"的概念出现得稍晚。

2017 年 3 月 12 日，最高人民法院院长在第十二届全国人民代表大会第五次会议上，做了最高人民法院工作的报告。在该报告的"坚持改革创新求真务实扎实做好 2017 年人民法院工作"的要求中，有一条是"加快建设智慧法院，努力提供更多优质司法服务"。其中具体要求是"依托全国法院'一张网'，强化信息平台应用，推进电子卷宗录入、庭审语音识别、审判智能服务等科技系统与办公办案平台融合，提升信息化建设水平，促进公正司法……综合运用云计算、大数据等技术，推进数据共享，研究构建司法人工智能系统，为审判体系和审判能力现代化注入新动力，为司法改革和法制中国建设提供有力支撑"。

简单地讲，所谓"司法人工智能"，就是人工智能技术在司法领域及司法活动中的应用。如此一来，结合前述"智慧法院是'人民法院 + 人工智能 + 互联网'的综合体"的判断，可以肯定的是，"智慧法院"与"司法人工智能"在基本理念上是一脉相承的，智慧法院建设以司法人工智能系统的构建为依托，司法人工智能系统的构建以智慧法院建设为目标。

二、司法人工智能分类

正像人工智能在将来全社会的应用会"无时不有、无处不在"① 一样，人工智能在司法领域及司法活动中的应用，亦即司法人工智能，也将会呈现"无时不有、无处不在"的局面。

"司法"的概念在我国法律界向来具有两重性，即有广义的司法概念与狭义的司法概念之分，因而司法人工智能的概念也应该有广义司法人工智能与狭义司法人工智能之分。例如，在社会治理领域特别是公安系统，尤其是在刑事侦查方面，早就有人工智能技术的应用，如基于 AI 的人脸识别技术、行为识别技术、步态分析技术等，这些技术的应用从广义上讲应该也是司法人工智能的范畴。

但是，考虑到司法审判环节是整个司法工作的中心环节，同时，鉴于本书数字法律理念及模式的针对性，即数字法律理念与模式是为司法审判环节而准备与设计的，亦即是针对刑事案件的定罪量刑与民事案件的审理判决而准备与设计的，再考虑到司法人工智能与智慧法院概念的一脉相承关系，因此，本书所涉及的司法人工智能仅限于狭义司法人工智能范畴。

在狭义的司法人工智能范畴，人工智能技术也早已暗流涌动。随着人工智能第三次发展热潮的兴起，人工智能技术与法律的融合日益深入。

2016 年初，英国年仅 19 岁的程序员、斯坦福大学大三学生 Joshua Browder，基于对收到不公平的停车罚单进行上诉的需要，发明了世界上第一个机器人律师，取名为 Donotpay，可以为用户提供免费的法律服务。据外媒报道，目前 Donotpay 已经打赢 16 万起罚单官司，且美国 50 个州已开始使用这一世界上第一个机器人律师。

---

① 国务院. 新一代人工智能发展规划［EB/OL］.（2017 - 07 - 20）［2018 - 12 - 01］http://www.gov.cn/zhengce/ content/2017 - 07/20/content_ 5211996. htm.

国内许多科技公司也开发研制了机器人律师、法律机器人、司法人工智能软件系统，如企业诉讼服务机器人、审判倾向分析机器人、行政处罚调查机器人、AI 案件分析系统、AI 合同审查系统、AI 裁决书自动生成系统等，有的科技公司还成立了法律实验室。

但是，对于司法人工智能的具体呈现形式，目前还没有统一的标准和认识。为什么呢？因为人工智能技术本身发展迅速，什么是人工智能技术，人工智能的具体呈现形式，都处于千变万化之中，① 更何况司法人工智能的呈现方式。

然而，为了分析研究具体司法人工智能问题的方便，还是有必要对司法人工智能系统的具体呈现形式进行大致分类。智慧法院综合体下的司法人工智能系统的具体呈现方式如表 6 - 4 所示。

表 6 - 4　司法人工智能系统的具体呈现方式

序号	司法人工智能系统分类	具体呈现方式
1	司法人工智能审前系统	各种协助性、服务性法律机器人，机器人律师或 AI 系统，如立案咨询服务机器人或系统、诉讼服务机器人或系统、案件审判分析机器人或系统、行政处罚调查机器人或系统、合同审查 AI 系统、电子诉讼 AI 系统等
2	司法人工智能审判系统	刑事案件人工智能定罪量刑系统 民事案件人工智能审理判决系统 庭审语音识别系统/卷宗录入系统 （可以与全国法院"一张网"相连）
3	司法人工智能审后系统	判决/裁定文书自动生成系统 审判材料、数据自动上传系统 审判材料、数据可视化查询系统 （可以与全国法院"一张网"部分相连）

由表 6 - 4 可以看出，各类司法人工智能系统中，最主要、最关键、最能

---

① 王万森. 人工智能原理及其应用［M］. 北京：电子工业出版社，2012：12. 有人认为，一个计算机系统如果不具备学习功能，就不能称其为智能系统。也有人认为：凡是使用了机器代替人类实现认知、识别、分析、决策等功能，均可认为使用了人工智能技术。本专著中认同后一种观点，即对于司法人工智能而言，凡是使用了机器（计算机）代替人们实现司法领域内的认知、识别、分析、决策等功能，均可认为使用了司法人工智能技术。

体现司法人工智能优越性的，应该是司法人工智能审判系统中的刑事案件人工智能定罪量刑系统与民事案件人工智能审理判决系统，司法人工智能审前系统与司法人工智能审后系统，仅仅是司法人工智能审判系统的辅助系统。这充分体现了在以审判为中心的诉讼制度改革背景下，审判环节是智慧法院体系的中心工作。

三、司法人工智能算法的选择

在当前基于大数据、云计算背景下的人工智能技术的发展热潮中，经常有媒体宣称"数据为王""得数据者得天下"，这是从资源的角度考虑问题的结果，因为信息革命中最重要的资源是数据。

但是，对于司法人工智能而言，笔者认为其合理的表述应是"算法为王""得算法者得天下"。也就是说，对于司法人工智能系统的开发与构建而言，最为重要的是，要根据其开发与构建目的有针对性地选择算法，而不是根据已经堆积或截取的数据去被动地选择算法。

针对表 6-4 所涉及的各类司法人工智能系统，笔者认为，针对司法人工智能审前系统和司法人工智能审后系统的开发与构建，可以基于数据驱动按照常规人工智能技术的要求选择算法，如基于人工神经网络的机器学习算法；而对于司法人工智能审判系统的开发与构建，特别是对于其中的刑事案件人工智能定罪量刑系统和民事案件人工智能审理判决系统的开发与构建，不能选择基于人工神经网络的机器学习算法。

对于司法人工智能审判系统的开发与构建不能选择基于人工神经网络的机器学习算法的原因，可以大致归纳如下。

1. 判决数据缺陷

神经网络类算法的结果依赖已有的判决数据，而已有的判决数据存在大量缺陷。

假设有下列堆积或截取的针对受贿案件的大数据（来自网络）：

受贿 8 万元判处免于刑事处罚；

受贿 10 万元判处 10 年有期徒刑；

受贿 300 万元判处 10 年有期徒刑；

受贿 514 万元判处 14 年有期徒刑；

受贿1073万元判处无期徒刑（参考本专著第一章第一节第三小节脚注）；

受贿1095万元判处15年有期徒刑（参考本专著第一章第一节第三小节脚注）；

受贿2044万元判处无期徒刑；

受贿6400万元判处死刑缓期执行；

……

显然，以这样的资源数据为训练样本，让人工神经网络去进行自学习、自适应，别说是通过人工智能或机器智能，就是通过人类智能或自然智能也无法得出客观公正的结果。

上述判决数据本身存在的缺陷，可以称之为显式缺陷。另外，大数据中还可能存在隐式缺陷，例如，针对侵犯财产类案件之案值数额，有数额较大、数额巨大、数额特别巨大之分，但不同时期不同的司法解释有不同的区分标准，即使同一时期东西部地区或南北方地区因经济发达程度不同也影响到具体量刑结果。举例来说，法释〔2000〕11号规定：1万元至3万元以上为数额巨大；而法释〔2013〕8号规定：3万元至10万元以上为数额巨大。显而易见，在不同的案值数额标准下，得到的判决数据缺乏可比性，这就是大量判决数据中的隐式缺陷。而若把一堆缺乏可比性的判决数据作为训练样本让人工神经网络去自学习、自适应，则得到的结果必然缺乏可信性。

2. 算法不透明

神经网络类算法具有不透明性，导致算法过程不能透明展示，算法结果也不能"复盘"核查。

利用神经网络解决问题，一般分为训练和工作两个阶段，训练阶段的主要目的是要从训练样本中提取隐含知识和规律，并存储在网络中，供工作阶段解决问题时使用。因此，经过神经网络算法的训练阶段，得到的是隐含的知识和规律，这说明神经网络算法没有显式的输入输出表达式，是一种"暗箱化"的算法，具有不透明性。

既然算法过程不透明，则其算法结果也就无法监督，自然其算法结果也就不能"复盘"，亦即不能核查，不能追溯。而对于审判体系而言，如果其审判结果连"复盘"核查追溯的可能性都没有，则审判的公正性、可靠性将荡然无存。为什么呢？很显然，不能"复盘"核查追溯的审判结果，在审判人员与犯罪嫌疑人之间，构筑了一条无法逾越的"责任鸿沟"。

那么，对于司法人工智能审判系统的开发与构建，究竟应该采用什么算法呢？

实际上，对于这个问题，本专著的第一章至第四章的全部内容，已经从理论与实践相结合的角度，给出了完美的解答。本专著所讨论的数字法律理念及模式下的各种针对具体犯罪的定罪量刑算法，就是适合司法人工智能审判系统开发与构建的具有确定性、透明性、复核性的理想算法。

例如，对于第三章第四节第一小节引子中的案例［2］，根据公安机关及检察机关报送的《起诉意见书》及相关证据材料，基于数字法律而提炼后的案件具体情节及相应算法如表6－5所示。

在表6－5中，无情节性侵函数取值及涉及各种具体情节的加权系数的取值，都是通过内置于司法人工智能审判系统中的具体算法或预设参数得到的，而这些具体算法或预设参数，就是第三章第四节第二小节性侵案定罪量刑的一揽子解决方案中所涉及的与计算算法有关的内容，更明确地讲就是第三章第四节第二小节中式（3－28）至式（3－41）以及表3－23至表3－34所涉及的内容。

由此可见，只要基本案情及案件具体情节确定，无论是由哪个法官审判，其最终定罪量刑结果都是一样的。即使考虑到弱者指数 k_6 与自由裁量指数 k_{12} 的取值由审判法官自由裁量，最终定罪量刑结果的浮动范围也非常小。

由此可见，司法人工智能审判系统所涉及的算法，应具有确定性、透明性、复核性的特点：所谓确定性，是指只要基本案情及具体情节确定，对于刑事案件人工智能定罪量刑系统而言，其通过上述算法所最终得到的定罪量刑结果就是确定的（在自由裁量情节或自由裁量指数一定的情况下）；所谓透明性，是指上述算法是通过显式表达式呈现的，而不像基于人工神经网络的机器算法那样，是通过对训练样本的训练过程得到的隐含的知识和规律；所谓复核性，是指司法人员、涉法人员甚至普通百姓，都可以将某一刑事案件公开的基本案情和具体情节数字化后，用前述算法进行核算比对，以确定法官的判决是否客观、公正、准确。

表 6 – 5　性侵案例基于数字法律的司法人工智能审判系统算法及计算过程

基本案情	犯罪人：身高 170m，体重 65kg 之近 18 周岁男。 受害人：身高 155m，体重 52kg 之近 14 周岁女。 案由：性侵。 案发情节：相约过生日，继而发生性侵；案发前遮蔽率 $z_b \geqslant 90\%$；案发场所为废弃瓜棚；性侵手段为捂嘴卡脖；案发时受害人有醉意……无生理、心理层面的严重后果。	
无情节量刑刑期	由式（3 – 30）计算或由表 3 – 23 查表获得	无情节性侵函数值为 $T_x = 2.49$（年）
序号	情节加权系数	具体情节	算法及取值
1	体量指数 k_1	见基本案情	由式（3 – 35）得 $k_1 = 1.17$
2	遭遇指数 k_2	相约过生日→多情有约式遭遇	由表 3 – 24 得 $k_2 = 0.80$
3	暴露指数 k_3	遮蔽率 $Z_b \geqslant 90\%$	由表 3 – 25 得 $k_3 = 1.00$
4	场所指数 k_4	废弃瓜棚→非公共场所非陌生入户或上门服务场所	由表 3 – 26 得 $k_4 = 1.00$
5	手段指数 k_5	捂嘴卡脖	由表 3 – 27 得 $k_5 = 1.10$
6	弱者指数 k_6	受害人有醉意（由法官在 1.15～1.35 间自由裁量）	由表 3 – 28 得 $k_{6x} = 1.15$
7	情愿指数 k_7	事后报案，不情愿，即不涉及表 3 – 30 之情形	$k_7 = 1.00$
8	续奸指数 k_8	无续奸情节	由表 3 – 31 得 $k_8 = 1.00$
9	困奸指数 k_9	无困奸情节	$k_9 = 1.00$
10	轮奸指数 k_{10}	无轮奸情节	$k_{10} = 1.00$
11	后果指数 k_{11}	无生理、心理层面的严重后果	$k_{11} = 1.00$
12	自由裁量指数 k_{12}	（由法官在 0.90～1.10 间自由裁量）	$k_{12} = 1.00$
最终定罪量刑参考结果		$T = k_1 \cdot k_2 \cdot k_3 \cdot k_5 \cdot k_6 \cdot k_{12} \cdot T_x = 2.95$（年）

从更深的层次和更广的视角来看，本专著的第一章至第四章所确定的部分刑事及民事案件的相关数字化或精细化算法，特别适合大陆法系成文法典的法事关系的人工智能化处理；相反，基于人工神经网络的机器算法，对于欧美法系的判例法典的法事关系的人工智能化处理，可能比较适合，因为判例法典的审判本质就是类案对比，这与人工神经网络的工作方式是相类似的。

本专著的第一章至第四章所建立的数字化模型主要涉及侵犯财产类案件及性侵类案件 20 余个罪名，但基于法律的数字化或精细化理念，按照相同的思路，针对刑法中的430多个罪名，都可以建立其相应的定罪量刑的数字化模型，也同样都可以以数字化模型为基本算法建立相应罪名的司法人工智能审判系统模块。司法人工智能审判系统可以根据客观现实变化情况及开发进度要求，适时更改其中的参数预设，适时进行版本更新。

四、司法人工智能的未来

百余年前，德国著名社会学家、政治学家、经济学家、哲学家马克斯·韦伯曾戏言，现代的法官是自动售货机，民众投进去的是诉状和诉讼费，吐出来的是判决和从法典上抄下来的理由。没想到百余年后，在司法人工智能背景下，他的戏言将变为现实。

人们对司法人工智能寄予厚望的最大原因是对司法公正的期待。英国哲学家培根说过，一次不公正的审判，其恶果甚至超过十次犯罪。因为犯罪虽是无视法律，好比污染了水流，而不公正的审判则毁灭法律，好比污染了水源。可见，对于不能体现司法公正的审判，正义善良的人们向来痛心疾首。然而非常不幸、极度可悲的是，自从法律诞生以来，人类从来就没有摆脱过由一部分人通过法律手段恣意决定另一部分人命运的糟糕局面。试想一下，面对法官的一顿早餐都会影响到对案件的判决的现状，人们对于基本的司法公正，还会有多大的信心？

然而令人期待的是，不久的将来，随着基于数字法律理念的智慧法院体系的建立，随着司法人工智能技术的普及，随着人民法院审判体系和审判能力的智能化与现代化，将在司法人员、涉法人员和广大民众心中，点亮一盏不再斑驳陆离、不再魅影婆娑、不再鬼使神差、不再阴差阳错、不再若即若离、不再忽明忽暗的司法公正明灯！

附　录

国务院关于印发
《新一代人工智能发展规划》的通知

国发〔2017〕35号

各省、自治区、直辖市人民政府，国务院各部委、各直属机构：

现将《新一代人工智能发展规划》印发给你们，请认真贯彻执行。

国务院

2017年7月8日

（此件公开发布）

新一代人工智能发展规划

人工智能的迅速发展将深刻改变人类社会生活、改变世界。为抢抓人工智能发展的重大战略机遇，构筑我国人工智能发展的先发优势，加快建设创新型国家和世界科技强国，按照党中央、国务院部署要求，制定本规划。

一、战略态势

人工智能发展进入新阶段。经过60多年的演进，特别是在移动互联网、大数据、超级计算、传感网、脑科学等新理论新技术以及经济社会发展强烈需求的共同驱动下，人工智能加速发展，呈现出深度学习、跨界融合、人机协同、群智开放、自主操控等新特征。大数据驱动知识学习、跨媒体协同处理、人机协同增强智能、群体集成智能、自主智能系统成为人工智能的发展重点，受脑科学研究成果启发的类脑智能蓄势待发，芯片化硬件化平台化趋势更加明显，人工智能发展进入新阶段。当前，新一代人工智能相关学科发展、理论建模、技术创新、软硬件升级等整体推进，正在引发链式突破，推动经济社会各领域从数字化、网络化向智能化加速跃升。

人工智能成为国际竞争的新焦点。人工智能是引领未来的战略性技术，世界主要发达国家把发展人工智能作为提升国家竞争力、维护国家安全的重大战略，加紧出台规划和政策，围绕核心技术、顶尖人才、标准规范等强化部署，力图在新一轮国际科技竞争中掌握主导权。当前，我国国家安全和国际竞争形势更加复杂，必须放眼全球，把人工智能发展放在国家战略层面系统布局、主动谋划，牢牢把握人工智能发展新阶段国际竞争的战略主动，打造竞争新优势、开拓发展新空间，有效保障国家安全。

人工智能成为经济发展的新引擎。人工智能作为新一轮产业变革的核心驱动力，将进一步释放历次科技革命和产业变革积蓄的巨大能量，并创造新的强大引擎，重构生产、分配、交换、消费等经济活动各环节，形成从宏观到微观各领域的智能化新需求，催生新技术、新产品、新产业、新业态、新模式，引发经济结构重大变革，深刻改变人类生产生活方式和思维模式，实现社会生产力的整体跃升。我国经济发展进入新常态，深化供给侧结构性改革任务非常艰巨，必须加快人工智能深度应用，培育壮大人工智能产业，为我国经济发展注入新动能。

人工智能带来社会建设的新机遇。我国正处于全面建成小康社会的决胜阶段，人口老龄化、资源环境约束等挑战依然严峻，人工智能在教育、医疗、养老、环境保护、城市运行、司法服务等领域广泛应用，将极大提高公共服务精准化水平，全面提升人民生活品质。人工智能技术可准确感知、预测、预警基础设施和社会安全运行的重大态势，及时把握群体认知及心理变化，主动决策反应，将显著提高社会治理的能力和水平，对有效维护社会稳定具有不可替代的作用。

人工智能发展的不确定性带来新挑战。人工智能是影响面广的颠覆性技术，可能带来改变就业结构、冲击法律与社会伦理、侵犯个人隐私、挑战国际关系准则等问题，将对政府管理、经济安全和社会稳定乃至全球治理产生深远影响。在大力发展人工智能的同时，必须高度重视可能带来的安全风险挑战，加强前瞻预防与约束引导，最大限度降低风险，确保人工智能安全、可靠、可控发展。

我国发展人工智能具有良好基础。国家部署了智能制造等国家重点研发计划重点专项，印发实施了"互联网＋"人工智能三年行动实施方案，从科技研发、应用推广和产业发展等方面提出了一系列措施。经过多年的持续积累，我国在人工智能领域取得重要进展，国际科技论文发表量和发明专利授权量已居世界第二，部分领域核心关键技术实现重要突破。语音识别、视觉识别技术世界领先，自适应自主学习、直觉感知、综合推理、混合智能和群体智能等初步具备跨越发展的能力，中文信息处理、智能监控、生物特征识别、工业机器人、服务机器人、无人驾驶逐步进入实际应用，人工智能创新创业日益活跃，一批龙头骨干企业加速成长，在国际上获得广泛关注和认可。加速积累的技术能力与海量的数据资源、巨大的应用需求、开放的市场环境有机结合，形成了我国人工智能发展的独特优势。

同时，也要清醒地看到，我国人工智能整体发展水平与发达国家相比仍存在差距，缺少重大原创成果，在基础理论、核心算法以及关键设备、高端芯片、重大产品与系统、基础材料、元器件、软件与接口等方面差距较大；科研机构和企业尚未形成具有国际影响力的生态圈和产业链，缺乏系统的超前研发布局；人工智能尖端人才远远不能满足需求；适应人工智能发展的基础设施、政策法规、标准体系亟待完善。

面对新形势新需求，必须主动求变应变，牢牢把握人工智能发展的重大历史机遇，紧扣发展、研判大势、主动谋划、把握方向、抢占先机，引领世界人工智能发展新潮流，服务经济社会发展和支撑国家安全，带动国家竞争力整体跃升和跨越式发展。

二、总体要求

（一）指导思想

全面贯彻党的十八大和十八届三中、四中、五中、六中全会精神，深入学习贯彻习近平总书记系列重要讲话精神和治国理政新理念新思想新战略，按照"五位一体"总体布局和"四个全面"战略布局,认真落实党中央、国务院决策部署,深入实施创新驱动发展战略,以加快人工智能与经济、社会、国防深度融合为主线,以提升新一代人工智能科技创新能力为主攻方向,发展智能经济,建设智能社会,维护国家安全,构筑知识群、技术群、产业群互动融合和人才、制度、文化相互支撑的生态系统,前瞻应对风险挑战,推动以人类可持续发展为中心的智能化,全面提升社会生产力、综合国力和国家竞争力,为加快建设创新型国家和世界科技强国、实现"两个一百年"奋斗目标和中华民族伟大复兴与中国梦提供强大支撑。

（二）基本原则

科技引领。把握世界人工智能发展趋势,突出研发部署前瞻性,在重点前沿领域探索布局、长期支持,力争在理论、方法、工具、系统等方面取得变革性、颠覆性突破,全面增强人工智能原始创新能力,加速构筑先发优势,实现高端引领发展。

系统布局。根据基础研究、技术研发、产业发展和行业应用的不同特点,制定有针对性的系统发展策略。充分发挥社会主义制度集中力量办大事的优势,推进项目、基地、人才统筹布局,已部署的重大项目与新任务有机衔接,当前急需与长远发展梯次接续,创新能力建设、体制机制改革和政策环境营造协同发力。

市场主导。遵循市场规律,坚持应用导向,突出企业在技术路线选择和行业产品标准制定中的主体作用,加快人工智能科技成果商业化应用,形成竞争优势。把握好政府和市场分工,更好发挥政府在规划引导、政策支持、安全防范、市场监管、环境营造、伦理法规制定等方面的重要作用。

开源开放。倡导开源共享理念,促进产学研用各创新主体共创共享。遵循经济建设和国防建设协调发展规律,促进军民科技成果双向转化应用、军民创新资源共建共享,形成全要素、多领域、高效益的军民深度融合发展新格局。积极参与人工智能全球研发和治理,在全球范围内优化配置创新资源。

（三）战略目标

分三步走:

第一步，到 2020 年人工智能总体技术和应用与世界先进水平同步，人工智能产业成为新的重要经济增长点，人工智能技术应用成为改善民生的新途径，有力支撑进入创新型国家行列和实现全面建成小康社会的奋斗目标。

——新一代人工智能理论和技术取得重要进展。大数据智能、跨媒体智能、群体智能、混合增强智能、自主智能系统等基础理论和核心技术实现重要进展，人工智能模型方法、核心器件、高端设备和基础软件等方面取得标志性成果。

——人工智能产业竞争力进入国际第一方阵。初步建成人工智能技术标准、服务体系和产业生态链，培育若干全球领先的人工智能骨干企业，人工智能核心产业规模超过 1500 亿元，带动相关产业规模超过 1 万亿元。

——人工智能发展环境进一步优化，在重点领域全面展开创新应用，聚集起一批高水平的人才队伍和创新团队，部分领域的人工智能伦理规范和政策法规初步建立。

第二步，到 2025 年人工智能基础理论实现重大突破，部分技术与应用达到世界领先水平，人工智能成为带动我国产业升级和经济转型的主要动力，智能社会建设取得积极进展。

——新一代人工智能理论与技术体系初步建立，具有自主学习能力的人工智能取得突破，在多领域取得引领性研究成果。

——人工智能产业进入全球价值链高端。新一代人工智能在智能制造、智能医疗、智慧城市、智能农业、国防建设等领域得到广泛应用，人工智能核心产业规模超过 4000 亿元，带动相关产业规模超过 5 万亿元。

——初步建立人工智能法律法规、伦理规范和政策体系，形成人工智能安全评估和管控能力。

第三步，到 2030 年人工智能理论、技术与应用总体达到世界领先水平，成为世界主要人工智能创新中心，智能经济、智能社会取得明显成效，为跻身创新型国家前列和经济强国奠定重要基础。

——形成较为成熟的新一代人工智能理论与技术体系。在类脑智能、自主智能、混合智能和群体智能等领域取得重大突破，在国际人工智能研究领域具有重要影响，占据人工智能科技制高点。

——人工智能产业竞争力达到国际领先水平。人工智能在生产生活、社会治理、国防建设备方面应用的广度深度极大拓展，形成涵盖核心技术、关键系统、支撑平台和智能应用的完备产业链和高端产业群，人工智能核心产业规模超过 1 万亿元，带动相关产业规模超过 10 万亿元。

——形成一批全球领先的人工智能科技创新和人才培养基地，建成更加完善的人工智能法律法规、伦理规范和政策体系。

（四）总体部署

发展人工智能是一项事关全局的复杂系统工程，要按照"构建一个体系、把握双重属性、坚持三位一体、强化四大支撑"进行布局，形成人工智能健康持续发展的战略路径。

构建开放协同的人工智能科技创新体系。针对原创性理论基础薄弱、重大产品和系统缺失等重点难点问题，建立新一代人工智能基础理论和关键共性技术体系，布局建设重大科技创新基地，壮大人工智能高端人才队伍，促进创新主体协同互动，形成人工智能持续创新能力。

把握人工智能技术属性和社会属性高度融合的特征。既要加大人工智能研发和应用力度，最大程度发挥人工智能潜力；又要预判人工智能的挑战，协调产业政策、创新政策与社会政策，实现激励发展与合理规制的协调，最大限度防范风险。

坚持人工智能研发攻关、产品应用和产业培育"三位一体"推进。适应人工智能发展特点和趋势，强化创新链和产业链深度融合、技术供给和市场需求互动演进，以技术突破推动领域应用和产业升级，以应用示范推动技术和系统优化。在当前大规模推动技术应用和产业发展的同时，加强面向中长期的研发布局和攻关，实现滚动发展和持续提升，确保理论上走在前面、技术上占领制高点、应用上安全可控。

全面支撑科技、经济、社会发展和国家安全。以人工智能技术突破带动国家创新能力全面提升，引领建设世界科技强国进程；通过壮大智能产业、培育智能经济，为我国未来十几年乃至几十年经济繁荣创造一个新的增长周期；以建设智能社会促进民生福祉改善，落实以人民为中心的发展思想；以人工智能提升国防实力，保障和维护国家安全。

三、重点任务

立足国家发展全局，准确把握全球人工智能发展态势，找准突破口和主攻方向，全面增强科技创新基础能力，全面拓展重点领域应用深度广度，全面提升经济社会发展和国防应用智能化水平。

（一）构建开放协同的人工智能科技创新体系

围绕增加人工智能创新的源头供给，从前沿基础理论、关键共性技术、基础平台、人才队伍等方面强化部署，促进开源共享，系统提升持续创新能力，确保我国人工智能科技水平跻身世界前列，为世界人工智能发展做出更多贡献。

1. 建立新一代人工智能基础理论体系

聚焦人工智能重大科学前沿问题，兼顾当前需求与长远发展，以突破人工智能应用基础理论瓶颈为重点，超前布局可能引发人工智能范式变革的基础研究，促进学科交叉融合，为人工智能持续发展与深度应用提供强大科学储备。

突破应用基础理论瓶颈。瞄准应用目标明确、有望引领人工智能技术升级的基础理论方向，加强大数据智能、跨媒体感知计算、人机混合智能、群体智能、自主协同与决策等基础理论研究。大数据智能理论重点突破无监督学习、综合深度推理等难点问题，建立数据驱动、以自然语言理解为核心的认知计算模型，形成从大数据到知识、从知识到决策的能力。跨媒体感知计算理论重点突破低成本低能耗智能感知、复杂场景主动感知、自然环境听觉与言语感知、多媒体自主学习等理论方法，实现超人感知和高动态、高维度、多模式分布式大场景感知。混合增强智能理论重点突破人机协同共融的情境理解与决策学习、直觉推理与因果模型、记忆与知识演化等理论，实现学习与思考接近或超过人类智能水平的混合增强智能。群体智能理论重点突破群体智能的组织、涌现、学习的理论与方法，建立可表达、可计算的群智激励算法和模型，形成基于互联网的群体智能理论体系。自主协同控制与优化决策理论重点突破面向自主无人系统的协同感知与交互、自主协同控制与优化决策、知识驱动的人机物三元协同与互操作等理论，形成自主智能无人

220

系统创新性理论体系架构。

布局前沿基础理论研究。针对可能引发人工智能范式变革的方向，前瞻布局高级机器学习、类脑智能计算、量子智能计算等跨领域基础理论研究。高级机器学习理论重点突破自适应学习、自主学习等理论方法，实现具备高可解释性、强泛化能力的人工智能。类脑智能计算理论重点突破类脑的信息编码、处理、记忆、学习与推理理论，形成类脑复杂系统及类脑控制等理论与方法，建立大规模类脑智能计算的新模型和脑启发的认知计算模型。量子智能计算理论重点突破量子加速的机器学习方法，建立高性能计算与量子算法混合模型，形成高效精确自主的量子人工智能系统架构。

开展跨学科探索性研究。推动人工智能与神经科学、认知科学、量子科学、心理学、数学、经济学、社会学等相关基础学科的交叉融合，加强引领人工智能算法、模型发展的数学基础理论研究，重视人工智能法律伦理的基础理论问题研究，支持原创性强、非共识的探索性研究，鼓励科学家自由探索，勇于攻克人工智能前沿科学难题，提出更多原创理论，做出更多原创发现。

专栏1　基础理论

（1）大数据智能理论。研究数据驱动与知识引导相结合的人工智能新方法、以自然语言理解和图像图形为核心的认知计算理论和方法、综合深度推理与创意人工智能理论与方法、非完全信息下智能决策基础理论与框架、数据驱动的通用人工智能数学模型与理论等。

（2）跨媒体感知计算理论。研究超越人类视觉能力的感知获取、面向真实世界的主动视觉感知及计算、自然声学场景的听知觉感知及计算、自然交互环境的言语感知及计算、面向异步序列的类人感知及计算、面向媒体智能感知的自主学习、城市全维度智能感知推理引擎。

（3）混合增强智能理论。研究"人在回路"的混合增强智能、人机智能共生的行为增强与脑机协同、机器直觉推理与因果模型、联想记忆模型与知识演化方法、复杂数据和任务的混合增强智能学习方法、云机器人协同计算方法、真实世界环境下的情境理解及人机群组协同。

（4）群体智能理论。研究群体智能结构理论与组织方法、群体智能激励机制与涌现机理、群体智能学习理论与方法、群体智能通用计算范式与模型。

（5）自主协同控制与优化决策理论。研究面向自主无人系统的协同感知与交互，面向自主无人系统的协同控制与优化决策，知识驱动的人机物三元协同与互操作等理论。

（6）高级机器学习理论。研究统计学习基础理论、不确定性推理与决策、分布式学习与交互、隐私保护学习、小样本学习、深度强化学习、无监督学习、半监督学习、主动学习等学习理论和高效模型。

（7）类脑智能计算理论。研究类脑感知、类脑学习、类脑记忆机制与计算融合、类脑复杂系统、类脑控制等理论与方法。

（8）量子智能计算理论。探索脑认知的量子模式与内在机制，研究高效的量子智能模型和算法、高性能高比特的量子人工智能处理器、可与外界环境交互信息的实时量子人工智能系统等。

2. 建立新一代人工智能关键共性技术体系

围绕提升我国人工智能国际竞争力的迫切需求，新一代人工智能关键共性技术的研发部署要以算法为核心，以数据和硬件为基础，以提升感知识别、知识计算、认知推理、运动执行、人机交互能力为重点，形成开放兼容、稳定成熟的技术体系。

知识计算引擎与知识服务技术。重点突破知识加工、深度搜索和可视交互核心技术，实现对知识持续增量的自动获取，具备概念识别、实体发现、属性预测、知识演化建模和关系挖掘能力，形成涵盖数十亿实体规模的多源、多学科和多数据类型的跨媒体知识图谱。

跨媒体分析推理技术。重点突破跨媒体统一表征、关联理解与知识挖掘、知识图谱构建与学习、知识演化与推理、智能描述与生成等技术，实现跨媒体知识表征、分析、挖掘、推理、演化和利用，构建分析推理引擎。

群体智能关键技术。重点突破基于互联网的大众化协同、大规模协作的知识资源管理与开放式共享等技术，建立群智知识表示框架，实现基于群智感知的知识获取和开放动态环境下的群智融合与增强，支撑覆盖全国的千万级规模群体感知、协同与演化。

混合增强智能新架构与新技术。重点突破人机协同的感知与执行一体化模型、智能计算前移的新型传感器件、通用混合计算架构等核心技术，构建自主适应环境的混合增强智能系统、人机群组混合增强智能系统及支撑环境。

自主无人系统的智能技术。重点突破自主无人系统计算架构、复杂动态场景感知与理解、实时精准定位、面向复杂环境的适应性智能导航等共性技术，无人机自主控制以及汽车、船舶和轨道交通自动驾驶等智能技术，服务机器人、特种机器人等核心技术，支撑无人系统应用和产业发展。

虚拟现实智能建模技术。重点突破虚拟对象智能行为建模技术，提升虚拟现实中智能对象行为的社会性、多样性和交互逼真性，实现虚拟现实、增强现实等技术与人工智能的有机结合和高效互动。

智能计算芯片与系统。重点突破高能效、可重构类脑计算芯片和具有计算成像功能的类脑视觉传感器技术，研发具有自主学习能力的高效能类脑神经网络架构和硬件系统，实现具有多媒体感知信息理解和智能增长、常识推理能力的类脑智能系统。

自然语言处理技术。重点突破自然语言的语法逻辑、字符概念表征和深度语义分析的核心技术，推进人类与机器的有效沟通和自由交互，实现多风格多语言多领域的自然语言智能理解和自动生成。

专栏2　关键共性技术

（1）知识计算引擎与知识服务技术。研究知识计算和可视交互引擎，研究创新设计、数字创意和以可视媒体为核心的商业智能等知识服务技术，开展大规模生物数据的知识发现。

（2）跨媒体分析推理技术。研究跨媒体统一表征、关联理解与知识挖掘、知识图谱构建与学习、知识演化与推理、智能描述与生成等技术，开发跨媒体分析推理引擎与验证系统。

（3）群体智能关键技术。开展群体智能的主动感知与发现、知识获取与生成、协同与共享、评估与演化、人机整合与增强、自我维持与安全交互等关键技术研究，构建群智空间的服务体系结构，研究移动群体智能的协同决策与控制技术。

（4）混合增强智能新架构和新技术。研究混合增强智能核心技术、认知计算框架，新型混合计算架构，人机共驾、在线智能学习技术，平行管理与控制的混合增强智能框架。

（5）自主无人系统的智能技术。研究无人机自主控制和汽车、船舶、轨道交通自动驾驶等智能技术，服务机器人、空间机器人、海洋机器人、极地机器人技术，无人车间/智能工厂智能技术，高端智能控制技术和自主无人操作系统。研究复杂环境下基于计算机视觉的定位、导航、识别等机器人及机械手臂自主控制技术。

（6）虚拟现实智能建模技术。研究虚拟对象智能行为的数学表达与建模方法，虚拟对象与虚拟环境和用户之间进行自然、持续、深入交互等问题，智能对象建模的技术与方法体系。

（7）智能计算芯片与系统。研发神经网络处理器以及高能效、可重构类脑计算芯片等，新型感知芯片与系统、智能计算体系结构与系统，人工智能操作系统。研究适合人工智能的混合计算架构等。

（8）自然语言处理技术。研究短文本的计算与分析技术，跨语言文本挖掘技术和面向机器认知智能的语义理解技术，多媒体信息理解的人机对话系统。

3. 统筹布局人工智能创新平台

建设布局人工智能创新平台，强化对人工智能研发应用的基础支撑。人工智能开源软硬件基础平台重点建设支持知识推理、概率统计、深度学习等人工智能范式的统一计算框架平台，形成促进人工智能软件、硬件和智能云之间相互协同的生态链。群体智能服务平台重点建设基于互联网大规模协作的知识资源管理与开放式共享工具，形成面向产学研用创新环节的群智众创平台和服务环境。混合增强智能支撑平台重点建设支持大规模训练的异构实时计算引擎和新型计算集群，为复杂智能计算提供服务化、系统化平台和解决方案。自主无人系统支撑平台重点建设面向自主无人系统复杂环境下环境感知、自主协同控制、智能决策等人工智能共性核心技术的支撑系统，形成开放式、模块化、可重构的自主无人系统开发与试验环境。人工智能基础数据与安全检测平台重点建设面向人工智能的公共数据资源库、标准测试数据集、云服务平台等，形成人工智能算法与平台安全性测试评估的方法、技术、规范和工具集。促进各类通用软件和技术平台的开源开放。各类平台要按照军民深度融合的要求和相关规定，推进军民共享共用。

专栏3 基础支撑平台

（1）人工智能开源软硬件基础平台。建立大数据人工智能开源软件基础平台、终端与云端协同的人工智能云服务平台、新型多元智能传感器件与集成平台、基于人工智能硬件的新产品设计平台、未来网络中的大数据智能化服务平台等。

（2）群体智能服务平台。建立群智众创计算支撑平台、科技众创服务系统、群智软件开发与验证自动化系统、群智软件学习与创新系统、开放环境的群智决策系统、群智共享经济服务系统。

（3）混合增强智能支撑平台。建立人工智能超级计算中心、大规模超级智能计算支撑环境、在线智能教育平台、"人在回路"驾驶脑、产业发展复杂性分析与风险评估的智能平台、支撑核电安全运营的智能保障平台、人机共驾技术研发与测试平台等。

（4）自主无人系统支撑平台。建立自主无人系统共性核心技术支撑平台，无人机自主控制以及汽车、船舶和轨道交通自动驾驶支撑平台，服务机器人、空间机器人、海洋机器人、极地机器人支撑平台，智能工厂与智能控制装备技术支撑平台等。

（5）人工智能基础数据与安全检测平台。建设面向人工智能的公共数据资源库、标准测试数据集、云服务平台，建立人工智能算法与平台安全性测试模型及评估模型，研发人工智能算法与平台安全性测评工具集。

4. 加快培养聚集人工智能高端人才

把高端人才队伍建设作为人工智能发展的重中之重，坚持培养和引进相结合，完善人工智能教育体系，加强人才储备和梯队建设，特别是加快引进全球顶尖人才和青年人才，形成我国人工智能人才高地。

培育高水平人工智能创新人才和团队。支持和培养具有发展潜力的人工智能领军人才，加强人工智能基础研究、应用研究、运行维护等方面专业技术人才培养。**重视复合型人才培养，重点培养贯通人工智能理论、方法、技术、产品与应用等纵向复合型人才，以及掌握"人工智能＋"经济、社会、管理、标准、法律等的横向复合型人才。**通过重大研发任务和基地平台建设，汇聚人工智能高端人才，在若干人工智能重点领域形成一批高水平创新团队。鼓励和引导国内创新人才、团队加强与全球顶尖人工智能研究机构合作互动。

加大高端人工智能人才引进力度。开辟专门渠道，实行特殊政策，实现人工智能高端人才精准引进。重点引进神经认知、机器学习、自动驾驶、智能机器人等国际顶尖科学家和高水平创新团队。鼓励采取项目合作、技术咨询等方式柔性引进人工智能人才。统筹利用"千人计划"等现有人才计划，加强人工智能领域优秀人才特别是优秀青年人才引进工作。完善企业人力资本成本核算相关政策，激励企业、科研机构引进人工智能人才。

建设人工智能学科。完善人工智能领域学科布局，设立人工智能专业，推动人工智能领域一级学科建设，尽快在试点院校建立人工智能学院，增加人工智能相关学科方向的博士、硕士招生名额。**鼓励高校在原有基础上拓宽人工智能专业教育内容，形成"人工智能＋X"复合专业培养新模式，重视人工智能与数学、计算机科学、物理学、生物学、心理学、社会学、法学等学科专业教育的交叉融合。**加强产学研合作，鼓励高校、科研院所与企业等机构合作开展人工智能学科建设。

（二）培育高端高效的智能经济

加快培育具有重大引领带动作用的人工智能产业，促进人工智能与各产业领域深度融合，形成数据驱动、人机协同、跨界融合、共创分享的智能经济形态。数据和知识成为经济增长的第一要素，人机协同成为主流生产和服务方式，跨界融合成为重要经济模式，共创分享成为经济生态基本特征，个性化需求与定制成为消费新潮流，生产率大幅提升，引领产业向价值链高端迈进，有力支撑实体经济发展，全面提升经济发展质量和效益。

1. 大力发展人工智能新兴产业

加快人工智能关键技术转化应用，促进技术集成与商业模式创新，推动重点领域智能产品创新，积极培育人工智能新兴业态，布局产业链高端，打造具有国际竞争力的人工智能产业集群。

智能软硬件。开发面向人工智能的操作系统、数据库、中间件、开发工具等关键基础软件，突破图形处理器等核心硬件，研究图像识别、语音识别、机器翻译、智能交互、知识处理、控制决策等智能系统解决方案，培育壮大面向人工智能应用的基础软硬件产业。

智能机器人。攻克智能机器人核心零部件、专用传感器，完善智能机器人硬件接口标准、软件接口协议标准以及安全使用标准。研制智能工业机器人、智能服务机器人，实现大规模应用并进入国际市场。研制和推广空间机器人、海洋机器人、极地机器人等特种智能机器人。建立智能机器人标准体系和安全规则。

智能运载工具。发展自动驾驶汽车和轨道交通系统，加强车载感知、自动驾驶、车联网、物联网等技术集成和配套，开发交通智能感知系统，形成我国自主的自动驾驶平台技术体系和产品总成能力，探索自动驾驶汽车共享模式。发展消费类和商用类无人机、无人船，建立试验鉴定、测试、竞技等专业化服务体系，完善空域、水域管理措施。

虚拟现实与增强现实。突破高性能软件建模、内容拍摄生成、增强现实与人机交互、集成环境与工具等关键技术，研制虚拟显示器件、光学器件、高性能真三维显示器、开发引擎等产品，建立虚拟现实与增强现实的技术、产品、服务标准和评价体系，推动重点行业融合应用。

智能终端。加快智能终端核心技术和产品研发，发展新一代智能手机、车载智能终端等移动智能终端产品和设备，鼓励开发智能手表、智能耳机、智能眼镜等可穿戴终端产品，拓展产品形态和应用服务。

物联网基础器件。发展支撑新一代物联网的高灵敏度、高可靠性智能传感器件和芯片，攻克射频识别、近距离机器通信等物联网核心技术和低功耗处理器等关键器件。

2. 加快推进产业智能化升级

推动人工智能与各行业融合创新，在制造、农业、物流、金融、商务、家居等重点行业和领域，开展人工智能应用试点示范，推动人工智能规模化应用，全面提升产业发展智能化水平。

智能制造。围绕制造强国重大需求，推进智能制造关键技术装备、核心支撑软件、工业互联网等系统集成应用，研发智能产品及智能互联产品、智能制造使能工具与系统、智能制造云服务平台，推广流程智能制造、离散智能制造、网络化协同制造、远程诊断与运维服务等新型制造模式，建立智能制造标准体系，推进制造全生命周期活动智能化。

智能农业。研制农业智能传感与控制系统、智能化农业装备、农机田间作业自主系统等。建立完善天空地一体化的智能农业信息遥感监测网络。建立典型农业大数据智能决策分析系统，开展智能农场、智能化植物工厂、智能牧场、智能渔场、智能果园、农产品加工智能车间、农产品绿色智能供应链等集成应用示范。

智能物流。加强智能化装卸搬运、分拣包装、加工配送等智能物流装备研发和推广应用，建设深度感知智能仓储系统，提升仓储运营管理水平和效率。完善智能物流公共信息平台和指挥系统、产品质量认证及追溯系统、智能配货调度体系等。

智能金融。建立金融大数据系统，提升金融多媒体数据处理与理解能力。创新智能金融产品和服务，发展金融新业态。鼓励金融行业应用智能客服、智能监控等技术和装备。建立金融风险智能预警与防控系统。

智能商务。鼓励跨媒体分析与推理、知识计算引擎与知识服务等新技术在商务领域应用，推广基于人工智能的新型商务服务与决策系统。建设涵盖地理位置、网络媒体和城市基础数据等跨媒体大数据平台，支撑企业开展智能商务。鼓励围绕个人需求、企业管理提供定制化商务智能决策服务。

智能家居。加强人工智能技术与家居建筑系统的融合应用，提升建筑设备及家居产品的智能化水平。研发适应不同应用场景的家庭互联互通协议、接口标准，提升家电、耐用品等家居产品感知和联通能力。支持智能家居企业创新服务模式，提供互联共享解决方案。

3. 大力发展智能企业

大规模推动企业智能化升级。支持和引导企业在设计、生产、管理、物流和营销等核心业务环节应用人工智能新技术，构建新型企业组织结构和运营方式，形成制造与服务、金融智能化融合的业态模式，发展个性化定制，扩大智能产品供给。鼓励大型互联网企业建设云制造平台和服务平台，面向制造企业在线提供关键工业软件和模型库，开展制造能力外包服务，推动中小企业智能化发展。

推广应用智能工厂。加强智能工厂关键技术和体系方法的应用示范，重点推广生产线重构与动态智能调度、生产装备智能物联与云化数据采集、多维人机物协同与互操作等技术，鼓励和引导企业建设工厂大数据系统、网络化分布式生产设施等，实现生产设备网络化、生产数据可视化、生产过程透明化、生产现场无人化，提升工厂运营管理智能化水平。

加快培育人工智能产业领军企业。在无人机、语音识别、图像识别等优势领域加快打造人工智能全球领军企业和品牌。在智能机器人、智能汽车、可穿戴设备、虚拟现实等新兴领域加快培育一批龙头企业。支持人工智能企业加强专利布局，牵头或参与国际标准制定。推动国内优势企业、行业组织、科研机构、高校等联合组建中国人工智能产业技术创新联盟。支持龙头骨干企业构建开源硬件工厂、开源软件平台，形成集聚各类资源的创新生态，促进人工智能中小微企业发展和各领域应用。支持各类机构和平台面向人工智能企业提供专业化服务。

4. 打造人工智能创新高地

结合各地区基础和优势，按人工智能应用领域分门别类进行相关产业布局。鼓励地方围绕人工智能产业链和创新链，集聚高端要素、高端企业、高端人才，打造人工智能产业集群和创新高地。

开展人工智能创新应用试点示范。在人工智能基础较好、发展潜力较大的地区，组织开展国家人工智能创新试验，探索体制机制、政策法规、人才培育等方面的重大改革，推动人工智能成果转化、重大产品集成创新和示范应用，形成可复制、可推广的经验，引领带动智能经济和智能社会发展。

建设国家人工智能产业园。依托国家自主创新示范区和国家高新技术产业开发区等创新载体，加强科技、人才、金融、政策等要素的优化配置和组合，加快培育建设人工智能产业创新集群。

建设国家人工智能众创基地。依托从事人工智能研究的高校、科研院所集中地区，搭建人工智能领域专业化创新平台等新型创业服务机构，建设一批低成本、便利化、全要素、开放式的人工智能众创空间，完善孵化服务体系，推进人工智能科技成果转移转化，支持人工智能创新创业。

（三）建设安全便捷的智能社会

围绕提高人民生活水平和质量的目标，加快人工智能深度应用，形成无时不有、无处不在的智能化环境，全社会的智能化水平大幅提升。越来越多的简单性、重复性、危险性任务由人工智能完成，个体创造力得到极大发挥，形成更多高质量和高舒适度的就业岗位；精准化智能服务更加丰富多样，人们能够最大限度享受高质量服务和便捷生活；社会治理智能化水平大幅提升，社会运行更加安全高效。

1. 发展便捷高效的智能服务

围绕教育、医疗、养老等迫切民生需求，加快人工智能创新应用，为公众提供个性化、多元化、高品质服务。

智能教育。利用智能技术加快推动人才培养模式、教学方法改革，构建包含智能学习、交互式学习的新型教育体系。开展智能校园建设，推动人工智能在教学、管理、资源建设等全流程应用。开发立体综合教学场、基于大数据智能的在线学习教育平台。开发智能教育助理，建立智能、快速、全面的教育分析系统。建立以学习者为中心的教育环境，提供精准推送的教育服务，实现日常教育和终身教育定制化。

智能医疗。推广应用人工智能治疗新模式新手段，建立快速精准的智能医疗体系。探索智慧医院建设，开发人机协同的手术机器人、智能诊疗助手，研发柔性可穿戴、生物兼容的生理监测系统，研发人机协同临床智能诊疗方案，实现智能影像识别、病理分型和智能多学科会诊。基于人工智能开展大规模基因组识别、蛋白组学、代谢组学等研究和新药研发，推进医药监管智能化。加强流行病智能监测和防控。

智能健康和养老。加强群体智能健康管理，突破健康大数据分析、物联网等关键技术，研发健康管理可穿戴设备和家庭智能健康检测监测设备，推动健康管理实现从点状监测向连续监测、从短流程管理向长流程管理转变。建设智能养老社区和机构，构建安全便捷的智能化养老基础设施体系。加强老年人产品智能化和智能产品适老化，开发视听辅助设备、物理辅助设备等智能家居养老设备，拓展老年人活动空间。开发面向老年人的移动社交和服务平台、情感陪护助手，提升老年人生活质量。

2. 推进社会治理智能化

围绕行政管理、司法管理、城市管理、环境保护等社会治理的热点难点问题，促进人工智能技术应用，推动社会治理现代化。

智能政务。开发适于政府服务与决策的人工智能平台，研制面向开放环境的决策引擎，在复杂社会问题研判、政策评估、风险预警、应急处置等重大战略决策方面推广应用。加强政务信息资源整合和公共需求精准预测，畅通政府与公众的交互渠道。

智慧法庭。建设集审判、人员、数据应用、司法公开和动态监控于一体的智慧法庭数据平台，促进人工智能在证据收集、案例分析、法律文件阅读与分析中的应用，实现法院审判体系和审判能力智能化。

智慧城市。构建城市智能化基础设施，发展智能建筑，推动地下管廊等市政基础设施智能化改造升级；建设城市大数据平台，构建多元异构数据融合的城市运行管理体系，实现对城市基础设施和城市绿地、湿地等重要生态要素的全面感知，以及对城市复杂系统运行的深度认知；研发构建社区公共服务信息系统，促进社区服务系统与居民智能家庭系统协同；推进城市规划、建设、管理、运营全生命周期智能化。

智能交通。研究建立营运车辆自动驾驶与车路协同的技术体系。研发复杂场景下的多维交通信息综合大数据应用平台，实现智能化交通疏导和综合运行协调指挥，建成覆盖地面、轨道、低空和海上的智能交通监控、管理和服务系统。

智能环保。建立涵盖大气、水、土壤等环境领域的智能监控大数据平台体系，建成陆海统筹、天地一体、上下协同、信息共享的智能环境监测网络和服务平台。研发资源能源消耗、环境污染物排放智能预测模型方法和预警方案。加强京津冀、长江经济带等国家重大战略区域环境保护和突发环境事件智能防控体系建设。

3. 利用人工智能提升公共安全保障能力

促进人工智能在公共安全领域的深度应用，推动构建公共安全智能化监测预警与控制体系。围绕社会综合治理、新型犯罪侦查、反恐等迫切需求，研发集成多种探测传感技术、视频图像信息分析识别技术、生物特征识别技术的智能安防与警用产品，建立智能化监测平台。加强对重点公共区域安防设备的智能化改造升级，支持有条件的社区或城市开展基于人工智能的公共安防区域示范。强化人工智能对食品安全的保障，围绕食品分类、预警等级、食品安全隐患及评估等，建立智能化食品安全预警系统。加强人工智能对自然灾害的有效监测，围绕地震灾害、地质灾害、气象灾害、水旱灾害和海洋灾害等重大自然灾害，构建智能化监测预警与综合应对平台。

4. 促进社会交往共享互信

充分发挥人工智能技术在增强社会互动、促进可信交流中的作用。加强下一代社交网络研发，加快增强现实、虚拟现实等技术推广应用，促进虚拟环境和实体环境协同融合，满足个人感知、分析、判断与决策等实时信息需求，实现在工作、学习、生活、娱乐等不同场景下的流畅切换。针对改善人际沟通障碍的需求，开发具有情感交互功能、能准确理解人类需求的智能助理产品，实现情感交流和需求满足的良性循环。促进区块链技术与人工智能的融合，建立新型社会信用体系，最大限度降低人际交往成本和风险。

（四）加强人工智能领域军民融合

深入贯彻落实军民融合发展战略，推动形成全要素、多领域、高效益的人工智能军民融合格局。以军民共享共用为导向部署新一代人工智能基础理论和关键共性技术研发，建立科研院所、高校、企业和军工单位的常态化沟通协调机制。促进人工智能技术军民双向转化，强化新一代人工智能技术对指挥决策、军事推演、国防装备等的有力支撑，引导国防领域人工智能科技成果向民用领域转化应用。鼓励优势民口科研力量参与国防领域人工智能重大科技创新任务，推动各类人工智能技术快速嵌入国防创新领域。加强军民人工智能技术通用标准体系建设，推进科技创新平台基地的统筹布局和开放共享。

（五）构建泛在安全高效的智能化基础设施体系

大力推动智能化信息基础设施建设，提升传统基础设施的智能化水平，形成适应智能经济、智能社会和国防建设需要的基础设施体系。加快推动以信息传输为核心的数字化、网络化信息基础设施，向集融合感知、传输、存储、计算、处理于一体的智能化信息基础设施转变。优化升级网络基础设施，研发布局第五代移动通信（5G）系统，完善物联网基础设施，加快天地一体化信息网络建设，提高低时延、高通量的传输能力。统筹利用大数据基础设施，强化数据安全与隐私保护，为人工智能研发和广泛应用提供海量数据支撑。建设高效能计算基础设施，提升超级计算中心对人工智能应用的服务支撑能力。建设分布式高效能源互联网，形成支撑多能源协调互补、及时有效接入的新型能源网络，推广智能储能设施、智能用电设施，实现能源供需信息的实时匹配和智能化响应。

专栏 4 智能化基础设施

（1）网络基础设施。加快布局实时协同人工智能的 5G 增强技术研发及应用，建设面向空间协同人工智能的高精度导航定位网络，加强智能感知物联网核心技术攻关和关键设施建设，发展支撑智能化的工业互联网、面向无人驾驶的车联网等，研究智能化网络安全架构。加快建设天地一体化信息网络，推进天基信息网、未来互联网、移动通信网的全面融合。

（2）大数据基础设施。依托国家数据共享交换平台、数据开放平台等公共基础设施，建设政府治理、公共服务、产业发展、技术研发等领域大数据基础信息数据库，支撑开展国家治理大数据应用。整合社会各类数据平台和数据中心资源，形成覆盖全国、布局合理、链接畅通的一体化服务能力。

（3）高效能计算基础设施。继续加强超级计算基础设施、分布式计算基础设施和云计算中心建设，构建可持续发展的高性能计算应用生态环境。推进下一代超级计算机研发应用。

（六）前瞻布局新一代人工智能重大科技项目

针对我国人工智能发展的迫切需求和薄弱环节，设立新一代人工智能重大科技项目。加强整体统筹，明确任务边界和研发重点，形成以新一代人工智能重大科技项目为核心、现有研发布局为支撑的"1 + N"人工智能项目群。

"1"是指新一代人工智能重大科技项目，聚焦基础理论和关键共性技术的前瞻布局，包括研究大数据智能、跨媒体感知计算、混合增强智能、群体智能、自主协同控制与决策等理论，研究知识计算引擎与知识服务技术、跨媒体分析推理技术、群体智能关键技术、混合增强智能新架构与新技术、自主无人控制技术等，开源共享人工智能基础理论和共性技术。持续开展人工智能发展的预测和研判，加强人工智能对经济社会综合影响及对策研究。

"N"是指国家相关规划计划中部署的人工智能研发项目，重点是加强与新一代人工智能重大科技项目的衔接，协同推进人工智能的理论研究、技术突破和产品研发应用。加强与国家科技重大专项的衔接，在"核高基"（核心电子器件、高端通用芯片、基础软件）、集成电路装备等国家科技重大专项中支持人工智能软硬件发展。加强与其他"科技创新2030——重大项目"的相互支撑，加快脑科学与类脑计算、量子信息与量子计算、智能制造与机器人、大数据等研究，为人工智能重大技术突破提供支撑。国家重点研发计划继续推进高性能计算等重点专项实施，加大对人工智能相关技术研发和应用的支持；国家自然科学基金加强对人工智能前沿领域交叉学科研究和自由探索的支持。在深海空间站、健康保障等重大项目，以及智慧城市、智能农机装备等国家重点研发计划重点专项部署中，加强人工智能技术的应用示范。其他各类科技计划支持的人工智能相关基础理论和共性技术研究成果应开放共享。

创新新一代人工智能重大科技项目组织实施模式，坚持集中力量办大事、重点突破的原则，充分发挥市场机制作用，调动部门、地方、企业和社会各方面力量共同推进实施。明确管理责任，定期开展评估，加强动态调整，提高管理效率。

四、资源配置

充分利用已有资金、基地等存量资源，统筹配置国际国内创新资源，发挥好财政投入、政策激励的引导作用和市场配置资源的主导作用，撬动企业、社会加大投入，形成财政资金、金融资本、社会资本多方支持的新格局。

（一）建立财政引导、市场主导的资金支持机制

统筹政府和市场多渠道资金投入，加大财政资金支持力度，盘活现有资源，对人工智能基础前沿研究、关键共性技术攻关、成果转移转化、基地平台建设、创新应用示范等提供支持。利用现有政府投资基金支持符合条件的

人工智能项目，鼓励龙头骨干企业、产业创新联盟牵头成立市场化的人工智能发展基金。利用天使投资、风险投资、创业投资基金及资本市场融资等多种渠道，引导社会资本支持人工智能发展。积极运用政府和社会资本合作等模式，引导社会资本参与人工智能重大项目实施和科技成果转化应用。

（二）优化布局建设人工智能创新基地

按照国家级科技创新基地布局和框架，统筹推进人工智能领域建设若干国际领先的创新基地。引导现有与人工智能相关的国家重点实验室、企业国家重点实验室、国家工程实验室等基地，聚焦新一代人工智能的前沿方向开展研究。按规定程序，以企业为主体、产学研合作组建人工智能领域的相关技术和产业创新基地，发挥龙头骨干企业技术创新示范带动作用。发展人工智能领域的专业化众创空间，促进最新技术成果和资源、服务的精准对接。充分发挥各类创新基地聚集人才、资金等创新资源的作用，突破人工智能基础前沿理论和关键共性技术，开展应用示范。

（三）统筹国际国内创新资源

支持国内人工智能企业与国际人工智能领先高校、科研院所、团队合作。鼓励国内人工智能企业"走出去"，为有实力的人工智能企业开展海外并购、股权投资、创业投资和建立海外研发中心等提供便利和服务。鼓励国外人工智能企业、科研机构在华设立研发中心。依托"一带一路"战略，推动建设人工智能国际科技合作基地、联合研究中心等，加快人工智能技术在"一带一路"沿线国家推广应用。推动成立人工智能国际组织，共同制定相关国际标准。支持相关行业协会、联盟及服务机构搭建面向人工智能企业的全球化服务平台。

五、保障措施

围绕推动我国人工智能健康快速发展的现实要求，妥善应对人工智能可能带来的挑战，形成适应人工智能发展的制度安排，构建开放包容的国际化环境，夯实人工智能发展的社会基础。

（一）制定促进人工智能发展的法律法规和伦理规范

加强人工智能相关法律、伦理和社会问题研究，建立保障人工智能健康发展的法律法规和伦理道德框架。开展与人工智能应用相关的民事和刑事责任确认、隐私和产权保护、信息安全利用等法律问题研究，建立追溯和问责制度，明确人工智能法律主体以及相关权利、义务和责任等。重点围绕自动驾驶、服务机器人等应用基础较好的细分领域，加快研究制定相关安全管理法规，为新技术的快速应用奠定法律基础。开展人工智能行为科学和伦理等问题研究，建立伦理道德多层次判断结构及人机协作的伦理框架。制定人工智能产品研发设计人员的道德规范和行为守则，加强对人工智能潜在危害与收益的评估，构建人工智能复杂场景下突发事件的解决方案。积极参与人工智能全球治理，加强机器人异化和安全监管等人工智能重大国际共性问题研究，深化在人工智能法律法规、国际规则等方面的国际合作，共同应对全球性挑战。

（二）完善支持人工智能发展的重点政策

落实对人工智能中小企业和初创企业的财税优惠政策，通过高新技术企业税收优惠和研发费用加计扣除等政策支持人工智能企业发展。完善落实数据开放与保护相关政策，开展公共数据开放利用改革试点，支持公众和企业充分挖掘公共数据的商业价值，促进人工智能应用创新。研究完善适应人工智能的教育、医疗、保险、社会救助等政策体系，有效应对人工智能带来的社会问题。

（三）建立人工智能技术标准和知识产权体系

加强人工智能标准框架体系研究。坚持安全性、可用性、互操作性、可追溯性原则，逐步建立并完善人工智能基础共性、互联互通、行业应用、网络安全、隐私保护等技术标准。加快推动无人驾驶、服务机器人等细分应用领域的行业协会和联盟制定相关标准。鼓励人工智能企业参与或主导制定国际标准，以技术标准"走出去"带动人工智能产品和服务在海外推广应用。加强人工智能领域的知识产权保护，健全人工智能领域技术创新、专利保护与标准化互动支撑机制，促进人工智能创新成果的知识产权化。建立人工智能公共专利池，促进人工智能新技术的利用与扩散。

（四）建立人工智能安全监管和评估体系

加强人工智能对国家安全和保密领域影响的研究与评估，完善人、技、物、管配套的安全防护体系，构建人工智能安全监测预警机制。加强对人工智能技术发展的预测、研判和跟踪研究，坚持问题导向，准确把握技术和产业发展趋势。增强风险意识，重视风险评估和防控，强化前瞻预防和约束引导，近期重点关注对就业的影响，远期重点考虑对社会伦理的影响，确保把人工智能发展规制在安全可控范围内。建立健全公开透明的人工智能监管体系，实行设计问责和应用监督并重的双层监管结构，实现对人工智能算法设计、产品开发和成果应用等全流程监管。促进人工智能行业和企业自律，切实加强管理，加大对数据滥用、侵犯个人隐私、违背道德伦理等行为的惩戒力度。加强人工智能网络安全技术研发，强化人工智能产品和系统网络安全防护。构建动态的人工智能研发应用评估评价机制，围绕人工智能设计、产品和系统的复杂性、风险性、不确定性、可解释性、潜在经济影响等问题，开发系统性的测试方法和指标体系，建设跨领域的人工智能测试平台，推动人工智能安全认证，评估人工智能产品和系统的关键性能。

（五）大力加强人工智能劳动力培训

加快研究人工智能带来的就业结构、就业方式转变以及新型职业和工作岗位的技能需求，建立适应智能经济和智能社会需要的终身学习和就业培训体系，支持高等院校、职业学校和社会化培训机构等开展人工智能技能培训，大幅提升就业人员专业技能，满足我国人工智能发展带来的高技能高质量就业岗位需要。鼓励企业和各类机构为员工提供人工智能技能培训。加强职工再就业培训和指导，确保从事简单重复性工作的劳动力和因人工智能失业的人员顺利转岗。

（六）广泛开展人工智能科普活动

支持开展形式多样的人工智能科普活动，鼓励广大科技工作者投身人工智能的科普与推广，全面提高全社会对人工智能的整体认知和应用水平。实施全民智能教育项目，在中小学阶段设置人工智能相关课程，逐步推广编程教育，鼓励社会力量参与寓教于乐的编程教学软件、游戏的开发和推广。建设和完善人工智能科普基础设施，充分发挥各类人工智能创新基地平台等的科普作用，鼓励人工智能企业、科研机构搭建开源平台，面向公众开放人工智能研发平台、生产设施或展馆等。支持开展人工智能竞赛，鼓励进行形式多样的人工智能科普创作。鼓励科学家参与人工智能科普。

六、组织实施

新一代人工智能发展规划是关系全局和长远的前瞻谋划。必须加强组织领导，健全机制，瞄准目标，紧盯任务，以钉钉子的精神切实抓好落实，一张蓝图干到底。

（一）组织领导

按照党中央、国务院统一部署，由国家科技体制改革和创新体系建设领导小组牵头统筹协调，审议重大任务、重大政策、重大问题和重点工作安排，推动人工智能相关法律法规建设，指导、协调和督促有关部门做好规划任务的部署实施。依托国家科技计划（专项、基金等）管理部际联席会议，科技部会同有关部门负责推进新一代人工智能重大科技项目实施，加强与其他计划任务的衔接协调。成立人工智能规划推进办公室，办公室设在科技部，具体负责推进规划实施。成立人工智能战略咨询委员会，研究人工智能前瞻性、战略性重大问题，对人工智能重大决策提供咨询评估。推进人工智能智库建设，支持各类智库开展人工智能重大问题研究，为人工智能发展提供强大智力支持。

（二）保障落实

加强规划任务分解，明确责任单位和进度安排，制定年度和阶段性实施计划。建立年度评估、中期评估等规划实施情况的监测评估机制。适应人工智能快速发展的特点，根据任务进展情况、阶段目标完成情况、技术发展新动向等，加强对规划和项目的动态调整。

（三）试点示范

对人工智能重大任务和重点政策措施，要制订具体方案，开展试点示范。加强对各部门、各地方试点示范的统筹指导，及时总结推广可复制的经验和做法。通过试点先行、示范引领，推进人工智能健康有序发展。

（四）舆论引导

充分利用各种传统媒体和新兴媒体，及时宣传人工智能新进展、新成效，让人工智能健康发展成为全社会共识，调动全社会参与支持人工智能发展的积极性。及时做好舆论引导，更好应对人工智能发展可能带来的社会、伦理和法律等挑战。

参考文献

［1］安雪琪．住豪宅开豪车的他竟然是个偷遍"海陆空"的贼［EB/OL］.（2017 - 04 - 26）［2017 - 10 - 10］. http：//n. cztv. com/news/12503391. html.

［2］陈光中．刑事诉讼法［M］.5 版．北京：北京大学出版社，高等教育出版社，2013.

［3］陈光中．法学概论［M］.4 版．北京：中国政法大学出版社，2000.

［4］陈怀琛．MATLAB 及其在理工课程中的应用指南［M］.2 版．西安：西安电子科技大学出版社，2004.

［5］邓聚龙．灰色系统理论教程［M］．武汉：华中理工大学出版社，1990.

［6］樊崇义．迈向理性刑事诉讼法学［M］．北京：中国人民公安大学出版社，2006.

［7］范忠信，陈景良．中国法制史［M］.2 版．北京：北京大学出版社，2010.

［8］傅郁林，韩玉婷，高娜．择案而审：美国最高法院案件受理议程表的形成［M］．北京：中国政法大学出版社，2010.

［9］公安部监所管理局．公安监所管理［M］．北京：中国人民公安大学出版社，2005.

［10］高举成．基于数字法律的侵犯财产类案件定罪量刑的一揽子解决方案［J］．信阳师范学院学报（哲学社会科学版），2016（3）：44 - 49.

[11] 高举成.基于数字法律的彩礼纠纷案的处理方案及应用范例 [J].法制博览, 2017 (1 上): 1 - 6.

[12] 国务院.新一代人工智能发展规划 [EB/OL]. (2017 - 07 - 20) [2018 - 12 - 01]. http://www.gov.cn/zhengce/content/2017 - 07/20/content_5211996. htm.

[13] [美] 亨利·基辛格.论中国 [M].北京:中信出版社, 2012.

[14] 姜启源, 谢金星, 叶俊.数学模型 [M].4 版.北京:高等教育出版社, 2011.

[15] 蒋为廉.普通法和公平法原则概要 [M].北京:中国政法大学出版社, 2002.

[16] 李清如.一口气读完美国史 [M].武汉:武汉出版社, 2012.

[17] 梁保松, 曹殿立.模糊数学及其应用 [M].北京:科学出版社, 2007.

[18] 柳忠卫.假释制度比较研究 [M].济南:山东大学出版社, 2005.

[19] [美] 欧文·斯通著; 张宝钧, 张浩译.世界上最伟大的律师丹诺辩护实录 [M].北京:世界知识出版社, 2010.

[20] 彭凤莲.中国罪行法定原则的百年变迁研究 [M].北京:中国人民公安大学出版社, 2007.

[21] 彭新林.应构建中国特色前科消灭制度 [J].检察日报, 2008.06.09.

[22] 曲新久.刑法学 [M].3 版.北京:中国政法大学出版社, 2011.

[23] 曲新久, 陈兴良, 张明楷, 等.刑法学 [M].北京:中国政法大学出版社, 2008.

[24] 萨拉·萨默斯.公正审判:欧洲刑事诉讼传统与欧洲人权法院 [M].朱奎彬, 谢进杰, 译.北京:中国政法大学出版社, 2011.

[25] 宋玉波, 王金文.法治背景下的民生出路——以付达信案为例 [J].河北法学, 2013 (2): 22 - 27.

[26] 宋艳.从中英许霆案看我国人本思想 [J].法制与经济, 2008 (7): 49 转 97.

［27］田德全．一本书了解世界历史［M］．北京：蓝天出版社，2011．

［28］王斌．2017年国家司法考试王斌的三国法［M］．北京：中国政法大学出版社，2017．

［29］王兰成．网络舆情分析技术［M］．北京：国防工业出版社，2014．

［30］王万森．人工智能原理及其应用［M］．北京：电子工业出版社，2012．

［31］王志亮．许霆案之法学反思［J］．湖南工业大学学报（社会科学版），2012（1）：66-71．

［32］吴晓辉．电子代理人若干法律问题研究［J］．重庆邮电大学学报（社会科学版），2007（5）：1-5．

［33］习近平．决胜全面建成小康社会，夺取新时代中国特色社会主义伟大胜利（在中国共产党第十九次全国代表大会上的报告）［M］．北京：人民出版社，2017．

［34］许冬梅．彩礼返还法律问题研究［D］．吉林：吉林大学硕士学位论文，2015．

［35］严存生．西方法律思想史［M］．2版．北京：法律出版社，2010．

［36］杨洋．入狱养老记［J］．中国周刊，2012（7）．

［37］曾斌．立案定罪量刑标准与适用［M］．北京：法律出版社，2010．

［38］曾仕强．胡雪岩的启示［M］．西安：陕西师范大学出版社，2008．

［39］曾宪义．中国法制史［M］．北京：北京大学出版社，2000．

［40］张大松，蒋新苗．法律逻辑学教程［M］．2版．北京：高等教育出版社，2007．

［41］张立刚．许霆案中的法律解释问题［J］．长安大学学报（社会科学版），2013（3）：52-64．

［42］张峰，连春亮．行刑与罪犯矫治社会化研究［M］．北京：群众出版社，2007．

［43］张文显．法理学［M］．4版．北京：高等教育出版社，2011．

［44］中国法制出版社编．刑事法律司法解释判例小全书［M］．北京：中国法制出版社，2010.

［45］朱平．量刑规则实证分析［M］．北京：群众出版社，2006.

［46］卓越．许霆案：一场没有结束的判决［J］．四川党的建设（城市版），2008（5）：62－63.

［47］最高人民法院研究室，最高人民检察院法律政策研究室，中国银联风险管理部．银行卡犯罪司法认定和风险防范［M］．北京：中国人民公安大学出版社，2010.